# 4천 년의 기도,
# 단식

Il digiuno cristiano dalle origini al IV secolo by Adele Scarnera
© All rights reserved by CLV, Roma 1990

## 4천 년의 기도, 단식

2018년 1월 9일 교회 인가
2018년 3월 1일 초판 1쇄 펴냄
2020년 4월 1일 초판 3쇄 펴냄

**지은이** · 아델레 스카르네라
**옮긴이** · 노성기, 안봉환
**펴낸이** · 염수정
**펴낸곳** · 가톨릭출판사
**편집 겸 인쇄인** · 김대영

**본사** · 서울특별시 중구 중림로 27
**등록** · 1958. 1. 16. 제2-314호
**전자우편** · edit@catholicbook.kr
**전화** · 1544-1886(대표 번호)
**지로번호** · 3000997

ISBN 978-89-321-1508-5 03230

값 18,000원

가톨릭의 모든 도서와 성물을 '가톨릭출판사 인터넷쇼핑몰'에서 만나 보실 수 있습니다.
http://www.catholicbook.kr | (02)6365-1888(구입문의)

성경 · 교회 문헌 © 한국천주교중앙협의회

이 책의 한국어판 저작권은 (재)천주교서울대교구 가톨릭출판사에 있습니다.
저작권법에 의해 한국 내에서 보호를 받는 저작물이므로 무단 전재와 무단 복제를 금합니다.

이 도서의 국립중앙도서관 출판예정도서목록(CIP)은 서지정보유통지원시스템 홈페이지(http://seoji.nl.go.kr)와
국가자료종합목록 구축시스템(http://kolis-net.nl.go.kr)에서 이용하실 수 있습니다. (CIP제어번호: CIP2018002407)

# 4천 년의 기도, 단식

구약 시대부터 지금까지 우리는 왜 단식을 해 왔을까?

아델레 스카르네라 지음 | 노성기, 안봉환 옮김

가톨릭출판사

**일러두기**

1. 성경 본문은 2005년 한국천주교주교회의 성서위원회가 펴낸 《성경》을 사용했다.
2. 교부 시대의 인명과 지명은 《교부학 인명 · 지명 용례집》(분도출판사, 2008)을 따랐다.
3. 교부 저서명은 한국교부학연구회 《교부 문헌 용례집》(수원가톨릭대학교 출판부, 2014)에 근거했다.
4. 본문은 전례력이 확정되지 않은 1~4세기를 배경으로 하지만, 사순절, 성령 강림절, 부활절 등의 용어는 현재 한국천주교중앙협의회의 기준에 따라 사순 시기, 성령 강림 대축일, 부활 시기 등으로 표기했다.
5. 각 장 끝에 있는 '핵심 콕! 콕!'은 독자의 이해를 돕고 중요 사항을 알려 주기 위해 역자(노성기 신부)가 쓴 글이다.

만군의 주님이 이렇게 말한다.
넷째 달의 단식과 다섯째 달의 단식,
일곱째 달의 단식과 열째 달의 단식은,
유다 집안에 기쁨과 즐거움의 때가 되고
흥겨운 축제가 되어야 한다.
그러므로 너희는 진실과 평화를 사랑하여라.

즈카 8,19

머리말
# 가장 깊은 은총이 담겨 있는 기도

이 책은 단식이라는 주제를 연대적인 순서로 다뤘다. 철학적·의학적·성서적·신학적 차원에서 육체의 문제를 다루면서, 특히 물질적인 관점과 영적인 관점에서 인간의 창조를 다뤘다. 단식은 먼저 육체와 관련이 있으며, 그다음에 곧바로 영혼과 관련이 있기 때문이다. 사실 단식은, 인간을 구성하는 두 요소 즉 영혼과 육체의 관계 사이에 존재하는 행위라고 말할 수 있다.

성경 텍스트를 살펴보면 단식이 하나의 신적 행위의 단계에서 한층 더 신학적인 단계로 넘어간다는 것을 볼 수 있다. 즉 단식은 점차 의지와 결부된 하나의 종교 행위가 된다. 구약 성경과 연속선상에 있는 신약 성경은 단식이라는 주제를 성찬 양식, 즉 예수님과 직접 관련지어 설명하면서 단식을 그리스도 중심의 사도적 체험이라고 밝힌다.

초대 교회가 직면한 첫 번째 과제는 유대교 관습과 거리를 두는 것이었다. 특히 교회는 단식의 목적이 전례적·성사적 역할, 즉 세례성사와 성체성사 그리고 부활 축제에 대한 준비를 하는 것이라고 강조했다. 단식은 세례성사, 성체성사, 부활 시기를 정신적·육체적으로 미리 준비하도록 해 주는 현재적이면서 동시에 미리 선취하는 실재라는 것이다. 그리스도교 공동체 전체는 이러한 단식을 했다. 그러면서 교회는 플라톤 사상처럼 육체성을 거부하는 마니교, 영지주의, 엔크라트파 사상과 다르게 인간의 영혼과 육체 모두가 구원받는다고 가르쳤다.

시간이 지나면서 단식에 대해 훨씬 더 심오한 영적 의미가 부여되었다. 그렇다고 해서 단식에 대한 생리학적 성찰을 결코 무시하지는 않았다. 그리스도교 공동체는 개인의 이익뿐만 아니라 가난한 이들에 대한 연대감의 표시로 단식을 강조했다. 이 책에서 중점적으로 다루는 3~4세기에는 단식이 법적·사목적 행위로 여겨지기 시작하고, 한층 더 은수적인 차원으로 발전했다. 수도원 운동 안에서 단식 행위는 성화聖化의 보루가 되었다. 단식 실천과 단식에 깃든 정신을 순수하게 보존하려는 교부들의 끈질긴 관심 덕분에 단식은 전례적·신학적 관습으로 자리 잡게 된다.

이러한 단식은 공적으로 단식하는 시기인 세례성사, 성체성사, 참회, 사순 시기가 아닌 경우에도, 음식과 성性의 차원에서 볼 때 단식은 육체적으로 절제의 미덕을 갖추도록 도와주며 양심의 차원에서는 죄를 근절하도록 도와준다.

그러나 우리는 사랑의 실천이 빠지고, 온갖 악습을 멀리하지 않는 상태에서 하는 단식은 참된 의미의 단식이 아니며 아무런 의미가 없는 행위에 불과하다는 것을 명심해야 한다. 절제와 중용의 덕은 육체를 통제하고 특히 그리스도께 순명할 때 생긴다. 그리스도를 향한 순명은 모든 활동의 원천이고, 개인이 선택하는 모든 선택의 원천이다. 오로지 그리스도를 닮는 길만을 따를 때, 하느님의 성전인 '육체'와 생기를 불어넣는 바람인 '정신'이 창조가 지향하는 유일한 계획인 성화를 실현할 수 있을 것이다.

아델레 스카르네라

옮긴이의 말
# 여러분은 단식하시나요?

단식은 무엇일까요? 우리는 무엇을 단식이라고 부르는 걸까요?

오늘날 우리는 단식의 의미를 잃어버렸습니다. 다이어트를 위한 단식이나 건강을 위한 단식에 대해서는 잘 알지만, 우리 그리스도인에게 있어서 단식은 무엇인지 잘 모르는 것 같습니다.

우리는 이 책에서 고대 그리스도인들이 어떻게 단식했는지 살펴볼 수 있습니다. 그들은 사순 시기에 40일 동안 단식을 했습니다. 주님께서 광야에서 40일 동안 단식하셨던 것을 기념하고 주님의 수난에 동참하기 위해서, 주님의 파스카(부활) 축제를 잘 준비하기 위해서 말이지요. 교부들은 신자들에게 단식과 기도와 자선을 실천하라고 끊임없이 권고했습니다.

그리스도인은 단식하여 절약한 금액으로 배고픔을 느끼는 그리스

도를 받아들이시오. — 아우구스티누스

우리는 자선 행위를 늘 열심히 해야 하지만 성스러운 단식을 하도록 정해진 이날들에는 더 관대하게 합시다. — 대 레오 1세 교황

    우리는 이 책을 통해서 단식은 영혼의 양식이라는 것을 알게 될 것입니다. 단식은 영혼을 더 활기차게 하고, 천상 실재를 관망할 수 있도록 해 줍니다. 단식은 정신을 가볍게 하며, 모든 어려움을 쉽게 극복하도록 도와줍니다. 단식은 욕망의 불꽃을 끄고, 기도에 날개를 달아 주어 하늘로 올라가게 해 줍니다.
    반대로 만취와 탐식은 영혼에 부담을 주고, 몸을 무겁게 하며 이성을 약하게 만듭니다. 만취한 사람은 분별력이 없고, 자신의 정신을 배신하며, 조롱의 대상이 되고, 악마를 맞아들입니다. 그러나 단식은 올바른 정신을 회복하도록 도와줍니다. 단식은 영혼의 원수를 멀리하고 신적 덕행을 싹트게 해 주는 영성 생활을 위한 약입니다.
    육체적으로 단식하면서 영혼에 해로운 악습을 버리지 않는다면, 육체적인 단식은 아무 쓸모가 없습니다. 외적인 단식을 할 때, 내적인 단식으로써 죄를 멀리 해야 합니다. 이처럼 그리스도인은 육적 단식뿐만 아니라 영적 단식도 동반되어야 합니다. 단식은 죄의 상처를 낫게 하며, 자비는 마음의 상처를 깨끗이 없애 줍니다.

이처럼 고대 그리스도인들은 단식을 영혼의 덕행으로 여겨 성실하게 실천했습니다. 그들의 단식은 고행에서 멈추지 않고 기도와 자선으로 이어졌지요. 그리고 이러한 덕행은 영혼의 풍족함과 기쁨으로 되돌아왔습니다.

여러분도 이 책을 통해 고대 그리스도인들이 단식하며 얻었던 기쁨과 열정적인 신앙생활을 누리게 되기를 바랍니다. 그것은 여러분이 신앙의 본질을 다시 찾는 계기가 될 것입니다. 우리 모두 용기를 내어 다시 시작합시다.

> 우리 모두 단식으로 목과 싸우고, 정결로 사치와 싸우며, 신앙으로 악행과 싸웁시다. 동정심으로 불경과 싸우고, 인내로 격노와 싸우고, 관용으로 탐욕과 싸웁시다. 자비로 인색함과 싸우고, 겸손으로 교만과 싸우며, 성덕으로 죄와 싸웁시다. ― 페트루스 크리솔로구스

노성기, 안봉환

# 차례

머리말 · 7

옮긴이의 말 · 10

**제1장 온몸으로 드리는 기도의 시작 – 단식의 기원과 의미 · 17**
   1. 육체와 영혼은 어떤 관계인가 · 19
   2. 믿음이 있는 곳에는 단식이 있다 · 30

**제2장 구원을 부르짖는 자들 – 구약 시대의 단식 · 41**
   1. 하느님과의 특별한 유대감 _ 유대 지역의 단식 · 43
   2. 통곡과 탄식의 표현 _ 이스라엘의 단식 · 51
   3. 들을 귀 있는 자들을 위한 선포 _ 예언자 시대의 단식 · 62

## 제3장 다시 오심을 준비하는 자들 – 신약 시대의 단식  69

1. 부르짖음에서 기도로 바뀌다 · 71

2. 예수님의 기도에는 단식이 빠지지 않는다 · 74

3. 제자들은 스승의 길을 따라 걷는다 · 92


## 제4장 그분의 뜻을 어떻게 이을 것인가 – 2세기 교회의 단식  99

1. 단식은 은총이다 · 101

2. 신앙의 단식을 향해 발을 내딛다 · 112

   1) 교회 교리의 중심 – 《디다케》· 113

   2) 구약과 신약의 진리를 품게 된 교회 – 《바르나바의 편지》· 122

   3) 교회의 영원한 의무, 참회 – 헤르마스의 《목자》· 125

3. 교회에는 단식이 필요하다 · 132


## 제5장 하나 되어 그리스도를 섬기다 – 3세기 교회의 단식  139

전통을 만들어 가는 교회 · 141

   1) 언제 단식할 것인가 – 로마의 히폴리투스 · 141

   2) 그리스도인의 식탁 – 알렉산드리아의 클레멘스 · 144

   3) 육체와 영혼의 단식 – 알렉산드리아의 오리게네스 · 149

   4) 진정한 참회 – 테르툴리아누스 · 154

## 제6장 그 정도로 중요한 것인가 – 4세기 교회의 단식 · 161

    1. 관습에서 전례로 · 163

    2. 진정한 기쁨을 위한 기다림의 절제 · 169

    3. 단식을 강조하는 이유 · 174


## 제7장 단식은 고행일까 – 수도원 시대의 단식 · 181

    단식은 고통이 아니라 평화다 · 183

        1) 기도의 순수함을 위하여 – 시리아 수도원 · 190

        2) 내적인 절제를 위하여 – 팔레스티나 수도원 · 192

        3) 행위 자체가 아닌 의미를 위하여 – 요한 카시아누스 · 194

        4) 예수님을 따르기 위하여 – 베네딕투스 수도원 · 201


## 제8장 마음을 단식하다 – 교부들이 말하는 단식 · 205

    단식함으로써 깨어 있는 영혼 · 207

        1) 카이사리아의 바실리우스 · 208

        2) 니사의 그레고리우스 · 215

        3) 콘스탄티노플의 요한 크리소스토무스 · 219

        4) 밀라노의 암브로시우스 · 231

        5) 스트리돈의 히에로니무스 · 234

    6) 히포의 아우구스티누스 · 236

    7) 대 레오 1세 교황 · 240

    8) 포티카의 디아도쿠스 · 242

    9) 라벤나의 페트루스 크리솔로구스 · 243

## 제9장 단식은 내 안에 기도와 사랑을 심는다 · 247

    다시 시작하는 단식 · 249

## 부록 · 257

    1. 주석 · 259

    2. 약어 · 293

    3. 원전 · 294

    4. 참고 도서 · 299

제1장

# 온몸으로 드리는 기도의 시작

단식의 기원과 의미

# 1. 육체와 영혼은 어떤 관계인가

아주 먼 옛날부터 사람들은 단식이 건강을 보존하고 치료와 예방에 실질적으로 도움을 주는 행위라고 생각해 왔다. 이런 성찰은 단식의 중요성에 대해 긍정적으로 생각하도록 해 주었다.[1] 육체와 영혼의 단일체인 인간을 위한 단식의 가치를 옛사람들은 이렇게 표현했다. "육체의 단식을 통해 악습을 막고 마음을 들어 높이며, 덕행과 보상을 제공받는다."[2] 인간의 육체와 인간의 영적 영역인 영혼 사이에는 신비로운 관계가 존재한다. 그래서 사람들은 옛날부터 육체를 몹시 경멸하였음에도 불구하고 다른 한편에서는 "육체를 숭배"하기도 했다.[3]

'식사'는 육체에 음식물을 제공하는 행위다. 동시에 정신에 큰 영향을 주는 행위이기도 하다. 무절제한 음주가 몸에 해로운 것처럼, 무절제한 식사도 몸에 해를 끼친다. 음식물은 육체의 생물학적인 기능을 위해서도, 신

고대 그리스의 의학자, 히포크라테스

체에 활력을 불어넣기 위해서도 필요한 원천이다. 하지만 번영과 풍요라는 관점에서 볼 때, 음식물은 불균형을 초래하는 쾌락과 즐거움의 대상이 될 수도 있고, 인간의 정신을 억압하여 자율성과 자유를 잃게 만드는 대상이 될 수도 있다. 그렇게 되면 정신은 자율성을 상실할 수밖에 없다. 동물은 식욕의 본능에 따라 행동하지만, 인간은 이성으로 식욕을 통제한다. 따라서 인간의 단식은 자연적인 본능에 따라 이루어진 결과가 아니라 필연적으로 인간이 자유 의지로 선택한 결과다.

고대 사람들에게 약이란 질병 치료를 위해 했던 다양한 철학적 사고와 여러 가지 경험들이 합쳐진 결과물이었다. 고대 사람들은 인간을 자연환경의 일부분으로 간주했다. 그래서 히포크라테스(기원전 460~기원전 360년)는 외부 환경 곧 계절의 변화, 지정학적 위치, 삶의 형태가 어떤 방식으로 인간의 개성에 영향을 주는지를 연구했다. 그리하여 한 개인을 온전히 알게 되면, 인간 전체를 알 수 있다고 여겼다. 왜냐하면 부분은 전체에 포함되기 때문이다.

건강과 질병은 인간이 처한 자연 환경 곧 바람과 물, 생활 양식의 결과다. 하지만 국가의 정치 구조도 인간의 생리학적 조건에 영향을 미친다. "민주주의가 인간의 특성과 건강에 긍정적인 영향을 주는데 반해, 전제주의는 부정적인 영향을 준다. 만일 인간이 자기 자신의 주인이 아니라 독재자에게 예속되어 있다고 한다면, 인간은 건강에 도움이 되는 방법을 생각하는 것이 아니라 오히려 건강에 전혀 도움이 되지 않는 방법을 생각하게 된다." 의사였던 히포크라테스는 옛 격언을 인용하여 "환경의 영향이 사람에게 해학諧謔을 가져다주기도 하고, 현명한 삶이나 어리석은 삶을 선택하게 만든다."라고 말했다. 히포크라테스는 이러한 생각을 갖고 있었기에 기본적으로 식이요법의 적정선을 정확하게 파악하는 처방을 내렸다.

히포크라테스에 따르면, 사실 의사에게는 인간 존재를 연구해야 할 과제가 있는 것이 아니라 오히려 인간의 구체적인 존재, 곧 먹고 마시는 것과 관련된 인간의 몸 상태와 생활 양식을 연구해야 하는 과제가 주어졌다.[4] 몇 세기 뒤에 그리스 의사 갈레누스(129~200년)는 현명한 의사의 본질이 무엇인지에 대해 정의를 내렸다. 그는 풍요를 멀리하고, 자발적으로 수고를 선택하며, 만취와 호화스러운 잔치와 육체적 쾌락이 들어설 여지가 없는 이가 의사라고 했다. 누구나 절제와 진실을 친구로 삼는다면 그는 참된 의사인 것이다.[5]

산치오 라파엘로 〈아테네 학당〉, 가운데 있는 인물은 플라톤과 아리스토텔레스

　균형 잡힌 생활 태도는 육체적·정신적 건강과 직접적인 관계가 있다. 고대에는 육체적 차원과 정신적 차원을 구분하는 이분법적 사고가 없었다. 그럼에도 불구하고 고대의 일부 철학적 해석들로 인해 육체의 가치에 대한 서로 다른 극단적인 개념들이 만들어졌다.

　소크라테스는 영혼의 치유가 개인 윤리의 최고 목적이라고 생각했다. 그런가 하면 플라톤은 이성과 영의 세계에 들어가 거기에 순응하기 위해 자기 감각을 초월하여 자신을 정화하는 것이 "영혼의 치유"라고 생각했다. 플라톤의 이원론에 따르면 육체는 욕망, 무지, 분노와 같은 모든 악의 근원이며 영혼을 약하게 하는 악습의 근원이다. 그러므로 덕을 추구하고 하느님에 대한 지식을 얻기 위해서는 악을 멀리하고 육체로부터 도피해야만 한다. 또한 영혼에 유익한 참된 철학은 육체가 존재론적으로 체험할 수밖에 없는 죽음을 연습하는 것이다. 영혼은 인간의 이성과 결합해야만 존재할 수 있기 때문이다. 이렇듯 플라톤은 육체적 고행을 강조하고 쾌락을 멀리하다 보니 심지어 자신의 학파를 아테네 들판의 비위생적인 장소에 세우기도 했다.[6]

한편 금욕주의를 주장하는 스토아 철학자들은 세상의 모든 사건은 인과율에 따라 필연적으로 발생한다고 말한다. 고통도 마찬가지다. 인간의 의지로 변화시킬 수 있는 것이 하나도 없다. 그들은 플라톤처럼 육체를 무시하고 쾌락을 멀리한다 하더라도, 자연의 순리를 따른다 하더라도 육체는 고통당할 수밖에 없다고 생각했다. 그래서 한편으로는 플라톤 사상을 찬성하면서도 다른 한편으로는 반대했다. 그들도 플라톤처럼 육체를 부정적으로 생각한 것이다.[7]

알렉산드리아의 교부들은 철학적 문제에 대한 해답을 찾기 위해서 그리스도교적 인간학을 전개해 나가기 시작했다. 그들은 플라톤 철학에 의존하여 영혼을 다루었다. 그들은 성경에 나오는 '외적 또는 육체적 인간'과 '내적 또는 영적 인간'에 대한 구분이, 육체와 영혼을 구분하는 플라톤의 철학적 사고와 일치한다고 보았다. 그러나 알렉산드리아의 정통 교부들은 사색적인 단계에서 영혼과 육체의 단일성을 체계화하려고 했지만 어려웠다. 그래서 그들은 '몸, 영혼, 정신'이라는 신학적 삼분법으로 '육체, 영혼'이라는 철학적 이분법을 완성했다. 하지만 신학자들은 몸, 영혼, 정신으로 나누는 신학적 삼분법을 저마다 다른 의미로 이해했기 때문에 이 용어들이 통일되지는 않았다.

동방 교회에서는 영적 삼분법과 심리학적 이분법을 동일하게 보았다. 오리게네스는 인간을 육체와 영혼과 정신이 하나 된 단일체라고 했다. 여기에서 세 번째 요소인 정신은 영혼과 육체를 합친 것보다 더 신적인 것으로 중요한 실체다. 정신은 인간 위에 있는 것으로 인간을 초월하는 하나의 형상이다. 그러나 오랜 시간이 흐른 뒤에, 19세기에 은수자로 살았던 테오파네스는 오리게네스의 이러한 이론에 대해 영혼이 없는 육체는 생명이 없는 것처럼 하느님의 영이 없는 영혼은 영적인 생명이 없는 것과 같다고 반박했다. 결국 오리게네스의 인간론은 정신의 형태에 대한 성찰이 외부에서 오는 성령을 의미하는 것인지 아니면 개개인에게 속한 정신을 다루는 것인지가 불분명하여 신학적인 혼란을 낳았다.[8]

성경에 따르면, 몸은 믿음과의 관계 안에서 그 품위와 가치를 지닌다. 몸은 성령의 성전이고 몸을 통해서 인간은 하느님께 영광을 바친다.[9] 하느님은 인간을 창조하셨을 때, 인간에게 창조주의 "모습대로" 품위를 주셨다. 인간이 우주의 선함과 아름다움을 관망할 수 있는 것은 하느님 안에서 결합된 인간의 '몸과 정신'만이 누릴 수 있는 특권이다. 하지만 아담과 하와가 타락한 이후에는 영혼과 육체가 존재하는 방식에 인간의 영성화 단계를 따르는 상승 또는 하강이라는 변증법적인 특징이 나타났다.[10]

플라톤 철학을 거슬러서 그리스도교 저자들은 육체에 대한 개념을 역사적으로 발전시키는 데 결정적인 공헌을 했다. 하지만 인간 창조에 관한 창세기의 두 문장에는 인간에 대한 이원론이 쉽게 드러난다.

> 하느님께서는 이렇게 당신의 모습으로 사람을 창조하셨다. 하느님의 모습으로 사람을 창조하시되 남자와 여자로 그들을 창조하셨다.[11]

> 그때에 주 하느님께서 흙의 먼지로 사람을 빚으시고, 그 코에 생명의 숨을 불어넣으시니, 사람이 생명체가 되었다.[12]

알렉산드리아의 필론(기원전 20~기원후 42?년)은 자신의 저서인 《세상 만듦》에서 창조된 인간을 두 본성 곧 '하느님의 입김'과 '지상 물질'로 이루어진 "제한된 존재"로 간주했다. 그는 인간의 몸은 흙에서 창조되었지만, 인간의 영혼은 하느님으로부터 나왔다고 생각했다. 따라서 인간은 죽을 운명을 지닌 본성(몸)과 불멸하는 본성(영혼)의 경계선에 있다고 여겼다. "하느님의 모습대로 만들어진 인간(영혼)은 하나의 종種, 인간에게 새겨진 각인刻印이고, 이성적이고 비물질적이며 무성無性적이어서 썩어 없어지지 않는다. 이와 반대로 창조된 인간(몸)은 감각적이고 영혼과 육체로 이루어졌으며 유성有性적이고 죽을 운명을 지닌다."[13]

필론은 인간에 대한 플라톤의 이원론적 특성인 몸과 영혼(지상적이고 썩어 없어지는 이성)에 세 번째 특성으로 성경적 요소인 정신(프네우마)을 추가했다. 인간의 생명은 세 가지 차원 곧 순수한 동물적인 신체적 차원, 영혼의 이성적인 차원, 정신의 신적 차원을 지닌다고 본 것이다. 필론에 따르면 본래 죽을 운명을 지닌 영혼과 이성은 하느님 영의 선물로 인해 불멸성을 얻었다. 따라서 영혼은 죽을 운명에서 벗어나 영원한 것이 될 수 있었다.[14]

오리게네스는 창조 행위의 두 가지 특성을 식별하면서도 필론의 관점을 뛰어넘는다. 오리게네스에 따르면, 인간은 영혼과 육체로 이루어진 존재고,[15] 하느님의 모습대로 만들어진 존재다.[16] 따라서 인간한테는 하느님을 닮은 어떤 유사점이 있다.[17] '하느님의 모습'과 '하느님과 비슷함'은 첫 인간에게 주어진 특권이었다.[18] 그러나 죄 때문에 인간의 이성적 본성은 자연스럽게 '하느님과 비슷함'을 잃어버렸다. 하지만 하느님과의 공동 협력, 곧 신―인간 협력을 통해서, 인간은 구원의 원초적 상황으로 되돌아가는 영적 여정이 끝날 무렵에, 잃었던 것을 다시 회복할 수 있다. 이 여정의 정화 요소로서 육체가 인간에게 주어진 것이다.[19]

신新플라톤주의자들에 따르면, 육체는 원조의 타락 이후 인간에게 주어진 부정적인 요소다. 그러나 니사의 그레고리우스(335?~394?년)에 따르면, 인간은 초자연적인 단계에서 하느님의 모습대로 창조되었기 때문에 동물과 같은 삶을 살지 않았고 남녀 간의 성性 구별도 없었다. 그레고리우스 이전 교부들은 그레고리우스와는 달리, 인간은 처음부터 존재론적으로 성이 구별된 것이지 시간이 지남에 따라 연대기적으로 남녀 간의 성이 구별된 것은 아니라고 말했다. 그러나 그레고리우스는 하느님의 모습대로 창조된 인간은 완전한 피조물이지만 로고스(말씀)인 원형에는 남녀 간의 성을 구별하는 특징이 없으므로 완전한 구원이라는 관점에서 볼 때, 육화는 인간 존재 전체를 그대로 떠안는 것이라고 말했다.[20] 그레고리우스 이전부터 이미 "초자연에 대한 인식"이 동방 교회의 신학 안에 존재하면서 지속적으로 발전되었다.[21]

카이사리아의 바실리우스(329?~379년)는 인간 창조에 관한 창세기의 말씀을 설명하면서 인간이 육체의 형상으로는 하느님의 모습을 소유할 수 없는 이유를 육체의 형상이 썩어 없어지기 때문이라고 말했다. 왜냐하면 하느님은 불멸성으로 당신을 드러내시기 때문이다. 인간의 육체는 시간이 지남에 따라 청년에서 노인으로, 건강에서 질병으로, 풍요에서 결핍으로, 평화에서 전쟁으로, 깨어 있음에서 잠듦으로 변한다. 이런 변화는 불변성을 닮을 수가 없다. 따라서 "하느님의 모습과 하느님의 닮음"은 육체와 관계된 것이 아니라 '이성'에 관계된 것이다. 인간이 아닌 다른 피조물에게는 이성이 없다.[22] 이성의 우월성과 유일성 안에서 모든 것이 이루어진다. 육체의 힘으로 할 수 없는 모든 것은 이성의 작용인 판단력에 의해 보완된다.

"우리 모습대로" 만들어진 인간은 내적 인간이고 그러한 인간은 이성적이다. 바실리우스는 인간을 두 인간, 곧 눈에 보이는 외적 인간과 겉모습에 가려 눈에 보이지 않는 내적 인간으로 구분했다. 인간은 내적 인간이지만 동시에 이중적, 곧 내적·외적 인간이어야 한다. 하지만 우리는 실제로 내적 존재다. "나"라고 말하는 것은 내적 인간을 말하는 것이다. 외적인 것

은 "나"가 아니라 나의 것이다. 이처럼 육체는 인간의 도구이면서 동시에 영혼의 도구다.[23]

"우리와 비슷하게 우리의 모습으로 사람을 만들자."라는 말씀은 이성의 우월성을 인간에게 준다는 뜻이다. 우리는 창조를 통해서 하느님의 모습을 갖게 되었고, 의지를 통해서 하느님의 닮음을 얻게 되었다. 첫 인간인 아담은 하느님의 모습대로 태어난 존재가 되었고, 의지로써 하느님을 닮은 존재가 되었다. 하느님이 우리를 창조하시면서 우리에게 당신을 닮는 능력을 주셨고, 우리가 당신을 닮은 창조주가 되도록 허락해 주셨다. 하느님의 모습을 통해서 우리는 이성적 존재가 되었고, 그리스도인이 됨으로써 하느님의 비슷함에 동참하게 되었다.[24]

정통 교리에서 삼위일체 계시는 모든 그리스도교 인간학의 토대다. 왜냐하면 인간은 '하느님의 모습대로' 만들어졌고 인간의 생명은 "신적 본성을 닮아야" 하기 때문이다. 인간은 '소멸될 수 없는 유일성'인 영혼과 가시적인 우주에 만들어진 '존재론적 유일성'인 육체를 지닌 존재다. 이 둘, 즉 영혼과 육체는 삼위일체 실재에 대한 유비類比이고, 그리스도교 정통 인간학의 두 축이다.[25]

동방 교회의 신학은 '하느님의 모습대로' 만들어진 인간을 '본성적' 인간으로 이해한다. 본성적 인간은 하느님의 은총을 지닌 인간이며 사랑, 믿음, 덕행, 영지를 통해 하느님의 참다운 선에 도달한다. 이에 반해 '본성을 거스르는' 인간은 죄의 간계 그리고 나쁜 생각과 무질서한 욕망에 빠진 인

간이다.[26]

그 외에도 바실리우스는 《청년들에게》에서 철학자들과 복음서가 공통적으로 말하는 윤리적 일치를 다음과 같이 강조한다. "우리의 최대 관심사를 영혼에 내맡기고, 마치 감옥에서 해방되는 것처럼 철학을 통해 육체의 욕망에 사로잡힌 영혼을 해방시켜야 한다." 바실리우스도 철학에 대해 모든 그리스 교부들과 같은 생각을 갖고 있었다. 그리스 교부들에 따르면 철학은 금욕 생활의 수단이며, 자기 자신을 알기 위한 참지혜의 수단이고, 그리스도교 완덕을 실현하고 성취하기 위한 수단이다. 따라서 자신을 최상으로 돌보기 위해서는 철학을 통해 자신의 모든 것이 영혼을 향해 있도록 해야 한다. 철학은 육체에서 생기는 모든 욕망의 사슬로부터 우리를 자유롭게 해 주기 때문이다. 그러므로 우리는 육체의 종살이를 피하고 오직 필요한 것만 육체에 내맡기면서 정신 활동을 가로막지 않도록 해야 한다.

> 머리 모양이나 옷에 지나치게 관심을 갖는 것은 영혼에 해가 될 수 있다. 이런 즐거움에 빠진 사람은 자신을 알지 못한다. 감각에서 생기는 욕망과 관련하여 육체를 현명하게 다스려야 한다. 청각은 완덕을 지향하는 음악으로 넘쳐흘러야 하고, 후각은 향수와 알코올의 쾌락을 멀리해야 한다.[27]

## 2. 믿음이 있는 곳에는 단식이 있다

고대 그리스의 철학자 플라톤

기원전 6세기경 인간의 모든 행위는 개인의 책임이라는 원칙이 생겨났다. 이 원칙은 모든 인간이 선과 악으로 기우는 이중적인 경향을 갖고 있다는 사실을 바탕으로 생겨났다. 이러한 윤리적 이원론은 도덕적 이원론과 형이상적 이원론, 다시 말하면 선과 악의 기원에 대한 끝없는 논쟁으로 이어졌다. 고통과 죽음으로 상징되는 악의 문제와 구원을 추구하는 선의 문제는 기원전 9세기부터 기원후 6세기까지 그리스 로마 시대에 비밀 종교(밀교密敎)의 주된 관심사였다. 고대 농경예식은 자연의 힘에 사로잡혀 있었다. 이러한 미신적인 의식들은 사람들에게 우주의 비밀에 관심을 갖게 하여 이 세상에서 죽으면 깨끗하고 새로운 존재로, 또 다른 차원의 본성으로 다시 태어난다고 가르쳤다.

그리스의 비밀 종교에는 오르페우스와 디오니시우스와 같이 고전 신화에 나오는 인물들이 자주 등장한다. 플라톤과 피타고라스와 모든 영지주의자들과 같은 철학자들은 비밀 종교의 영향을 많이 받았다. 고대인들은 동물이나 사람 또는 상징적인 식물을 희생 제물로 바치는 입문 예식들을 거행하면 완전히 정화될 수 있다고 믿었다. 그렇게 사람들은 영지주의에 빠져들어 구원을 깨닫고 선과 악의 이원론을 극복하려고 했다. 그들은 하느님으로 충만해진 상태, '플레로마'에 도달하고자 도덕적으로, 또 형이상학적으로 영과 물질에 대해 분석했고, 이 과정에서 물질과 육체에 대한 경멸이 생겨났다.[28]

고대인들은 종교가 서로 달랐음에도 불구하고 단식을 일상생활의 한 행위로 간주했다. 그들은 성경이 아닌 다른 종교의 배경에서 단식의 기원과 발전을 설명하기 위해 다양한 이론을 제시했다.

그들은 물질적인 단절, 곧 친구의 죽음 때문에 느끼는 감정에서 단식이 시작되었다고 생각했다. 친구의 죽음으로 인한 슬픔과 고통은 음식을 먹는 것조차 잊게 만들었다. 모든 사람이 보편적으로 느끼는 이런 형태의 고통에 대한 심리학적 반응은 죽은 이를 기리는 예배와 연결된 단식 행위가 되었고 죽음에 대한 두려움을 갖게 했다.[29]

일반적으로 많은 나라의 철학자들과 현자들은 단식 행위를 자신들의 설교 주제로 삼았다. 그런 나라에서는 단식의 개념이 종교적인 특성에 뿌리를 두고 있었다.

오르페우스의 종교에는 이런 형태의 단식이 법으로 규정되어 있었다.[30] 특별한 예배 의식들로 이루어진 입문 준비 예식으로서의 절제와 단식은 그리스의 성전들에서 거행된 하나의 중요한 행위였다. 이런 예식은 엘레우시스인들의 의식,[31] 미트라 의식,[32] 아티스와 키벨레의 의식[33]에서도 찾아볼 수 있다. 성性과 음식에 관한 규율은 프리지아와 이집트, 시리아와 페르시아인들의 의식 안에서도 아주 중요한 역할을 했다. 동방 전통들 특히 이집트 전통에 따르면, 단식은 악마의 나쁜 활동에 맞서는 행위였다.[34]

민족에 따라 각자 정해진 기간에 다양하게 단식을 했다. 절제 행위의 차원에서 이루어진 단식은 참회 수행의 종교적인 모습을 띠면서 탈혼이나 마술의 표징을 받아들이기 위한 기다림의 과정이었다.[35]

단식을 통해 탈혼 상태에 이르기도 했다. 단식하는 이는 초자연적인 힘과 신神과의 만남을 가능케 하는 '신 체험'을 준비했다. 신 앞에 가까이 나아가기 위해서는 육체적인 준비만 아니라 정신적인 준비도 절대적으로 필요했다. 그래야만 단식하는 이는 신 체험으로 인한 좋은 결과에 방해되는 모든 장애를 벗어날 수 있기 때문이다. 그리스인들과 로마인들은 단식을 통해 탈혼 계시를 받을 수 있다고 믿었다. 이처럼 마술 세계에서 단식은 마법을 부리기 위해 꼭 필요한 준비 단계였다. 그리스 로마인들에게 단식은 문자 그대로 고행이 아니라 나쁜 영들이 사람에게 권한을 행사하지 못하도록 막는 예식이었다. 호화로운 음식과 취하게 만드는 음료를 먹고 마심으로써 쾌락에 빠지면, 본성적으로 이미 불순해져 악마의 소굴이 되기 때문이다. 특히 불순한 음식과 음료는 인간과 신들의 관계에 좋지 않는 결과를 불러일으키는 원인이었다.[36]

특별한 힘을 얻기 위해서는 각별한 준비가 필요했다. 즉 약제사는 마술 능력을 얻기 위해 단식했다. 신에게 비를 내려달라고 청하기 위해서도 단식을 했다. 중요한 일을 처리하기 전에 의무적으로 '준비 단식'을 했다. 군인은 싸움을 준비하기 위해서, 사냥꾼은 사냥을 준비하기 위해서, 부모는 자녀의 탄생을 기다리기 위해서, 예비부부는 혼인을 하기 위해서 그리고 사제는 예배의 희생 제물을 바치기 위해서 준비 단식을 했다. 일반적으로 일부 음식을 멀리하는 절제의 고행은 인간 생명에 대한 새로운 지평을 열어 주었고 대부분의 경우 그런 고행은 완전 단식을 하는 기간이 여러 시기로 구분되어 있었다. 참회와 속죄를 위해 항구하게 기도하면서 도덕적 단식도 했다.

모든 단식에는 문자 그대로 금욕적인 목적뿐만 아니라 기본적으로 악을 쫓는 정화의 목적이 포함되어 있었다. 음식과 음료는 나쁜 힘과 세력에 쉽게 전염될 수 있고 악마의 소굴이 될 수 있다. 이런 관점에서 볼 때, 단식 행위에는 착한 영들과 보호자들의 간절한 소망이 담겨 있었다.

죽음을 슬퍼하는 애도의 단식은 많은 종교들이 갖고 있는 가장 기본적인 단식이었다. 애도 단식에서 속죄를 위한 구마 예식이 생겨났다. 속죄를 위한 구마 예식은 성경 계시 안에 들어 있는 가장 전형적이고 독창적인 형태다.[37]

플라톤은 자신의 저서인 《국가》에서 도덕적인 관점에서 육체에 대해 말했다. 그에 따르면 육체는 필요한 것만 취해야 한다. 그렇지 않으면 쾌락의 함정에 빠질 수 있다.[38] "음식과 쾌락, 그와 비슷한 탐식은 영혼의 시선이 저급한 곳으로 향하게 만든다."[39] 지성과 덕행을 알지 못하고 항상 호화로운 식탁에만 관심을 두며 참으로 고귀한 것에 전혀 시선을 들어 올리지 않는 사람은 흙과 여물통에 몸을 굽힌 짐승과 같다.[40] 피타고라스도 음식으로 육체를 지나치게 돌보는 것은 영혼에 더 고통스러운 감옥을 만드는 결과를 초래한다는 사실을 알았다.

하지만 세상과 음식은 하느님과 친교를 이루는 수단이다. 하느님에 대한 사랑으로 세상과 음식을 받아들이는 경우에는 생명에 도움이 된다. 음식은 그 자체로 생명이 없고 생명을 줄 수도 없기 때문이다. 인간의 비극은 하느님으로부터 벗어나려는 교만과 하느님께 대적하려는 마음으로 음식을 먹는 데에 있다.[41]

창세기 3장에는 인간을 위한 근본적인 선택의 순간이 나온다. 즉 선과 악이 싸움을 시작하고 하느님에 대한 순종이 사탄의 거대한 거짓으로 바뀐다. 원죄는 육체의 행위를 통해서, 즉 금지된 열매를 따 먹음으로써 생겨났다. 인간이 금지된 열매를 따 먹은 것은 지상 생활을 위한 선택, 즉 부적절한 운명의 시작이 되었다. 태초의 인간은 세상의 영이 아니라, 하느님에게서 오시는 영을 받았다. 그래서 하느님이 우리에게 주신 선물을 알아보게 되었다.[42]

금지된 열매를 따 먹은 결과, 영혼과 육체의 분리, 남자와 여자의 분리, 자연과 이성의 대립,

루카스 크라나흐 〈아담과 하와〉

초자연적인 상태에서 자연적인 상태로의 타락이 시작되었다. 악마는 첫 번째 인간의 완전한 단일성에 손상을 입혀 육체와 영혼에 돌이킬 수 없는 분열을 초래했다.

악마는 인간의 자유 의지를 시기하기에 인간이 자신에게 중요하다고 여기는 일을 시작하는 순간에 유혹한다. 하지만 마음으로 영혼과 육체를 묵상할 때에는 신적 진리를 받아들일 수 있다. '피조물의 임금'이고 '우주

의 지배자'며 '하느님 법의 수호자'인 인간은, 하느님의 명령을 따르지 않고 의심하면서 인간의 완전성을 추구하려 할 때 유혹에 빠지는 것이다.

> 하느님께서 "너희는 동산의 어떤 나무에서든지 열매를 따 먹어서는 안 된다."고 말씀하셨다는데 정말이냐?[43]

> 그러자 뱀이 여자에게 말했다. "너희는 결코 죽지 않는다. 너희가 그것을 먹는 날, 너희 눈이 열려 하느님처럼 되어서 선과 악을 알게 될 줄을 하느님께서 아시고 그렇게 말씀하신 것이다."[44]

그러나 악한 인간은 열매를 따 먹으면 죽으리라는 하느님의 말씀을 믿지 않았다.

> 선과 악을 알게 하는 나무에서는 따 먹으면 안 된다. 그 열매를 따 먹는 날, 너는 반드시 죽을 것이다.[45]

하지만 진리를 미리 알고 계시는 하느님은 당신의 가장 완벽한 피조물인 인간에게 자신의 운명을 자유롭게 선택하도록 허락하셨다.

> 여자가 쳐다보니 그 나무 열매는 먹음직하고 소담스러워 보였다.

그뿐만 아니라 그것은 슬기롭게 해 줄 것처럼 탐스러웠다. 그래서 여자가 열매 하나를 따서 먹고 자기와 함께 있는 남편에게도 주자, 그도 그것을 먹었다.[46]

'나무 열매가 먹음직스럽고 소담스러워 보이는 것'과 '나무 열매를 먹으면 지혜롭게 될 것 같은 기대감' 사이에는 밀접한 관련이 있다. 그런데 그 기대감은, 주님이 명령하신 것처럼 죽음의 상태에 이르는 것이다. '선악과를 따 먹는 행위'와 '지혜를 성취할 것 같은 기대감' 사이에서 생기는 관계는 '육체의 물질적인 힘'과 '영혼의 영적인 힘(마음과 이성과 의지)' 사이에서 나타나는 불가분의 관계와 같다.

금지된 열매를 따 먹은 후에는, 먹음직스럽고 소담스러워 보였던 것이 더 이상 먹음직하고 소담스러워 보이지 않았다. 따라서 선과 악을 안다는 것은 신적 의식을 감소시키고 육체와 영혼을 분리시킬 뿐만 아니라, 물질이 지속적으로 영을 짓누르는 결과를 초래했다.

그레고리우스는 이렇게 말했다. "금지된 나무 열매는 아름다움을 간직하고 있기 때문에 전적으로 악은 아니지만, 악이 숨겨져 있기 때문에 순수한 선도 아니다. 단지 선과 악이 적당히 섞여 있어 그 열매의 맛은 금지된 나무 열매를 따 먹는 이들을 죽음에 이르게 한다." 실제적으로 선은 단순하고 그 본성상 유일무이하다. 결코 그 반대가 아니다. 그러나 악은 다양하게 나타난다. 어떤 악은 심사숙고한 결과로 나타나고, 또 어떤 악은 체험에 따른 판단으로 나타난다. 악을 아는 것은 죽음과 파멸의 근원이다. 악마는 금지된 나무 열매의 이중성 때문에 그 열매가 선과 악을 알게 해 줄 수 있다고 말했던 것이다. 금지된 나무 열매는 감각적으로는 아름답게 보이지만, 금지된 나무 열매를 먹는 사람들을 죽음에 이르게 한다.[47]

성경은 모든 인간의 상태를 나무 열매를 따 먹지 말라는 금기 사항을 위반한 상태로 설명한다. 그러나 선과 악에 대한 딜레마는 더 근본적인 단계, 곧 생명과 죽음의 차원으로 넘어가면서 더욱더 심화되었다. 아담과 하와의 불순종은 음식에 대한 문제뿐만 아니라 생명이나 죽음에 대한 문제이기도 하다. 성경은 인류의 원초적인 상태를 "단식이 파기된 상태"[48]로 이야기한다.

원죄의 직접적인 결과 때문에 인간은 성性 문제에 직면하게 된다. 아담과 하와는 하느님께 불순종한 행위, 곧 선과 악을 알게 된 행위 이후에 부부 관계를 맺는다.[49] 그런 의미에서 볼 때 음식과 성性 생활은 인간을 물질과 땅에 종속시키는 주변 환경이었다. 따라서 음식의 단식과 성性의 절제는 인류 역사 처음부터 존재해 왔다. 이 두 가지 단식 혹은 절제는 인간으로 하여금 자기 자신을 완전히 정화시키도록 도와준다. 악마가 유혹하는 중요한 원인인 음식과 성性을 멀리하고 신화神化의 영적 단계를 열망하면, 원죄로 잃어버린 '하느님과의 비슷함'을 회복할 수 있을 것이다.

일상생활에서 배부름을 느끼는 것은 도움이 되기보다는 오히려 해가 된다. 포만감은 신체적·영적 에너지가 필요한 인간에게 지나친 자율성을 심어 줌으로써, 인간이 하느님께 의존되어 있다는 사실을 상기시켜 주는 단식을 거부하게 만들기 때문이다. 음식보다도 하느님의 말씀이야말로 인간의 근원적인 단일성을 회복할 수 있는 유일무이한 참된 양식이다.

인간은 결코 음식 앞에서 만족하지 못한다. 예수님은 그런 인간에게 참된 양식으로 당신 자신을 내어 주시어 우리 본성이 느끼는 진정한 배고픔과 목마름을 채워 주신다. 단식이란 배고픔을 느끼는 것, 곧 전적으로 음식에 의존하는 인간의 한계성을 체험하게 한다. 인간은 단식을 통해서 육체적인 배고픔을 느끼지만, 음식에 의존할 수밖에 없는 이런 관계가 결코 절대적인 진리가 아니라는 사실을 깨닫게 된다. 육체적 배고픔보다도 더 중요한 배고픔은 영적 배고픔, 곧 하느님과 그분의 말씀에 대해 느끼는 배고픔이라는 사실을 단식을 통해서 깨달을 수 있다.[50]

그리스도교는 단식에 금욕적인 의미를 추가했다. 단식은 음식을 멀리하고 본능을 억제하는 하나의 고행이다. 하지만 절제와 사랑의 덕행을 실천한다는 관점에서 볼 때, 단식은 최고의 선이라고 할 수 있다.[51]

### 핵심 쾩! 쾩!

여러 나라와 종교에 단식이 있었는데, 그들의 단식은 주로 건강과 축복을 위한 단식이었습니다. 하지만 그리스도교에 의해서 단식의 의미와 가치가 심화됩니다.

1장의 마지막 문장, "단식은 절제와 사랑의 덕행을 실천하는 것이다."라는 말이 무슨 뜻일까요? 그리스도인은 육체적인 배고픔을 통해서 영적인 배고픔을 체험합니다. 그러나 굶는 것이 단식의 전부는 아닙니다. 우리는 앞으로 단식이 사랑의 실천이라는 사실과 단식에 들어 있는 또 다른 중요한 의미를 만나게 될 것입니다. 그때까지 조금만 기다리세요.

아, 참!
선과 악의 문제가 비밀 종교에 큰 영향을 끼쳤다는 사실도 기억하시기 바랍니다. 기원전에 시작된 영지주의가 고대 교회에 긍정적·부정적인 영향을 많이 끼쳤기 때문입니다.

제2장

# 구원을 부르짖는 자들

## 구약 시대의 단식

# 1. 하느님과의 특별한 유대감
## 유대 지역의 단식

　이스라엘 백성의 단식에 관한 관습은 고대 근동에서 유래했다. 그들에게는 정기적인 단식과 비정기적인 단식, 공동 단식과 개인 단식이 있었다. 성경은 단식을 통해서 병든 몸을 치료할 수 있다고 가르치고 있지는 않지만, 단식에는 고행과 영성적 동기가 포함되어 있기 때문에 단식의 중요성을 강조한다.

　실제로 구약 성경에는 한 친족의 죽음에 대한 슬픔과 고통을 표현하기 위해 단식을 하는 장면이 나온다. 이런 단식은 다른 종교들에서도 마찬가지다.[1] 이스라엘에서 죽음을 애도하는 기간은 일반적으로 7일 동안 계속되었다. 예를 들어 야베스 주민들은 사울과 그의 자녀들을 묻고 7일 동안 단식했다.

그다음 그들은 그 뼈를 추려 야베스에 있는 에셀 나무 밑에 묻고, 이레 동안 단식했다.[2]

한편 다윗은 사울과 요나탄의 죽음을 애도하며 하루를 단식했다.

그들은 사울과 그의 아들 요나탄, 그리고 주님의 백성과 이스라엘 집안이 칼에 맞아 쓰러진 것을 애도하고 울며, 저녁때까지 단식했다.[3]

그러나 유딧의 단식은 예외적인 경우다. 유딧은 축제일에는 단식을 하지 않았지만, 과부 생활을 하는 동안에는 하루도 빠짐없이 단식을 했다.

그는 자기 집 옥상에 천막을 치고 살면서 허리에 자루옷을 두르고 과부 옷을 입었던 것이다. 그리고 과부 생활을 하는 동안, 안식일 전날과 안식일, 그믐날과 초하룻날, 이스라엘 집안의 축제일과 경축일 말고는 하루도 빠짐없이 단식했다.[4]

또한 친족들에게 대접할 음식을 고인의 집에서 준비해서는 안 된다는 성경 구절이 있다. 그래서 이스라엘 백성은 사람이 죽으면 가까운 이웃과 친척들이 "애도의 음식"과 "위로의 술잔"을 준비했다.

아무도 죽은 이를 애도하는 상주를 위로하려고 그와 음식을 나누지 않고, 그의 아버지나 어머니를 생각해서 그에게 위로의 술잔을 건네지도 않을 것이다.[5]

이교도의 단식 전통은 이스라엘 백성의 관습과 초기 그리스도교 관습에 영향을 주었다. 이교도의 전통에 따르면, 의인들의 무덤에 제물 음식을 가져가는 것이 고인에 대한 특별한 애정을 자연스럽게, 자발적으로, 꾸준하게 표현하는 것이었다.[6]

하지만 구약 성경에서 단식은 본질적으로 종교적인 목적을 지닌다. 이스라엘 백성은 하느님 앞에서 자신들의 사악한 행위를 고백하고 참회하면서 음식을 멀리하기로 결정한 다음, 공동체 전체가 단식을 했다. 이스라엘 백성의 단식은 선택받은 백성이 하느님께 드리는 하나의 예배 행위였다. 이스라엘 백성은 영혼과 육체의 고뇌와 자책自責을 통해서 다시 하느님께 돌아왔다.[7]

이스라엘 백성은 여러 형태로 단식을 했다. 그중에는 특별한 단식들이 있었는데, 이 단식들은 이스라엘의 역사적인 전통과는 아무런 관계가 없는 이스라엘만의 독특한 단식이었다. 그 밖의 단식들은 세속적인 규칙에 따라 의무적이고 공적으로 행해졌다. 이스라엘 백성은 월요일과 목요일에 정기적으로 두 번씩 주간 단식을 했다. 이 단식은 일반 단식에 해당한다. 미드라쉬에 따르면, 월요일과 목요일에 하는 두 차례의 주간 단식은

하르먼스 판 레인 렘브란트 〈십계명이 적힌 돌판을 든 모세〉

모세가 시나이산에 올라갔을 때 이스라엘 백성이 모세를 오랫동안 기다리지 못하고 반란을 일으킨 사건을 기억하기 위한 단식이었다. 시나이산에서 돌아온 모세는 이스라엘 백성의 죄를 용서받기 위해 회개와 비탄의 단식을 했다.[8]

끝으로 율법서에는 주변 상황에 따라 임시 단식과 개별 단식에 관해 다양한 상황들을 규정했다. 모세 오경에는 모세가 했던 단식이 자주 나온다. 모세는 시나이산에서 십계명을 받기 전에 40일을 빵과 물을 먹지도 마시지도 않았다.

> 모세는 그곳에서 주님과 함께 밤낮으로 사십 일을 지내면서, 빵도 먹지 않고 물도 마시지 않았다. 그는 계약의 말씀, 곧 십계명을 판에 기록했다.[9]

모세가 하느님과 40일을 함께 지낸 시나이산

다니엘 예언자도 메시아가 오실 것이라는 계시를 받기 전에, 하느님을 만나기 위해서 그리고 그분의 말씀을 듣기 위해서 단식과 고행을 했다.[10]

그리하여 나는 단식하고 자루옷을 두르고 재를 쓴 채, 기도와 간청으로 탄원하려고 주 하느님께 얼굴을 돌렸다.[11]

모세와 다니엘과 엘리야가 했던 단식은 하느님의 계시를 받기 위해서 개인적으로 준비하는 전형적인 단식이다. 그렇다고 단식을 절대화할 필요는 없다. 특별한 계시나 은총을 받기 위해 꼭 일상적으로 단식을 해야 하는 것은 아니기 때문이다. 하느님이 먼저 자신을 선택하셨다는 믿음을 가진 사람은 죄와 세상의 굴레로부터 마음을 정화시키기 위해서, 그리고 하느님의 가장 좋은 선물을 받기 위해서 자신의 모든 행동에 앞서 항상 단식을 했다.[12]

모세의 율법서는 한 해에 한 번, 공동 단식을 의무적으로 해야 하는 속죄일을 정해 놓았다. 가나안 땅에 사는 이방인들도 이 같은 히브리인들의 단식 관습을 준수했다. 속죄일은 온전히 휴식하며 참회하는 축일이었다. 이 전통은 오늘날에도 마찬가지다. 《미슈나》에서도 속죄일을 "단식일"[13]이라고도 부른다.

> 이것은 너희에게 영원한 규칙이 되어야 한다. 일곱째 달 초열흘날에 너희는 고행을 하고, 일은 아무것도 해서는 안 된다. 본토인이든 너희 가운데에 머무르는 이방인이든 마찬가지다.[14]

레위기 16장에는 속죄일에 거행되는 성전 예식에 관한 내용이 자세하게 나온다. 회당에서 바치는 아주 긴 기도들은 장엄하고 엄격한 단식과 관련된 내용들이다. 이스라엘 백성은 진실하고 정성스러운 마음으로 속죄 예식에 참여함으로써 하느님께 모든 죄를 용서받았다.[15]

'속죄일'은 티슈리 달 10일로, 9월과 10월 사이에 있다. 그날은 "날들의 날"이라고 불릴 만큼 유대교에서 가장 중요한 축제 가운데 하나였다. 속죄일에는 어떤 노동도 해서는 안 되며, 참회와 단식에만 온전히 전념해야 한다. 그날 성전에 모인 회중은 지성소와 백성과 사제들을 위해 특별한 제물을 바쳤다.[16] 속죄일은 새해 첫날과 맞물려 있었기 때문에, 이스라엘만의 독창적인 축일은 아니었다. 다른 고대 문명들에서도 속죄일이 있었다. 속죄일은 우주의 자비를 청하고 농작물의 풍부한 결실을 비는 화해의 날이었다.[17]

7일 간의 축제는, 일곱째 달 초하루부터 초열흘날 사이에 지냈다. '이스라엘의 거룩한 날yamin noraim'[18]에는 특히 세상 창조를 기념하는 날과 '키푸르kippur'[19]라고 불리는 대속죄의 날이 포함되어 있었다. 이 기간은 이스라엘 백성이 가장 열렬하게 준비하는 기간 중 하나였다. 하느님께 다시 가까이 나아가기 위해서 이스라엘 백성이 날마다 기도와 찬가와 내적인 정화 활동으로 준비했기 때문이다. 이스라엘 공동체는 일곱째 달 초하루에 함께 모였다. 이스라엘 전통에 따르면, 일곱째 달 초하루는 영원하신 하느님이 각자에게 질문하시고 운명을 정해 주시는 "심판의 날"로, 하느님이 직접[20] 선택하신 날이었다. '거룩한 날들'을 끝내는 "속죄일(키푸르)"에는 주님의 심판이 결정적으로 내려졌다. 그 누구도 하느님의 심판을 벗어날 수 없기 때문에, 모두가 기도하며 죄를 고백하는 참회를 했다. 거룩한 날들은 주님이 주신 회개할 수 있는 마지막 기회였다. 따라서 사람들은 탄원과 영적 회개의 본문들로 이루어진 긴 전례 예식에 참여했다. 사람들은 새해가 시작되는 일곱째 달 초하루를 새로운 나라가 도래한 것처럼 생각했다. 불안과 희망 사이에서 기다림은 마치 이스라엘의 역사적 기념일을 다시 알려 주는 것과 같았다.[21] 대속죄일에는 모든 종류의 음식과 음료를 멀리했다. 이날에는 진심으로 죄를 고백하고, 모든 죄를 공개적으로 고백했다. 각자 적당한 시기에 참여해서 공개적으로 고백한 모든 죄는 공동체 전체가 책임을 졌다.[22]

이스라엘 백성은 하느님의 단죄를 피하기 위해서 백성 전체가 참회를 했다. 그리고 하느님과 맺은 계약을 기억하면서 하느님의 전능하심에 전적으로 의탁하기 위해서 모든 물질적인 양식을 멀리하는 단식을 했다. 그들은 단식보다 더 효과적인 선택은 없다고 생각했다. 지나간 세월보다 더 좋은 계절과 풍년을 약속해 주는 새롭고 자비로운 시대를 열기 위해서 그들은 단식을 통해 가장 근원적인 악과 개인적인 죄와 사회적인 죄를 참회했다. 이스라엘 백성들이 자연 재앙을 피하기 위해서 자주 자발적으로 했던 참회 행위는 바로 음식을 먹지 않는 단식이었다. 그들은 죄로부터 자신을 정화하고 악으로부터 자유롭게 되기 위해서 단식이라는 고통을 선택했다. 이러한 단식은 그들의 마음까지 낮게 해 주었다. 실제로 그들이 단식 기간에 체험했던 그 기쁨은, 하느님께 감사와 영광을 드리는 하나의 축제 예식으로 음식을 다시 먹고 마실 때 느끼는 기쁨과 비슷했다.[23]

## 2. 통곡과 탄식의 표현
### 이스라엘의 단식

이스라엘 달력에는 속죄일 외에도 다른 네 개의 단식일이 들어 있다. 유배 시기 이후에 제정된 네 개의 단식일은 이스라엘 백성이 겪은 역경을 기억하기 위한 날이다. 즈카르야 예언자는 처음으로 네 개의 단식일을 거룩한 역사의 기념일로 정했다.

> 만군의 주님이 이렇게 말한다. 넷째 달의 단식과 다섯째 달의 단식, 일곱째 달의 단식과 열째 달의 단식은, 유다 집안에 기쁨과 즐거움의 때가 되고 흥겨운 축제가 되어야 한다. 그러므로 너희는 진실과 평화를 사랑하여라.[24]

유대교 전통에 따르면, 네 개의 단식일은 각각 바빌론 임금 네부카드네

프란치스코 하예즈 〈예루살렘 성전의 파괴〉

자르가 예루살렘을 공격하여 멸망시킬 때까지 예루살렘에서 발생했던 사건들과 관련이 있다. 바빌론의 종살이를 하던 시기에 제정된 이 네 개의 단식일은 바빌론 유배가 끝나자 더 이상 지켜지지 않았다. 그러다가 기원후 70년 예루살렘 성전이 두 번째 파괴된 뒤에, 네 개의 단식일이 재빨리 다시 복구되었다. 네 개의 단식일은 넷째 달의 단식과 다섯째 달의 단식, 일곱째 달의 단식과 열째 달의 단식일로 정해졌다.[25]

  넷째 달의 단식은 예루살렘의 성벽이 처음으로 뚫렸던 사건을 기억하는 단식이다.[26] 이와 반대로 다섯째 달의 단식은 성전 파괴를 기억하고 있지만, 예레미야 예언자의 증언과 열왕기 하권에 나오는 증언[27]에도 불구하고 정확한 단식일이 언제인지 아직도 밝혀지지 않았다. 넷째 달의 단식과 다섯째 달의 단식에는 "질책의 안식일"이라 불리는 세 개의 안식일과 "위로의 안식일"이라 불리는 일곱 개의 안식일이 포함되어 있다. 넷째 달의 단식일과 다섯째 달의 단식일에 낭독되는 예언서들에는 이 열 개의 안식일을 거행하는 이유가 자세하게 설명되어 있다.

질책의 안식일에 낭독되는 독서는 예레미야서와 이사야서에서 발췌한 내용으로, 이스라엘이 처한 역사적인 상황을 다시 보여 주면서 이스라엘 백성의 불충실한 태도를 꾸짖는 내용이다.[28] 위로의 안식일에 낭독되는 독서는 이사야서에서 뽑은 내용으로, 이스라엘 백성을 향한 위로와 그들이 다시 올바른 길을 가게 되리라는 하느님의 약속과 관련된 내용이다.[29] 따라서 전체 70일 동안 열 개의 안식일 내용이 다루어진다. 이 70일을 바빌론에서 종살이했던 70년의 기간과 비유적으로 연결시켜 강조한 것은 자연스러운 일이었다. 70일 단식이 시작되는 첫날에 이스라엘 백성은 회개하라는 부르심을 받고, 70일 단식이 끝나는 마지막 날에는 다가올 미래에 하느님이 베풀어 주실 축복의 말씀과 구원의 약속, 다시 말하면 재건된 예루살렘을 다시 보게 될 기쁨을 주실 것이라는 약속을 새롭게 듣는다. 70일 단식이 끝나는 날은 새해가 시작되는 날이다. 이스라엘 백성은 이날에 포로 생활에서 귀환한 것을 기념했다.

일곱째 달의 단식은 유다를 다스리던 통치자의 죽음과 관련이 있다.[30] 예루살렘이 침략당한 날을 기억하는 것은, 열째 달의 단식과 함께 예레미

야 예언자가 언급한 것처럼 정확히 초열흘날에 거행되었다.[31]

불결한 짐승의 살과 피를 먹거나 마시지 말라는 정화의 율법에 따라서, 온 이스라엘 백성은 모든 단식일에 금육을 지켰다. 그리고 이 단식일들은 몇몇 대재앙을 장엄하게 기억하기 위해서, 자연재해를 피하기 위해서, 개인적인 죄를 속죄하기 위해서, 축복을 받기 위해서, 맹세하기 위해서 또는 희생과 참회의 정신을 잊지 않기 위해서 제정되었다.[32]

다양한 역사적 상황에 따라서 공동 단식 또는 어떤 특정한 행위와 관련된 몇몇 사람들만 하는 단식으로 구분되었다. 성전聖戰의 경우는 공동 단식에 해당한다. 성전을 위해 단식하는 경우, 이스라엘 백성은 항상 단식의 종교 행위라는 특징을 부각시켰다. 이런 종교 행위를 통해서 선택받은 이스라엘 백성은 자신들의 유일신 신앙을 굳게 지켜 나갈 수 있었다.[33] 전쟁을 시작하기 전에 했던 단식들 중에는 베냐민 지파를 공격한 이야기와 관련된 단식도 있다.

> 그러자 이스라엘의 모든 자손이, 온 군대가 베텔로 올라가 그곳에서 주님 앞에 앉아 통곡했다. 그날에 그들은 저녁때까지 단식하고 주님 앞에 번제물과 친교 제물을 바쳤다.[34]

이와 비슷하게 이스라엘 백성은 모데인 근처에서 벌어진 전쟁을 하기 전에 유다 마카베오와 함께 단식을 했다. 마카베오는 백성들을 소집하여 백성들 앞에서 율법서를 펼쳐 들고 전능하신 하느님께 온전히 의탁하며 단식을 했다.

> 사람들은 다 함께 그렇게 했다. 그들은 사흘 동안 눈물을 흘리고 단식하며 땅에 엎드려 자비하신 주님께 끊임없이 간청했다. 유다는 그들을 격려하며 준비를 하라고 지시했다.[35]

전투가 끝날 때마다 당신 백성 곁에 현존하시는 하느님께 감사드리기 위해서 또 다른 단식을 했다. 예를 들어 주 하느님의 손에 승리가 달려 있던 전투, 곧 요나탄이 필리스티아인들과 맞서 싸운 전투가 끝나자 사울은 단식을 했다.

> 그날 이스라엘군이 곤경에 처했을 때, 사울은 군사들에게 저주를 씌우는 맹세를 하였다. "오늘 저녁 내가 원수를 다 갚기 전에 음식을 먹는 자는 저주를 받는다." 그래서 군사들은 모두 음식을 맛보지도 못하였다.[36]

이스라엘 백성이 종종 단식을 선포하는 또 다른 경우도 있었다. 주님을 모욕하고 주님의 법을 어겼다는 자각을 했을 때, 이스라엘 백성은 그 잘못에 따라 단식을 했다.

그러자 그들은 주님 앞에서 울고 단식하며 기도하였다.[37]

공동체가 정치적인 불행을 겪거나 공동체에 자연 재앙이 닥쳐오면, 온갖 위험을 피하기 위해서 공동체 전체가 단식을 했다.

각 주에서도 임금의 분부와 어명이 도착한 곳마다 유다인들은 단식하고, 울고 탄식하며 크게 통곡하였다. 많은 이들이 자루옷을 입고 재 위에 드러누웠다.[38]

에스테르와 이스라엘 백성은 하만의 계획적인 살인으로부터 주님의 보호를 받기 위해서 주님께 청하면서 단식을 했다.[39] 또한 에즈라는 예루살렘에 안전하게 귀환할 수 있도록 단식했다. 그는 히브리인들이 이방인들과 수없이 혼종혼인을 맺는 상황에서 율법에 대한 불충을 갚기 위해 단식을 하기도 했다.

에즈라는 그곳에서 밤을 지내며 빵도 먹지 않고 물도 마시지 않았다. 돌아온 유배자들의 배신을 너무나 슬퍼하였기 때문이다.[40]

심지어 느헤미야도 이스라엘 백성을 위해서 그리고 자기 동족의 불행을 속죄하기 위해서 단식을 했다.[41] 시편에 나오는 단식에는 참회의 의미와 하느님께 도움을 청하는 의미가 들어 있다.

> 제가 단식하며 눈물을 흘린 것이 저에게는 우셋거리가 되었습니다.[42]

구약 성경을 보면, 이스라엘 백성은 종종 단식하면서 죄를 고백하고 하느님께 간청을 드렸다.[43]

> 사람들은 미츠파로 모여 와서 물을 길어다가 주님 앞에 부었다. 바로 그날 그들은 단식하며, "저희가 주님께 죄를 지었습니다." 하고 고백하였다.[44]

> 나는 이 말을 듣고 주저앉아 울며 여러 날을 슬퍼하였다. 그리고 단식하면서 하늘의 하느님 앞에서 기도하며, 이렇게 아뢰었다.[45]

이스라엘에서 단식은 참회 예식을 위한 가장 효과적인 표지로 자리매김했다. 그들에게 있어서 단식은 하느님 계약의 신비와 밀접한 관계를 맺고 있는 자비를 구하는 행위였다.

> 그달 스무나흗날, 이스라엘 자손들은 자루옷을 입고 흙을 뒤집어

쓴 채, 단식하러 모여들었다. 이스라엘의 후예들은 모든 이방인과 갈라선 뒤, 제자리에 서서 자기들의 잘못과 조상들의 죄를 고백하였다. 그들은 제자리에 선 채, 하루의 사분의 일은 주 저희 하느님의 율법서를 읽고, 또 사분의 일은 죄를 고백하고 주 저희 하느님께 경배하였다.[46]

단식은 개인적인 청원 기도를 지지해 주는 든든한 버팀목이었다. 경건한 히브리인들은 신체적·정신적인 질병을 치유받는 은총과 죄로부터 해방되기를 간구하며 단식을 했다.

주님께서 우리야의 아내가 다윗에게 낳아 준 아이를 치시니, 아이가 큰 병이 들었다. 다윗은 어린아이를 위하여 하느님께 호소했다. 다윗은 단식하며 방에 와서도 바닥에 누워 밤을 지냈다.[47]

많은 경우, 이스라엘 백성은 한데 모여 하느님의 축복을 빌면서 징벌을 멀리하게 해 달라고 기도했다. 기도하고 단식하면서, 그리고 온갖 종류의 희생 제사를 드리면서 이스라엘 백성은 하느님 면전에서 축복을 받았다.

이스라엘 남자들은 모두 하느님께 아주 간절히 부르짖고 또 아주 간절한 마음으로 고행하였다. 그들은 물론 그들의 아내들과 아이들, 집짐승, 모든 이방인, 삯꾼, 팔려 온 종까지 허리에 자루옷을 둘렀다. 그리고 예루살렘에 사는 모든 이스라엘 남자와 여자와 어린이는 성전 앞에 엎드려 머리에 재를 뿌리고, 주님 앞에 자기들의 자루옷을 펼쳐 놓고, 제단도 자루옷으로 둘렀다. 그리고 나서 아이들이 잡혀가지 않게 해 주십사고, 여자들이 끌려가지 않게 해 주십사고, 자기들이 상속받은 성읍들이 파괴되지 않게 해 주십사고, 그리고 성소가 더럽혀져 치욕스럽게도 이민족들의 비웃음거리가 되지 않게 해 주십사고, 이스라엘의 하느님께 마음을 모아 간절히 부르짖었다. 주님께서는 그들의 소리를 귀여겨들어 주시고 그들의 곤경을 눈여겨보아 주셨다. 백성이 온 유다 땅에서, 그리고 예루살렘에서는 전능하신 주님의 성소 앞에서 여러 날 단식을 하고 있었던 것이다.[48]

또한 고행과 단식은 오로지 하느님께만 신뢰를 두고 있다는 것을 드러내는 하나의 표지였다. 단식을 하면 물질적인 삶을 만족시켜 주던 음식들이 그 본래의 필요성을 상실하고 부차적인 것이 되기 때문이다.[49] "단단한 목덜미"를 가진 이스라엘 백성을 위한 중개자였던 모세와 엘리야와 에스테르의 경우에서도 볼 수 있듯이, 단식에는 특별한 간구의 힘이 있었다.

가서 수사에 살고 있는 모든 유다인들을 모아 저를 위하여 함께 단식해 주십시오. 사흘 동안 밤이고 낮이고 먹지도 마시지도 마십시오. 저도 마찬가지로 저의 시녀들과 함께 단식하겠습니다. 그러고는 법을 거스르는 것이긴 하지만, 임금님께 나아가렵니다. 그러다 죽게 되면 기꺼이 죽겠습니다.[50]

따라서 단식은 반드시 해야 하는 법적인 문제였을 뿐만 아니라 겸손의 표지였다. 단식을 통해서 내적으로 변화된 사람들이 자주 있었다.[51] 이 밖에도 종교적인 두려움과 하느님의 전능하심에 대한 인식 때문에, 하느님과의 계약이라는 관점에서 다양한 관습들이 생겨났다. 그런 관습들에는 신발 벗기, 얼굴 가리기, 부부 관계 멀리하기, 거룩한 장소에 손대지 않기, 거룩한 장소에 접근하지 않기가 있다.

> 백성에게 경계를 두루 정하여 주고 이렇게 일러라. "산에 오르지도 말고 산자락을 건드리지도 마라. 산을 건드리는 자는 누구든 죽음을 면치 못할 것이다.[52]

> 그는 백성에게, "셋째 날을 준비하고 여자를 가까이하지 마라." 하고 말하였다.[53]

> 주님께서 말씀하셨다. "이리 가까이 오지 마라. 네가 서 있는 곳은

거룩한 땅이니, 네 발에서 신을 벗어라." 그분께서 다시 말씀하셨다. "나는 네 아버지의 하느님, 곧 아브라함의 하느님, 이사악의 하느님, 야곱의 하느님이다." 그러자 모세는 하느님을 뵙기가 두려워 얼굴을 가렸다.[54]

단식을 제정한 입법자의 의도는 음식을 멀리하는 데 있지 않고, 오히려 개인의 내적 고통을 상기시켜 훨씬 더 순수한 종교심을 함양시키는 데 있었다. 한 사람이 쾌락을 포기할 수 있는 척도에는 음식을 끊는 것과 육체 건강에 좋은 모든 관행을 끊어 버리는 것이 있다. 육체 건강에 좋은 관행에는 목욕, 기름 바름, 부부 관계 그리고 내적 회심을 약화시킬 수 있는 온갖 물질적인 축복이 있다.[55] 단식은 이런 모든 것을 멀리하는 것이다.

육체가 현세 사물을 포기해야 정신은 기도로써 신체적인 긴장감을 유지할 수 있다. 하느님의 거룩함과 초월성이라는 관점에서 볼 때, 그 어떤 법 규정이나 예배 예식도 우리가 어떤 상태인지 알려 줄 수 없다. 그래서 인간은 자신의 육체와 영혼의 성스러움 안에서 자기 신원의 본질을 다시 발견하고, 자기 마음 안에서 하느님에 대한 관상을 발전시킬 필요가 있었다. 이를 위해 사람들에게는 단식이 꼭 필요했던 것이다.[56]

## 3. 들을 귀 있는 자들을 위한 선포
**예언자 시대의 단식**

예언자들을 통해 전해진 하느님의 말씀은 이스라엘 백성이 메시아 시대를 맞도록 준비시켜 왔다. 이스라엘 백성의 위선에 맞서기 위해 하느님이 파견하신 예언자들은 고발과 비판을 통해서 율법 규정과 삶의 내적 관계를 더욱 굳건하게 만들었다. 또한 히브리인들은 역사적 변천 과정 속에서 자신들이 항상 하느님께 깊이 종속되어 있다는 것을 체험했다. 주님은 이스라엘 백성의 구원에 적합한 모든 수단, 곧 그들의 믿음을 강화시켜 주는 영적 음식뿐만 아니라 심지어 배고프지 않도록 물질적인 음식까지도 베풀어 주셨다.

그분께서는 너희를 낮추시고 굶주리게 하신 다음, 너희도 모르고 너희 조상들도 몰랐던 만나를 먹게 해 주셨다. 그것은 사람이 빵만

으로 살지 않고, 주님의 입에서 나오는 모든 말씀으로 산다는 것을 너희가 알게 하시려는 것이었다.[57]

예언자들은 희생 제물을 형식적으로 바치는 태도를 강하게 비판했다. 그들은 하느님의 사절로서 지속적인 단식이나 일시적인 단식을 하는 사람은 누구나 그에 걸맞은 합당한 내적 자세를 유지해야 한다는 점과 단식을 한다고 해서 사랑과 사회 정의를 실천하지 않아도 된다는 핑계를 대서는 안 된다는 점을 강조했다.[58] 이사야 예언자는 이스라엘의 거룩한 역사의 해석가이자 사려 깊은 독서가였다. 그는 외적 행위는 주님의 마음에 들어야 하고, 외적인 신심 행위는 내적 감정과 일치되어야 한다고 말했다.

"저희가 단식하는데 왜 보아 주지 않으십니까? 저희가 고행하는데 왜 알아주지 않으십니까?" 보라, 너희는 너희 단식일에 제 일만 찾고 너희 일꾼들을 다그친다. 보라, 너희는 단식한다면서 다투고 싸우며 못된 주먹질이나 하고 있다. 저 높은 곳에 너희 목소리를 들리게 하려거든 지금처럼 단식하여서는 안 된다. 이것이 내가 좋아하는 단식이냐? 사람이 고행한다는 날이 이러하냐? 제 머리를 골풀처럼 숙이고 자루옷과 먼지를 깔고 눕는 것이냐? 너는 이것을 단식이라고, 주님이 반기는 날이라고 말하느냐? 내가 좋아하는 단식은 이런 것이 아니겠느냐? 불의한 결박을 풀어 주고 멍에 줄을 끌러 주는 것, 억압받는 이들을 자유롭게 내보내고 모든 멍에를 부수어 버리는 것이다. 네 양식을 굶주린 이와 함께 나누고 가련하게 떠도는 이들을 네 집에 맞아들이는 것, 헐벗은 사람을 보면 덮어 주고 네 혈육을 피하여 숨지 않는 것이 아니겠느냐?[59]

이 몇 마디 말만으로도, 단식에 대한 신학적 정의를 완전하게 내릴 수 있다. 참된 단식은 신체적인 단식이 아니라, 양심에 따라 각자 자신의 삶에 대한 막중한 책임으로 하는 단식이다. 하느님은 인간의 행동을 통해서 그리고 인간을 위해서 활동하기를 원하신다. 하느님은 노아의 주변에서가 아니라, 바로 그 사람 마음속에서 그 사람을 찾고 계신다. 이런 사실을 인정하는 것이 성숙한 영성이다.

이런 맥락에서 즈카르야 예언자 역시 참된 단식과 합당한 고행은 가난한 이들과 소외된 이들을 사랑하는 것이고, 그들에게 봉사하는 것이라는 점을 강조했다. 단식은 반드시 사랑의 실천과 일치를 이루어야만 한다.[60]

만군의 주님이 이렇게 말한다. "너희는 진실한 재판을 하여라. 서로 자애와 동정을 베풀어라."[61]

너희가 해야 할 일은 바로 이것이다. 너희는 서로 진실을 말하고, 성문에서는 평화를 이루는 진실한 재판을 하여라.[62]

요엘 예언자는 자신의 회개가 합당하다는 것을 분명하게 증명하기 위해서 단식해야 하고, 영원한 율법을 거스른 엄청난 불충에 대해 하느님의 자비하심을 청하기 위해서 단식해야 한다고 권고했다.

> 너희는 단식을 선포하고 거룩한 집회를 소집하여라. 원로들과 이 땅의 모든 주민을 주 너희 하느님의 집에 모아 주님께 부르짖어라.[63]

폴 귀스타브 도레 〈니네베에서 설교하는 요나〉

이와 반대로 요나는 자신이 선포했던 예언에서 공적 참회의 단식을 강조했다. 공적 참회 기간에 니네베 사람들은 참회를 했을 뿐만 아니라, 동물들에게도 고행의 결과를 짊어지게 했다. 니네베 사람들은 그토록 엄격하게 참회를 했을 뿐만 아니라, 그토록 큰 비탄에 잠겨서 하느님께 용서를 청했다.

> 그러자 니네베 사람들이 하느님을 믿었다. 그들은 단식을 선포하고 가장 높은 사람부터 가장 낮은 사람까지 자루옷을 입었다. 그리

제2장 구원을 부르짖는 자들 – 구약 시대의 단식

고 그는 니네베에 이렇게 선포하였다. "임금과 대신들의 칙령에 따라 사람이든 짐승이든, 소든 양이든 아무것도 맛보지 마라. 먹지도 말고 마시지도 마라.[64]

구약 성경에서 발견할 수 있는 분명한 사실이 하나 있다. 그것은 하느님과의 절대적이고 개인적인 관계가 역사적인 사건에 대한 각 개인의 윤리적인 책임감과 인류 전체의 책임감에 항상 맞물려 있다는 점이다. 이런 사실 때문에 예언자들은, 공동체 삶에서 공동체의 책임이 확실하게 수반되지 않는 단식은 아무리 한다고 해도 결코 효과를 얻을 수 없다는 사실을 아주 잘 알고 있었다. 만일 상황이 불안하기 때문에 세상의 즐거움을 자발적으로 포기하는 단식을 해야 한다면, 개인적으로 안정을 얻기 위해서 단식해서는 안 되고 모든 사람의 고통을 물리치기 위해서 단식해야 한다. 사람들의 관심을 끌기 위해서 단식해서는 안 된다. 달리 말하면, 개인주의를 뛰어넘어 형제애를 실천하기 위해 단식해야 한다는 것이다.

랍비주의가 발달하면서, 유대교 안에는 고행에 대한 적대감이 많이 생겨났다. 어떤 랍비들은 관례적으로 하던 단식과 즐거움을 절제하는 행위를 '하느님의 선물을 거부하는 행위'라고 단죄하면서 단식을 하지 않았다. 하지만 다른 랍비들은 죄를 속죄하고, 대재앙을 피하고, 영적 은혜를 얻기 위한 확실한 목적으로 단식을 했다.

유대교에서는 부가 하느님의 축복이며, 가난은 하느님의 징벌과 지적

부패라고 공식적으로 가르쳐 왔다. 하지만 구약 성경의 원칙에 충실한 전통적인 지혜는 절제 생활을 권장했다. 구약 성경은 육체를 잘 관리하는 삶을 권하고, 식탁의 과식을 비난했다.

외경과 랍비들의 여러 글에 따르면, 욕망을 다스리기 위해서는 적당한 엄격성이 필요하고, 무분별한 식사나 육식 위주의 식사를 줄여야만 한다는 것을 알 수 있다.[65] 구약 성경은 단식을 거의 완벽한 영성의 단계로 제시했다. 또한 그리스도교와 더불어 단식이 기도와 사랑과 밀접한 관계를 맺으면서, 금욕 생활과 신비 생활을 효과적으로 달성하기 위한 절대적인 수단이 되기 시작했다.

> 진실한 기도와 의로운 자선은 부정한 재물보다 낫다.[66]

그리스도교의 단식은 성경에 나오는 두 가지 사건과 밀접한 관련이 있다. 하나는 구약 성경 처음에 나오는 아담과 관련된 사건이고, 다른 하나는 신약 성경 처음에 나오는 예수님과 관련된 사건이다. 아담과 관련된 사건은 음식물을 먹는 것이 처벌과 죽음을 불러온 사건이고, 예수님과 관련된 사건은 음식물을 먹는 것이 구원과 생명을 가져온 사건이다. 따라서 단식은 생명과 죽음, 구원과 처벌이라는 신비 자체와 연결되어 있는 행위로 인식의 폭이 넓어지게 되었다.[67]

### 핵심 콕! 콕!

이방인들의 단식과 유대인들의 단식에는 어떤 차이점이 있나요? 이방인들은 건강과 신의 축복을 위해서 단식했습니다. 유대인들의 단식도 별로 다르지 않았습니다. 하느님의 단죄를 피하고 축복을 받기 위해 단식을 했습니다. 그러다가 점차 참회와 애도를 위해서, 기도와 고행을 위해서, 중대 사안을 결정하기 위해서, 경건함을 드러내기 위해서 단식하게 되었습니다.

하지만 단식하여 생긴 돈을 가난한 이들에게 주지는 않았습니다. 그들은 부를 하느님의 축복으로, 가난을 하느님의 징벌로 생각했기 때문입니다. 지금까지도 말이지요. "그리스도교에 의해서 단식이 기도와 사랑과 밀접한 관계를 맺기 시작했다."는 말을 기억하시기 바랍니다.

아, 참!
'속죄일'에 대한 내용이 약간 복잡하지 않았나요? '거룩한 날들', '키푸르'에 대한 주석(2장 18, 19번)을 읽고 나서, 해당 본문을 다시 한 번 읽어 보세요. 더 쉽게 이해할 수 있을 것입니다.

제3장

# 다시 오심을 준비하는 자들

## 신약 시대의 단식

# 1. 부르짖음에서 기도로 바뀌다

옛 계약(구약)에서 새 계약(신약)으로 건너간다는 것은 시간상의 흐름만이 아니라 사고방식과 삶의 방식까지도 근본적으로 변화된다는 것을 의미한다. 예수님의 현존을 통해서 하느님과의 관계를 새로운 전망 안에서 다시 바라보고 완성시킬 수 있는 결정적인 기회가 찾아온 것이니 말이다. "히브리인의 옛 단식 관행은 이제 역사적인 인물 예수님과 성령과 직접적인 관계를 맺고 있다는 점에서 더욱더 심오한 의미를 지닌다."[1]

이로써 개별적으로 단식할 수 있는 확실한 길이 마련되었다. 히브리인들은 거룩한 역사 속에서 더 이상 희생 제사를 공적으로 거행할 수 없는 상황이 되자, 개인 단식으로 희생 제사를 대신하면서 단식을 더욱 중요하게 생각하게 되었다. 단식은 의지의 행위로써 육체와 영혼을 더욱 강하게 결합시켜 주면서, 동시에 희생 제사와 자선과 동일한 가치를 지닌다. 단식, 희생 제사, 자선은 신앙을 외적으로 더욱 잘 표현해 주는 요소들이다. 단식의 중요성은 단식이라는 행위 자체에 있는 것이 아니라, 오히려 단식을 통해 하느님과의 종교적 관계를 심화시키고 뿌리내리는 데 있다.

따라서 이제 단식은 하느님의 축복을 받는 절대적인 수단이나 자연 재앙과 불행을 피하기 위한 목적으로 해야 하는 것이 아니라 그 자체로도 기도의 한 실재가 되었다. 이와 같은 통합된 관점에서 그리스도교 생활의 근본적인 두 가지 축을 형성하는 단식과 기도가 생겨났다. 이제 단식과 기도는 인간의 영성을 완성시키며 존재론적 통합을 이루는 원천이 되었다.[2] 비록 단식에서 파생되는 문제들, 곧 단식 실천과 단식에 대한 법적 견해 차이, 신학적 논쟁이 결코 미래의 교회 생활을 위해 예수님이 직접 규정하신 것이 아님에도 불구하고, 신약 성경은 단식의 중요성을 강조한다.

그리스어로 '네스테이아νηστεία'는 '단식'이라는 뜻이다. 이 단어는 종교적인 목적을 갖고 하는 일시적인 단식을 가리킨다. 만일 단식이 그리스어 '네스테이아'와 관련이 있다고 한다면,[3] 우리가 알고 있는 단식들은 예수님의 계명과 관련성이 없다. 다시 말하면 음식과 음료를 완전히 절제하는 자연 단식, 적합한 방법으로 자유를 얻기 위해 하는 윤리적인 단식,[4] 고대 교회의 가르침에 따라 참회의 표지로 그리고 유혹에 맞서 싸우고 성사를 영적으로 준비하도록 도와주는 교회의 단식[5]들은 예수님이 말씀하신 어떤 세부적인 계명과도 관련성이 없다.

하지만 그리스도인의 다양한 삶에서, 즉 초자연적인 신분을 선취하여 사는 은수 생활에서, 일상에서 본질을 추구하는 공주 수도 생활에서, 교회 법적 전통과 전례 시기에 따라 절제의 참회 제도를 지키는 그리스도인의 삶에서, 각자의 처지에 맞게 실천하는 것이 단식이므로 단식은 그 자체로도 존재의 이유가 있다.[6]

예수님은 자아 고통의 의미가 있는 유대인의 단식 행위를 폐지하러 오시지 않았다. 그분은 오히려 그 행위를 통해 하느님을 향해 회개하고 뉘우치라고 강조하셨다. 한 걸음 더 나아가 그리스도인은 신약 성경의 모든 시대에 걸쳐 단식과 기도를 했고, 사도행전에서 볼 수 있듯이 성품을 주기 전에도 단식과 기도를 했다. 사실 바오로 사도는 다마스쿠스로 가는 길에서 주님과 만난 후에 먹지도 마시지 않고 사흘을 지냈다. 그는 자신의 직무를 시작하기 전에도 단식을 했을 것이다.

## 2. 예수님의 기도에는 단식이 빠지지 않는다

신약 성경은 예수님의 예언적인 가르침을 전제로 하고 있기 때문에, 단식에 대해 자세한 교의가 제시되어 있지 않다. 그럼에도 불구하고 신약 성경은 예수님의 인격과 그분의 사명 그리고 우선적으로 그분의 십자가에 초점을 맞추고 있다(마태 2,19-20 참조).[7] 예수님은 지상 생활 동안 구약 성경의 전통과 규율을 준수하셨다. 단식에 대해서도 구약의 전통을 그대로 따라 하시면서 동시에 새로운 내용을 부여하시며 당신 스스로 그 본보기를 행동으로 보여 주셨다. 예수님은 요르단 강가에서 요한 세례자에게 세례를 받으신 뒤, 이스라엘에서 공생활을 시작하신다. 그리고 성령에 이끌려 구원 경륜의 고유한 계획에 따라 광야로 가시어 그곳에서 40일을 홀로 지내며 단식을 하셨고, 그 단식을 통해 인류에게 제시된 구원의 모든 역동성을 본질적으로 미리 보여 주셨다.

예수님이 광야에서 보낸 40일은 모세와 엘리야[8]가 보낸 40일과 같다. 예수님의 행동은 끊임없이 악마의 유혹에 노출되어 있는 그리스도인과 승리를 거두기 위해 용기 있게 역경과 맞서 싸워야 하는 그리스도인에게 모범이 된다. 또한 모세는 하느님의 계시를 받으려고 단식을 했지만, 예수님은 동시대인들이 당신의 메시아성性(메시아라는 사실)을 깨닫게 하려는 목적으로 단식을 하셨다. 그분만이 지상 생활의 온갖 종살이와 굴레에서 벗어날 수 있는 길을 권위 있게 가르치신다.

공관 복음에 따르면 예수님은 오랜 단식 기간이 끝날 무렵 배고픔을 느끼셨을 때, 첫 번째 유혹을 당하셨다. 예수님을 속이려는 악마의 간계에 예수님은 "사람은 빵만으로 살지 않고 하느님의 입에서 나오는 모든 말씀으로 산다."[9]라고 대답하셨다.

그러나 예수님은 먹어야 할 음식의 필요성을 절대적으로 배척하지 않으셨다. 오히려 먹어야 할 음식의 필요성에 대해서 말씀하셨다. 곧 예수님이 친히 육화를 통해 생리학적 필요에 이르기까지 인류의 모든 조건을 직접 체험하신 것이다. 아무리 절박한 상황에서라도 음식의 필요성이 그 자체로 결코 무절제와 무질서로 이끌지 않는다. 도덕적인 의지를 지닌 사람은 유혹에 빠지거나 내적 나약함에 굴복하지 않는다. 사실 유용성이 항상 선과 일치하는 것은 아니다. 어떠한 물질적인 상황에도 불구하고, 하느님 말씀의 절대적인 가치를 더 중요시할 때 예수님의 가르침은 분명하게 드러난다.[10]

산드로 보티첼리 〈유혹을 받으시는 그리스도〉

현세의 재물은 인간의 마음을 만족시켜 주지 못한다. 물질세계를 초월하는 상황에서만 볼 수 있는 영의 세계는 인간의 관심을 "하느님의 입에서 나오는 모든 말씀"(신명 8,3 참조)에 두도록 한다. 따라서 단식은 "의로움에 주리고 목마르게"(마태 5,6 참조) 만들고 영혼이 배부르게 되리라는 희망을 준다.[11] 하느님 나라가 분명하게 선포되는 역사적인 장소에 대한 내용을 성찰해 보는 것이 좋겠다. 바오로 사도가 말한 것처럼, 하느님 나라는 "먹고 마시는 일이 아니라, 성령 안에서 누리는 의로움과 평화와 기쁨"[12] 이기 때문이다.

예수님이 공생활을 하시기 전에 하느님의 전달자인 요한 세례자는 하느님 나라의 소식을 선포했다. 이사야 예언자와 복음사가들은 요한 세례자를 "외치는 이의 소리"¹³라고 불렀다. 하느님 나라의 선포는 광야에서 들려오고, 세례를 받은 예수님도 광야로 나가셔서 그곳에서 일정 기간 동안 머무르셨다. 광야는 구원을 전해 주는 신학적 장소다. 아담의 불순종으로 인류는 만물이 자유롭게 자리를 잡고 아담의 권한 아래 있던 지상 낙원에서 쫓겨났다. 죄는 희생 제사와 개인의 노력으로만 확실하게 생존을 보장받을 수 있는 적대적인 환경 속으로 인류를 몰아넣었다. 하느님은 이런 역사적인 상태로부터 인류를 부르셨다. 하느님은 당신 외아드님에 대한 선구자를 광야에 세우셨고 구원은 광야에서 나타나기 시작했다. 죄가 완전히 지배했던 그 장소, 즉 광야에서 이제 화해의 은총이 충만하게 흘러넘치기 시작했다.¹⁴ 정화와 부활의 장소인 광야는 하느님의 뜻을 이해하는 데 중요한 장소다. 하느님은 이스라엘 백성의 마음 깊은 곳에 속삭이시면서 이스라엘을 광야로 인도하신다.¹⁵ 모세와 엘리야가 하느님의 말씀을 듣기 위해 시나이산의 한적한 곳을 찾았던 것처럼 예수님은 광야에 머무르시며 하느님의 뜻을 묵상하고 인간의 조건을 이해하려 하셨다.¹⁶

산상 설교는 주님이 광야를 체험하신 뒤 행하신 첫 번째 설교였다. 마태오 복음사가가 이런 산상 설교에 주님의 기도를 포함시킨 것과 주님이 이스라엘 백성에게 제시하신 규정인 자선의 실천, 기도, 단식을 끝부분에 포함시킨 것은 아주 흥미로운 일이다.

그러므로 네가 자선을 베풀 때에는, 위선자들이 사람들에게 칭찬을 받으려고 회당과 거리에서 하듯이, 스스로 나팔을 불지 마라. 내가 진실로 너희에게 말한다. 그들은 자기들이 받을 상을 이미 받았다.[17]

너희는 기도할 때에 위선자들처럼 해서는 안 된다. 그들은 사람들에게 드러내 보이려고 회당과 한길 모퉁이에 서서 기도하기를 좋아한다. 내가 진실로 너희에게 말한다. 그들은 자기들이 받을 상을 이미 받았다.[18]

너희는 단식할 때에 위선자들처럼 침통한 표정을 짓지 마라. 그들은 단식한다는 것을 사람들에게 드러내 보이려고 얼굴을 찌푸린다. 내가 진실로 너희에게 말한다. 그들은 자기들이 받을 상을 이미 받았다.[19]

참행복 선언[20]이라는 새로운 율법에서는 구성상의 참신성과 구조적인 참신성이 두드러진다. 이 새로운 율법의 준수는 이제 더 이상 인간의 뜻이 아니라 하느님 사랑과 성령의 인도로 영감을 받은 것이다.[21]

네가 자선을 베풀 때에는 오른손이 하는 일을 왼손이 모르게 하여라. 그렇게 하여 네 자선을 숨겨 두어라. 그러면 숨은 일도 보시는

참행복 선언 기념 성당

네 아버지께서 너에게 갚아 주실 것이다.[22]

너는 기도할 때 골방에 들어가 문을 닫은 다음, 숨어 계신 네 아버지께 기도하여라. 그러면 숨은 일도 보시는 네 아버지께서 너에게 갚아 주실 것이다.[23]

너는 단식할 때 머리에 기름을 바르고 얼굴을 씻어라. 그리하여 네가 단식한다는 것을 사람들에게 드러내 보이지 말고, 숨어 계신 네 아버지께 보여라. 그러면 숨은 일도 보시는 네 아버지께서 너에게 갚아 주실 것이다.[24]

예수님의 단식에는 두 가지 의미가 들어 있다. 첫 번째는 용서의 기다림과 하느님 나라의 도래에 대한 희망을 강조한다. 두 번째는 세상의 제약으로부터 해방되었음에 대한 합당한 표현을 드러낸다. 생명의 본질과 창조의 최종적인 진리는 참회를 통해 유한한 물질에서 완전히 벗어날 때 이루어진다. "이와 같은 성찰을 언급하는 것은 예수님이 아버지께 순종하심으로써 신명기의 말씀[25]을 실행하고 확인해 주신 바를 강조하기 위해서다. 신명기의 말씀에 따르면, 생리학적 배고픔을 은혜로 채워 주는 만족을 뛰어넘어 참된 구원을 받은 이들처럼 살기 위해서는 반드시 하느님의 말씀으로 양육되어야 한다."

신약 성경의 원전들에는 예수님이 공생활을 하시는 동안 단식을 하셨다는 내용이 나오지 않는다. 하지만 분명한 사실은 예수님도 유일한 공적 단식일인 속죄일[26]에는 율법의 일반적인 의무인 단식을 하셨다는 것이다.[27]

예수님과 제자들이 이런 단식을 준수한 데에 관해 바리사이들은 전혀 시비를 걸지 않았다. 하지만 제자들이 주간 단식을 준수하지 않는 행동에 대해서는 비난했는데, 그들의 비난은 구약 성경의 법적 전통과 전혀 맞지 않는 비난이었다. 실제로 바리사이들에게는 쓸데없이 반복되는 단식이 존재했다. 아주 열심인 이들은 주 2회(월요일과 목요일) 단식을 했고, 어떤 이들은 일 년 내내 하기도 했다.[28] 바리사이들은 월요일과 목요일을 공적인 주간 단식일로 여겼다.[29] 그 외에도 비의무적인 단식이 있었는데, 이 단식은 일부 바리사이나 요한 세례자의 제자들과 같이 열심인 사람들만이 지킬 수 있는 단식이었다. 요한 세례자의 제자들은 "메뚜기와 들꿀"[30]을 먹고 지낸 요한 세례자의 엄격한 고행을 닮고자 했다.

이런 문맥에서 볼 때 바리사이들이 했던 단식은 민족의 고통과 관련하여 즈카르야 예언자가 말한 네 개의 단식[31]과 아무런 역사적인 관계도 없고 연속성도 없다.[32] 만일 예수님과 제자들을 가혹하게 비난한 바리사이들의 질책이 이미 예고된 메시아 시대를 무시하기 위한 것이었다고 한다면, 예수님의 대답은 마치 바리사이들의 어리석음에 대한 완고한 판결처럼 보인다.

> 사실 요한이 와서 먹지도 않고 마시지도 않자, "저자는 마귀가 들렸다." 하고 말한다. 그런데 사람의 아들이 와서 먹고 마시자, "보라, 저자는 먹보요 술꾼이며 세리와 죄인들의 친구다." 하고 말한다. 그러나 지혜가 옳다는 것은 그 지혜가 이룬 일로 드러났다.[33]

단식은 하느님 나라의 시대를 준비하는 '기다림의 상태'다. 기다림의 시간은, 구약 성경의 예형이며 동시에 수덕주의에 대한 신약 성경의 예형인 요한 세례자가 살았던 시대와 일치한다. 그리스도의 출현은 그분의 현존 안에서 실현되는 하느님 나라다. 성경의 예형학에서 하느님 나라는 잔치로 제시되기 때문에 단식은 중단되어야 한다.

> 만군의 주님께서는 이 산 위에서 모든 민족들을 위하여 살진 음식
> 과 잘 익은 술로 잔치를, 살지고 기름진 음식과 잘 익고 잘 거른 술
> 로 잔치를 베푸시리라.[34]

이런 이유 때문에 사람의 아들은 '먹고 마시며' 제자들도 그분처럼 먹고 마신다. 하지만 교만과 광신에 빠진 바리사이들에게 맞서 새롭게 도전한다는 것은, 세리와 죄인들이 주님을 위해 식탁을 차리거나 이와 반대로 배고픈 군중을 위해 예수님이 준비하신 식탁에 참여하는 것이다.[35]

> (예수님께서는) 군중에게 풀밭에 자리를 잡으라고 지시하셨다. 그리
> 고 빵 다섯 개와 물고기 두 마리를 손에 들고 하늘을 우러러 찬미
> 를 드리신 다음 빵을 떼어 제자들에게 주시니, 제자들이 그것을 군
> 중에게 나누어 주었다. 사람들은 모두 배불리 먹었다. 그리고 남은
> 조각을 모으니 열두 광주리에 가득 찼다.[36]

공관 복음은 몇몇 부분에서, 특별히 마련된 잔치에 예수님이 참여하셨던 상황들을 언급한다. 루카 복음사가는 세리 레위에 대해 말하면서 그가 예수님을 만난 후에 모든 것을 제쳐 놓고 그분을 자기 집에 초대하여 그분께 큰 잔치를 베풀었는데, 그 잔치에 초대받은 손님들이 유대인 사회에서 가장 소외받는 이들이었다고 전해 준다.

레위가 자기 집에서 예수님께 큰 잔치를 베풀었는데, 세리들과 다른 사람들이 큰 무리를 지어 함께 식탁에 앉았다.[37]

또 요한 복음서에 따르면 예수님의 첫 번째 기적은 잔치 분위기, 즉 혼인 잔치에서 이루어진다.

사흘째 되는 날, 갈릴래아 카나에서 혼인 잔치가 있었는데, 예수님의 어머니도 거기에 계셨다. 예수님도 제자들과 함께 그 혼인 잔치에 초대를 받으셨다.[38]

이 모든 경우에, 예수님이 식사에 참여하심으로써 당신의 메시아성(性)을 드러내셨다는 점은 깊은 종교적인 의미를 지닌다.[39] 카나에서든 레위의 집에서든 예수님을 모시는 것은 주 하느님의 기름부음 받은 이의 현존을 인정하는 것이다. 이런 점에서 볼 때, 메시아를 고대하던 그 기다림의 시간이 끝났다.[40]

예수님 제자들의 태도에 대해 바리사이들이 시비를 건 것은 그들이 예수님의 권위를 인정하지 않았다는 것을 의미한다. 즉 바리사이들이 볼 때 예수님의 행동은 어리석은 도전이고, 법의 정통성에 추문을 불러일으켜서 하느님과 인간 사이의 관계를 혼란에 빠뜨리는 것이었다. 따라서 그들의 인정을 받으려면, 법적 정통성을 신중하게 따라야 했다. 하지만 이런 바리사이들의 비난은 예수님을 메시아로 인정하지 않으려는 구실에 불과했다. 율법 학자들의 사고방식으로는 성스러움이 결코 세속의 수준까지 내려올 수 없었다. 그래서 바리사이들과 요한 세례자의 제자들은 예수님과 열두 제자들의 단식에 관한 행위를 비난했고, 예수님이 부정한 사람들의 잔치에 참석하신 것도 비난했던 것이다.

예수님이 가난한 이들과 죄인들을 선택하신 것은 이들을 향한 겸손의 행동이었을 뿐만 아니라, 인류와 하느님 사이를 갈라놓고 인간과 인간 사이를 갈라놓는 모든 장벽을 완전히 치우려 한 당신 사명의 본질 자체를 보여 주신 것이었다. "따라서 잔치는 초대받은 손님들 가운데에서 이루어지는 친교에 따른 종교 행위의 특성, 즉 서로 환영하여 맞아들이고, 함께 기쁨을 누리며, 서로 인사를 나누는 특성을 지닌다. 이 모든 것은 하느님 나라에 마련된 잔치의 만남, 영원성이 약속된 미래의 잔치를 미리 보여 준다."[41]

> 너희는 내가 여러 가지 시련을 겪는 동안에 나와 함께 있어 준 사람들이다. 내 아버지께서 나에게 나라를 주신 것처럼 나도 너희에게 나라를 준다. 그리하여 너희는 내 나라에서 내 식탁에 앉아 먹고 마실 것이다.[42]

바리사이들이 제기한 논쟁에 대해, 예수님은 죄인이라 할지라도 사랑을 받아야 할 이들을 위해 마련된 구원으로 그들을 초대하는 메시지로 대답하신다.

> 예수님께서는 당신을 초대한 이에게도 말씀하셨다. "네가 점심이나 저녁 식사를 베풀 때, 네 친구나 형제나 친척이나 부유한 이웃을 부르지 마라. 그러면 그들도 다시 너를 초대하여 네가 보답을 받게 된다. 네가 잔치를 베풀 때에는 오히려 가난한 이들, 장애인들, 다리저는 이들, 눈먼 이들을 초대하여라.[43]

예수님은 이스라엘 지도자들이 정해 놓은 의인과 죄인을 가르는 구분을 없애 버리셨다.[44] 하느님은 친히 당신 사랑으로 메시아의 잔치를 베푸시고 당신 종에게 명하시어 광장과 길거리에서 환영의 몸짓으로 "가난한 이들, 장애인들, 다리저는 이들, 눈먼 이들"을 하느님 나라의 식탁으로 초대하신다. 이것이 예수님이 말씀하신 하느님 나라다. 하느님 나라는 혼인 잔치와 비슷하다.[45] 참으로 혼인 잔치에 초대받은 이들은 기다림에 지친 이들이다. 왜냐하면 그들은 진리가 충만하게 드러났다는 것을 알았기 때문이다. 깨어 있으면서 성경 말씀을 믿는 모든 종들은 하느님 나라의 잔치에 초대받은 손님들이다.[46]

> 행복하여라, 주인이 와서 볼 때에 깨어 있는 종들! 내가 진실로 너

희에게 말한다. 그 주인은 띠를 매고 그들을 식탁에 앉게 한 다음, 그들 곁으로 가서 시중을 들 것이다."[47]

그럼에도 불구하고 예수님은 구약의 연속선상에서 단식을 슬픔이라는 문맥으로 말씀하신다.

예수님께서 그들에게 이르셨다. "혼인 잔치 손님들이 신랑과 함께 있는 동안에 단식할 수야 없지 않느냐? 신랑이 함께 있는 동안에는 단식할 수 없다."[48]

주님의 초대는 기쁨으로 부르는 초대다. 예수님은 당신의 인격을 신랑에 빗대어 정의하시면서 당신의 예언의 말씀을 통해 단식의 의미를 분명하게 설명해 주신다. 단식은 결단코 형식적인 명령이 아니다. 단식은 주님의 죽음을 기념하는 데 적합한 행동이고, 하느님 나라의 최종적인 완성을 기다리는 시간에 필요한 행위다.

그러나 그들이 신랑을 빼앗길 날이 올 것이다. 그때에는 그들도 단식할 것이다.[49]

이 문장 안에는 단식과 예수님의 메시아성이 연결되어 있다는 사실이 분명하게 드러난다. 따라서 신랑을 빼앗긴 비탄과 금욕(단식)이 신랑을 기억하며 거행된 기다림과 일치를 이룬다.[50] 행복 선언에 근거를 둔 그리스도교 생활의 핵심은 기도와 자선 그리고 단식이다.[51] 다시 말하면 단식은 사탄에 맞선 싸움이며 고행이다.[52] 세월이 지나면서 자선의 엄격한 참회적인 특성이 사라져 버렸다. 그렇다 할지라도 단식은 기도와 결합되어 주님께로 돌아서는 회개의 표지, 더 간절히 간구하기 위한 참회의 모습, 온갖 유혹을 멀리하고 악마를 쫓아내는 힘이 된다.

> 그러나 이런 종류의 마귀는 기도와 단식을 하지 않고서는 쫓아낼 수 없다.[53]

신약 성경에는 잔치의 역할이 분명하게 드러난다. 최후의 만찬은 예수님이 제자들을 구원의 수혜자로 만드시는 행위다. 곧 교회의 사명은 교회의 기원에서 드러나고, 최후의 만찬을 기념하는 것에서 드러난다. 최후의 만찬을 통해서 구원을 받고 장차 천상 선익을 함께 나눌 수 있기 때문에 아버지께 감사드리는 것이다. 예수님의 최후의 만찬은 하느님 아버지의 구원 신비를 이해할 수 있게 해 줄 뿐만 아니라 모든 그리스도인이 다시 일치할 수 있도록 한다.

정기적으로 행했던 주간 성찬은 교회 공동체의 중요한 모임으로써, 공동체가 깨어 있기 위해 필요한 시간이었다. 주간 성찬은 주례자의 장엄 예

후안 후아네스 〈최후의 만찬〉

식으로 시작되었다. 곧 손에 빵을 들고 축복의 기도를 드린 다음 빵을 쪼개어 나누어 준다.[54] 빵과 포도주는 예수님이 절대적으로 정하신 것은 아니었지만 유대인의 식사에 가장 기본적인 음식이었다. 이렇게 빵과 포도주는 초대받은 모든 이를 한데 모으는 종교 행위를 상징하게 되었다. 곧 축복의 기도를 반복하고 같은 빵과 같은 포도주를 먹고 마심으로써 초대받은 이들은 종교적으로 서로 일치하고 있음을 확인할 수 있었다.[55]

예수님은 이런 배경과 음식을 통해서 최후의 만찬 때 빵과 포도주에 새로운 특징, 곧 당신의 몸과 피라는 특징을 부여했다.[56] 성체성사에 참여하는 사람은 내적·외적으로 합당한 준비를 해야 한다.[57]

성찬례는 사람들이 모이는 일상적인 식사가 아니라, 인간의 역사에 예수님의 참된 인정과 참다운 환대로써 역사적인 기다림이 완성되는 순간이다. 예수 그리스도의 권한 아래에 있지 않은 옛 율법은 더 이상 효력이 없다. 예수님이 세상에 오셨을 때, 단식의 규정을 따르는 이들은 하느님의 아드님을 거부하는 이들이었다. 반면에 신랑이 없을 때 단식하는 이들은 세상 마지막 날에 다시 오실 예수님을 기다리는 이들이다. 그리스도인과 유대인은 예수님을 기준으로 서로 갈라섰다. 그리스도교의 모든 전통은 스승이신 예수님을 닮는 것과 유대교로부터의 단절이라는 두 가지 토대에서 뿌리내리기 시작한다.

예수님은 당신의 직무를 수행하시면서 구약 성경의 관습들을 물리치시고 히브리 백성의 믿음을 선택하셨다. 메시아 이전 시대에는 모두가 메시아에 대한 기다림과 회개에 대한 절박함을 가지고 있었다. 하지만 신약 성경을 통해 이제 하느님 나라에 대한 기다림과 회개는 끝나고 심판이 진행되고 있는 구원의 시기, 단죄의 시기임이 선포되었다. "당신의 육화와 세상 마지막 날에 이루어질 재림 사이에 존재하는 시간을 의식하신 예수님은 단식 자체를 없애지 않으셨다. 오히려 제자들에게 단식을 유보시킨 것은 당신이 메시아임을 인정하는 구체적인 표지이며, 구원을 준비하며 단식했던 히브리 전통을 뛰어넘는 것이었다."[58]

바리사이들이 보기에는 불순해 보였을 예수님의 제자들은, 예수님의 죽음부터 다시 오실 그날까지[59]의 "두 번째 기다림" 중에는 그들처럼 단식했을지 모른다. 하지만 그때에 제자들은 그들과 다른 정신과 새로운 방식으로[60] 단식을 했다. 예수님의 영광스러운 승천을 통해 그리스도교 공동체에는 새로운 기다림, 곧 재림의 기다림이 시작된다. 재림을 향한 기다림은 하느님 나라가 완성되고, 최후의 심판이 이루어지며, 새로운 계약의 역사와 교회의 실재 안에서 새 희망이 확장되는 기다림이다.[61]

창세기의 이야기는 음식을 통해 사탄이 "이 세상을 다스리는 임금"이 되었다는 것을 정확히 보여 준다. 하느님이 금지하신 열매를 맛보면서 인류는 그렇게 음식의 노예가 되었다. 그 점에 있어서 생명을 유지하기 위해선 이런 음식이 필요한 것처럼 보인다. 그러나 성경의 관점에서 볼 때, 단식은 건강을 위한 영양 섭취 때문에 음식을 절제하는 '완화된 단식'을 말하는 것이 아니다. 오히려 성경이 말하는 단식은 자연법에 대한 참다운 도전으로, 악마의 힘을 파괴하기 위해 음식을 자발적으로 거부하는 것, 곧 본성에 따른 합법적이고 절대적인 제약을 극복하는 것이다. 악을 이기기 위한 이러한 단식보다 더 효과적인 것은 아무것도 없다.[62] 따라서 아담은 단죄의 열매를 먹었지만, 예수님은 세상의 죄를 없애는 성찬을 통해 구원의 열매를 내어 주신다.

예수님은 최후의 만찬에서 당신 수난에 대한 기념제를 제정하면서 어떠한 예식 규정도 제시하지 않으셨다. 그리고 사도들과 교회에 당신이 선포하신 복음과 인격에 일치하는 방식으로 단식을 해석하는 임무를 맡겨 주셨다. 따라서 단식 행위에 관한 규정이 없는 상황에서 초대 교회는 그리스도인들에게 예수님을 닮으려는 마음으로[63] 성경의 단식을 지속적으로 행하도록 제시했다.

"왜 제가 단식해야 합니까?"라는 질문에 성경은 사랑의 표지로 단식해야 한다고 말한다. 단식을 통해 다른 사람들과의 관계와 하느님과의 관계와 피조물과의 관계를 잘 이해하게 된다면, 그 단식은 사랑을 강화시키고 믿음을 굳세게 해 줄 것이다. 참된 단식은 조용히 단식하면서 단식할 수 없는 사람을 무시하지 않고, 하느님 현존을 느끼며, 주님을 우주의 창조주이자 주인으로 그리고 인간의 유일한 희망으로 받아들이는 것이다.[64]

# 3. 제자들은 스승의 길을 따라 걷는다

1세기 무렵 사도 교회에는 "신랑의 현존"이라는 개념을 상기시키는 복음적인 전통이 보존되어 있었다. 따라서 사도 교회에는 애통함과 슬픔의 표지라는 단식 행위가 존재하지 않는다. "예수님이 육체적인 단식 또는 음식과 음료의 단식을 하셨는지 또는 사도 공동체가 단식의 근거를 예수님께 두었는지에 관해서는 기록된 전통으로 증명할 수가 없다. 그래서 이러한 단식은 식이요법적인 의미의 단식보다는 예수님이 계시지 않은 시기에 그리스도를 만나 뵙기 위한 의미의 단식으로 이해해야 한다."[65]

초대 공동체의 식사는 예수님의 죽음에 대한 어떤 설명도 없이 그리스도를 기다리는 기쁨과 즐거움으로 이루어졌다. 단지 그 후에 바오로 사도가 예고한 대로 만찬이 교회 역사의 흐름 속에서 무엇보다도 중요하게 주님의 죽음을 전하는 순간으로 받아들여졌다. "처음부터 기쁘게 이루어진

'빵 쪼갬'은 예수님이 공생활 동안 당신 제자들과 함께 나누었던 일상의 식사, 곧 예수님과 제자들이 함께 나누는 친교에서 영감을 받은 형제적 아가페였다."[66]

초대 그리스도인들 가운데에는 어떤 형태의 자발적인 단식도 존재하지 않았다. 그러다가 유대교의 엄격함과 거리를 두며 서로 갈라지는 문제가 발생했다. 예수님의 인격과 관련된 단식에 대한 해석은 교회의 초기 전통, 곧 사도행전과 바오로 서간에서 중요하게 다룬다.[67] 사실 기도와 자발적인 단식을 자주 언급하는 신약 성경의 단식이 구약 성경의 단식을 이어받는 것처럼 보일 수 있지만 그렇지 않다. 사도행전의 단식은 전례 예배를 거행하기 전에 먼저 단식을 하고 하느님의 뜻을 이해할 수 있도록 해 주는 단식이었다. 이러한 점이 구약의 단식과는 다르다.

> 그리하여 나는 단식하고 자루옷을 두르고 재를 쓴 채, 기도와 간청으로 탄원하려고 주 하느님께 얼굴을 돌렸다. 나는 주 나의 하느님께 기도하고 죄를 고백하며 아뢰었다.[68]

> 그들이 주님께 예배를 드리며 단식하고 있을 때에 성령께서 이르셨다. "내가 일을 맡기려고 바르나바와 사울을 불렀으니, 나를 위하여 그 일을 하게 그 사람들을 따로 세워라."[69]

사도 공동체는 단식하고 성령께 기도하며 이방인들에게 복음을 전하기 위해 누구를 파견해야 하는지 알려주시기를 청했고, 그 직무를 바오로와 바르나바에게 맡겼다.

> 그래서 그들은 단식하며 기도한 뒤 그 두 사람에게 안수하고 나서
> 떠나보냈다.[70]

이스라엘 종교 문화와 그리스도교 공동체 생활에 충실했던 바오로 사도는 이방인들의 사도라는 자신의 직무를 수행하면서, 유대인들의 기도 모임에 꾸준히 참여했고 기도와 그리스도교 단식의 관습을 열심히 보존했다.[71]

> 그리고 교회마다 제자들을 위하여 원로들을 임명하고, 단식하며
> 기도한 뒤에, 그들이 믿게 된 주님께 그들을 의탁하였다.[72]

사도 공동체는 불행한 경우를 맞이할 때에도 구약 성경에서 이미 여러 차례 봤던 화해의 행위인 단식을 더욱더 강화하고 하느님의 도우심을 청하며 어려움을 극복해 나갔다.[73] 바오로 신학에서는 이제 단식 행위를 더 이상 역사적·전통적인 배경(구약)으로 이해하지 않고, 구원 경륜을 더 효과적으로 따르기 위한 참된 삶의 자세로 이해했다.[74] 사실 바오로 사도는

산치오 라파엘로 〈아테네에서 설교하는 바오로 사도〉

유대인 축제 일정에 따른 공식적인 단식에 관해 더 이상 언급하지 않고, 단식을 그리스도교 금욕 생활의 기본 요소로 간주했다.

> 오히려 우리는 모든 면에서 우리 자신을 하느님의 일꾼으로 내세웁니다. 곧 많이 견디어 내고, 환난과 재난과 역경을 겪으면서도, 매질과 옥살이와 폭동을 겪으면서도 또 수고와 밤샘과 단식으로 그렇게 합니다.[75]

이는 바오로 사도가 영적인 목적으로 제시하는 부부간의 성관계 금지에도 그대로 적용된다.

> 서로 상대방의 요구를 물리치지 마십시오. 다만 기도에 전념하려고 얼마 동안 합의한 경우는 예외입니다. 그 뒤에 다시 합치십시오. 여러분이 절제하지 못하는 틈을 타 사탄이 여러분을 유혹할 수 있기 때문입니다. 그러나 그렇게 합의하여도 괜찮다는 뜻이지 명령하는 것은 아닙니다.[76]

이처럼 바오로 사도는 악습에 빠진 이교도의 생활 방식[77]과 그리스도인의 생활 방식을 직접적으로 대조하면서, 성령에 의해 내적으로 고무된 그리스도인의 생활을 창조의 이원론적 개념과 율법보다 위에 두었다.[78] 따라서 단식은 인간의 성스러움과 완전함을 권위 있게 만드는 데 크게 이바지한다.

> 그러므로 여러분은 먹든지 마시든지, 그리고 무슨 일을 하든지 모든 것을 하느님의 영광을 위하여 하십시오.[79]

따라서 바오로 사도는 이방인들과 유대계 그리스도교인들 그리고 히브리인들이 올바른 단식을 할 수 있도록 규정을 정하려고 고민했다. 그리스도인들이 활용하는 바오로의 원칙들은 단식을 엄격한 행위로 만들었다. 이러한 원칙에는 ① "아무것이나 먹는 사람은 가려 먹는 사람을 업신여겨서는 안 된다."(로마 14,2-3 참조) 곧 모욕을 받지 않도록 해야 한다(로마 14,16-21; 1코린 18,13 참조)는 목적으로, 수단을 개별적으로 적용하는 원칙, ② 중용의 원칙(로마 14,17-21; 필리 3,19; 티토 2,3; 1티모 2,3 참조), ③ 혼인을 반대하는 교리를 거슬러서, 하느님이 만드신 것은 다 좋다는 원칙(1티모 4,3-4 참조), ④ 바오로 사도가 겪는 고통은 그리스도의 몸과 결합될 때 의미가 있다는 원칙(로마 8,3 이하; 갈라 6,17; 콜로 1,24 참조), ⑤ 특히 정결에 관한 자제심의 원칙이 있다(1코린 9,27 참조).[80]

**핵심 콕! 콕!**

구약 시대의 단식과 신약 시대의 단식, 그 차이점을 아시겠어요? 이것만 기억하세요. 신약 시대에 와서야 단식이 하나의 기도가 되었다는 사실. 초대 교회 신자들은 단식하여 생긴 돈을 가난한 이들에게 나누어 주었습니다. 초대 교회 신자들에게 단식은 하느님 나라를 깨어 기다리면서 준비하는 기도였기 때문입니다. 그래서 자비를 실천한 것이지요.

그런 의미에서 볼 때, 구약 시대에는 단식이 진정한 기도의 단계까지 이르지 못했습니다. 이스라엘 백성이 하느님의 자비를 간청하기 위한 기도와 고행의 한 형태로 단식을 했지만, 단식의 주된 목적은 축복을 받기 위한 것이었습니다.

아, 참!
왜 단식이 금욕 생활의 기본 요소가 되었을까요? "그리스도교 생활의 핵심은 기도와 자선과 단식이다."라는 사실, 기억하세요. 이런 내용들을 앞으로 차츰 알게 될 것입니다.

제4장

# 그분의 뜻을 어떻게 이을 것인가

## 2세기 교회의 단식

# 1. 단식은 은총이다

이미 살펴본 것처럼 고대 문화에서 단식은 거의 애도나 입문 예식과 같은 무언가에 대한 준비와 연결되어 있었다. 하지만 그리스도인들이 애도하는 유일한 동기는 그리스도의 은총을 상실했을 때다. 그러므로 단식은 그리스도의 신비와 관련된 의미를 지닌다. 그리스도인들은 단식을 통해 율법으로부터 자유로움을 느낀다. 그렇다고 해서 단식 행위가 구약 성경을 끝으로 없어진 것은 아니다.[1]

신약 성경에는 사도들이 단식에 대해 어떤 태도를 취했는지 알려 주는 내용이 여러 차례 나오지만, 성찬례를 거행하기 전에 지키는 단식에 대해 사도들이 어떤 태도를 취했는지 알려 주는 내용은 찾아볼 수 없다. 예수님이 파스카 축제의 기념제를 시작하기 전에 식사를 하면서 최후의 만찬을 제정하셨기 때문이다.

신학자요 성경 주석가인 예레미아스J. Jeremias는 이렇게 말했다. "파스카 축제의 식사는 최후의 만찬과 일치한다. 예수님은 두 가지 이유 때문에 최후의 만찬 때 완전한 단식을 언급하셨다고 할 수 있다. 하나는 제자들과 미뤄 놓은 친교를 맺기 위해서고, 다른 하나는 죄인들의 회개를 위해 단식하라는 가르침을 주시기 위해서다."2

제자들이 예수님과의 만찬을 기억하며 신자들과 함께 만찬을 거행한 이유는 부활에 대한 확실성 때문이었다. 그들은 신자들이 모이는 중심에 항상 부활하신 예수님이 현존하신다고 믿었다. 그래서 신자들은 공동체가 식사하러 모일 때마다 평소보다 간소한 형태로 식사를 준비했다. 그 이유는 그리스도께서 음식을 드시기 위해서가 아니라 신자들과 함께 나누기 위해서 공동체의 식사에 참여하셨기 때문이다. 초대 그리스도교는 거룩한 만찬을 통해서 그리스도의 현존을 세 가지 관계, 곧 파스카 축제와 예배 그리고 재림 안에서 묵상했다.3 다시 말하면 부활하시고, 살아 계시며 종말에 다시 오실 그리스도의 현존을 묵상했다.4 성찬례는 항상 아가페(성찬례에 참여하러 온 신자들이 각자 집에서 가져온 음식을 함께 나눠 먹는 예식)가 끝난 다음에 이루어졌다. 따라서 단식을 하지 않는 것이 일반적이었다.

3세기까지는 특별한 모임에서 포도주 대신 물과 축성된 빵을 먹고 마셨다. 유대계 그리스도인들은 정기적으로 빵과 소금으로 만찬을 거행했다. 이와 반대로 다른 곳에서는 빵과 물고기에 관한 기적을 전해 주는 요한 복음서의 증언을 상기하면서 수산물도 이용했다. 성만찬을 나타내는 그림도 물고기가 중심이 된 그리스도교 식사로 표현했다. 물고기는 주님이 부활하신 후 다락방에 모인 제자들에게 나타나셨을 때 드셨던 음식이었기 때문이다.

> 그들이 구운 물고기 한 토막을 드리자, 예수님께서는 그것을 받아 그들 앞에서 잡수셨다.[5]

하지만 3세기 교회에서 어떤 음식을 먹었는지에 대해서는 자세히 다루지 않는다.[6] 한편 바오로 사도는 코린토 공동체가 성만찬에 앞서 행한 아가페에 대해 강하게 질책했다. 그들은 주님의 성찬례의 의미를 무색하게 만들 정도로, 각자 집에서 배부르게 먹고 마신 후에 주님의 파스카를 거행하러 왔다.

> 그것을 먹을 때, 저마다 먼저 자기 것으로 저녁 식사를 하기 때문에 어떤 이는 배가 고프고 어떤 이는 술에 취합니다.[7]

예수님이 각자 준비한 음식을 예식에 따라 축복하셨던 것처럼 고대 그리스도교에서 주교는 성찬의 빵을 축성한 후에 차려 놓은 모든 음식, 특히 기름과 열매들을 축복했다.[8] 여기에 관해서 예수님이 정하신 참되고 고유한 규정은 없다. 따라서 초대 교회의 전통에 따라 다양한 차이가 생겨났

다.[9] 사도 시대 이후인 2세기 교회의 단식은 경건주의적 특성과 유대교적 특성을 띠었다.[10]

적어도 성금요일에 엄격하게 지켜진 원초적인 단식은 신랑의 죽음에 대한 연민과 고통을 표현하는 단식이었다. 그렇지만 이 단식은 신비 거행(파스카)을 준비하는 문자 그대로의 단식이 아니라, 오히려 신비 거행에 수반되는 단식이었다. 따라서 이 단식은 '파스카 이전 단식'이 아니라 '파스카 단식'이라고 부른다.[11] 2세기에는 부활 주일 전에 며칠간 단식하는 관습이 있었다. 하지만 단식 기간이 정해지지는 않았다.

아가페가 항상 성찬례 거행으로 이어지지는 않았고, 성찬례 거행으로 아가페가 끝나는 것도 아니었다. 그럼에도 불구하고 적어도 초기 1~2세기에는 아가페와 성찬례가 밀접한 관계를 맺고 있었다. 성찬례 희생 제사와 영성체 예식이 저녁이나 밤에 거행되었다는 점을 고려하면, 성찬례를 위한 단식에 규정이 있었다고 보기는 어렵다. 아침에 성찬례를 거행했다고 가정할 때,[12] 설령 당시의 어떤 문서에서도 단식을 준수하라고 강조하지 않았을지언정 주례자와 성체를 모시는 이들이 단식을 했었다는 것이라고 쉽게 추측할 수 있다. 일반적으로 성찬례와 연결된 아가페가 어디서나 보편적이고 동일하게 고정된 형식이 있었던 것은 아니었기 때문에 성찬례와 관련된 아가페의 규정이나 관습이 존재했다는 것도 증명하기는 어렵다. 성찬례 희생 제사보다 아가페를 먼저 하는 그리스도교 공동체에서는 주례자와 신자들은 물질적인 단식을 지키지 않았다. 그러나 아가페

3세기 그리스도교인들의 모임

보다 성찬례를 먼저 거행하는 곳에서는 성찬 단식을 반드시 준수했다.[13]

신자들은 고통의 의미가 아닌 구원을 기다리는 의미에서 파스카 전에 단식을 했다. 파스카 이전 단식이 끝난 뒤 곧바로 파스카를 거행했다. 그 뒤 거룩한 50일 또는 성령 강림 대축일 기간이 시작되었다. 성령 강림 대축일 기간은 신랑이 현존하는 시기와 일치하기 때문에 이 기간에는 단식과 무릎을 꿇는 행위가 금지되었다. "단식의 효과와 가치를 자주 강조하던 사도 교부들도 이 기간에는 단식에 대해 어떤 언급도 하지 않았다."[14]

3세기부터 파스카 단식과 주간 단식은 두 가지 동기를 갖게 된다. 하나는 인류의 구원을 위한 예수님의 수난을 기념하는 표지이고, 다른 하나는 "신랑을 빼앗길 그날에 단식하게 될 것이다."라는 예언의 성취를 위한 것이다.

금요일마다 단식하면서 그리스도의 수난을 묵상하며 한 해 전체를 파스카 신비로 살았다면, 그 단식은 그분의 몸과 피를 먹고 마시며 예수님의 죽음을 기억하고 기념하려는 것이었다. 예수님에 대한 기념은 이렇게 성찬례를 통해 전례적으로, 그리고 단식을 통해 실존적으로 이루어졌다. 또한 성경에서 단식하는 사람이 참회의 태도를 취했던 것처럼 단식하는 그리스도인은 자신을 포기하고 성금요일을 기념했다.

하느님의 아드님의 거룩한 수난을 기념하는 형태를 취하는 그리스도교의 주간 단식은 시간이 흐르면서 성찬례 거행 이전 단식과는 구분되었다.[15] 모든 경우에 예수님이 광야에서 40일 동안 단식하신 것을 교회가 채택하여 전례적으로 파스카 이전의 사순 시기에 40일 동안 단식을 하도록 했다.[16] 40일 단식은 복음서에도, 사도들의 전통에도 들어 있지 않지만 4세기 초부터 시작되어 9세기에는 동·서방에서 완전히 교회의 관습으로 뿌리내렸다.[17]

종교가 자유를 누리게 되자, 4세기 전반기부터 엄청나게 많은 사람들이 그리스도교로 개종해 들어왔다. 그러면서 그때까지 자발적으로 행해졌던 고행(단식)에 대한 열기가 식어가자 교회는 공관 복음의 증언을 바탕으로 파스카 이전에 40일 간의 단식을 준수하기 시작했다. 참회의 목적을

로마의 카타콤베, 외부

지닌 파스카 이전 단식도 다양한 교회 행위들과 함께 크게 발전했다. 예루살렘 교회는 8주간 단식했다(토요일과 주일은 제외). 5세기부터 단식 기간의 차이가 지역적으로 생겼다. 일반적으로 서방에서는 사순 시기를 6주간 지냈고, 동방에서는 성주간 이전에 6주간 또는 7주간 지냈다. 왜냐하면 안티오키아와 콘스탄티노플과 같은 몇몇 교회들이 사순 단식을 성주간 단식과 구분했기 때문이다.[18]

교회는 사순 시기의 남은 기간에서 성주간을 따로 분리했다. 왜냐하면 파스카 전야에 예비 신자들에게 세례를 베풀고 성토요일에 이들이 성찬례에 참여했기 때문에, 성주간은 예비 신자 교리 교육이 끝나는 시기였다. 또한 성주간은 교회에 다시 받아들이기에 합당하다고 여기는 참회자들에게 화해의 기회를 주는 시기였다. 입문 예식과 다시 받아들이는 예식(화해 예식), 이 두 가지 예식을 통해서 교회는 예비 신자들에게 영적으로 합당한

로마의 카타콤베, 지하 내부

준비를 시키고 그리스도교 공동체가 더욱 견고해지기 위해 노력했다.[19]

서방 교회는 몬타누스주의의 극단적인 엄격함을 반대하면서 단식의 준수를 개인의 고행적 열성과 판단에 맡겼다. 반면에 동방 교회는 두 가지 주간 단식을 그리스도교 생활의 조건으로 간주하여,[20] 사순 시기에 몸의 고행과 기도를 통해서 영적으로 싸우면서 덕행을 실천하도록 했다.[21]

초대 교회의 단식이 유대교의 영향을 받은 것은 사실이지만, 초대 교회의 고유한 단식 관습은 복음에서 더 많은 영향을 받았다. 이는 바리사이들의 주간 단식 관습과의 단절 그리고 주간 이틀 단식에 대한 신학적 의미의 다름에서 차이가 생긴 것이다. 가장 오래된 그리스도교 전례력은, 유대교에서 정한 단식일인 월요일과 목요일에 반대하여 주간 단식일을 수요일과 금요일로 고정시켰다. 교회는 주일을 "주님의 날", "성찬례 집회의 날"[22], "주간 첫 날"[23]이라고 정의했다.

교회가 수요일과 금요일을 선택한 첫 번째 이유는 처음부터 유대인과의 단절을 명백하게 하기 위해서였다. 두 번째 이유는 3세기 초부터 수난의 두 순간, 곧 유다의 배반이 있었던 수요일과 예수님이 십자가에 못 박히신 금요일에 의미를 부여했기 때문이다.[24] 그리하여 수요일과 금요일 그리고 주일은 그리스도교 공동체의 전례일이 되었다. 또 수요일과 금요일과 주일은 유대교 공적 달력과는 다르게 쿰란 공동체가 사용하던 옛 사제력에도 고정되어 있었다. 이처럼 전례가 연속성을 띤 것은 단식과 성찬례 집회의 날들을 선택할 때, 교회가 고행과 경건을 중시한 에세네파의 기원을 받아들였기 때문이었다. 하지만 사도들은 형식은 물려받되, 그날들에 새로운 의미를 부여했다.[25]

주일이 주님의 부활을 기념하는 특성을 지닌 것처럼[26] 수요일과 금요일의 단식은 옛날부터 예수님의 수난을 기념하는 특성을 갖게 되었다. 가장 설득력이 있다고 판단되는 연대기에 따르면, 예수님은 옛 사제력에서 파스카 전야인 화요일 저녁에 파스카를 거행했을 것이다. 예수님이 체포당하신 날은 화요일과 수요일 사이의 밤이었을 것이고, 예수님의 죽음은 유대교 공적 달력의 파스카 전야와 일치하는 니산 달 14일 금요일에 이루어졌을 것이다. 그래서 유대교 파스카와 그리스도교 파스카의 3일 차이는 히브리식으로 날짜를 셀 때 그 차이를 이해할 수 있다. 마찬가지로 이 두 파스카를 하나로 합친 것이 그리스도교 달력이라는 가설도 증명된다. 이런 배경을 놓고 볼 때, 예수님이 거행한 파스카 축제일은 옛 달력의 파스카 축제일이 아니었다.[27]

신학적인 관점에서 볼 때, 초기 두 세기의 단식은 고대 히브리 단식의 개념으로부터 철저한 단절을 드러냈다. 그리고 성경 이후의 단식은 그리스도론적 특성을 지니게 되었다. 초대 교회의 신학은 이러한 단식의 금욕적인 면에 주목하기 시작했다. 곧 부활 다음 날부터 메시아가 오심을 기다리는 두 번째 시간이 시작되었다는 의식과 '깨어 있음'이 육체를 뛰어넘는 능력과 절제를 보장하지 않는다는 의식 속에서 초대 교회의 신학이 발전했다. 이처럼 교회는 "신랑이 없을 때"[28] 슬픔과 절망의 감정으로 단식을 한 것이 아니라, 종말을 맞이하기 위해 준비된 다가올 성사적인 재림에 대한 희망으로 단식을 했다.[29]

교부 시대에 신앙의 근본 핵심을 바탕으로 단식에 관한 교의적인 정의가 이루어지자 단식에 대한 확실한 단일성이 새로 발전하게 되었다.[30] 애도와 위험, 파멸과 고통 그리고 하느님께 지은 죄에 대한 후회의 의미와 연대의 표지 그리고 참회하는 죄인들에 대한 공동체의 간구를 나타내는 도덕적이고 속죄적인 모습이 주로 단식의 목적으로 남았다.[31]

4세기부터 단식의 관습은 동·서방 교회에서 공통된 관습이 되었다. 신新플라톤 철학, 마니교, 영지주의(그노시스)의 영향을 받은 것은 사실이지만, 그렇다고 단식의 관습이 저절로 널리 퍼져 나간 것은 아니다. 단식은 교부들의 성찰에 힘입어 그리스도론적 의미를 갖게 되었고, 구원된 인류의 신화神化를 위한 탁월한 가치가 되었다.

단식이 그리스도인의 생활 속에 굳게 뿌리내리고, 육화 교의에 관한 그리스도론 논쟁에도 포함되었다. 단식은 사람을 재물로부터 자유롭게 하고, 육체의 열정을 다스리게 하며 육체의 열정을 덕행으로 바꾸는 수단인 고행의 특징을 지닌다. 자신의 육체와 영혼을 섞어 없어지지 않을 상태로 변화시킨 사람에게 하느님이 허락하신 성령의 선물이 바로 단식이다.[32]

이러한 기반에서 교부 시대에는 죄를 멀리하는 단식인 영적 단식과 육체적 단식으로 크게 구분했다.[33] 심지어는 "교회의" 단식인 성찬 단식과 "교회 안의" 단식인 그리스도인의 단식(금욕 단식)에 관한 구분도 존재했다.[34]

## 2. 신앙의 단식을 향해 발을 내딛다

열두 사도들의 정신을 이어받은 1세기의 그리스도교 교부들은 단식에 대해 철학적인 주제들을 다루지 않고 윤리적·금욕적인 주제들만 다뤘다.[35] 하지만 동·서방 그리스도교에서 가장 원초적인 자산으로 대변되는 《디다케》, 《바르나바의 편지》, 헤르마스의 《목자》와 같은 2세기의 문헌[36]은 단식의 주제를 대단히 폭넓게 발전시켜 나갔다. 이들 사도 교부들의 문헌 이전에는 단식에 관한 그리스도교의 문헌을 찾아보기가 어렵다.[37] 복음 주제들이 훈계, 권고, 격려의 형태로 단식이라는 주제 속으로 스며들었다. 그리하여 교부들의 영성과 공의회의 지침들에 좋은 본보기가 되었다.

단식은 풍부한 의미를 지닌다. 무엇보다도 먼저 단식은 그리스도인의 개인적인 행동이 아니다. 단식은 형제애를 목적으로 한다. 즉 단식은 원수들을 위한 간구의 행위고,[38] 가난한 이들과 함께하려는 마음의 표지며,[39]

기도와 자선을 받쳐 주는 기틀이다.⁴⁰ 몇몇 외경의 본문에서 강조하는 것처럼 단식은 겸손하게 하고,⁴¹ 하느님 말씀을 잘 들을 수 있도록 도와준다.⁴² 또한 단식은 그리스도인을 우상 숭배를 멀리하게 하고,⁴³ 그리스도인이 바치는 희생 제물을 영적인 단계로 끌어올리며,⁴⁴ 죄의 유혹에서 그리스도인을 보호한다.⁴⁵ 이런 이유 때문에 여러 단식일을 목록화하여 고정시키고, 성사적 단계에서부터 그리스도인의 생활 안에 법으로 제정하도록 하는 것이 시급했다. 그리하여 세례를 준비하는 예비 신자를 위한 단식이 정해졌고, 이 단식은 공동체에도 권장되었다.⁴⁶ 그리스도인은 새로운 계약의 달력을 따르기 때문에 유대교 전통을 따르지 말고 주간 단식을 지켜야 했다.⁴⁷

### 1) 교회 교리의 중심 – 《디다케》

도덕적인 계명과 전례 규정과 공동체의 체계적인 교육 제도를 수집해 놓은 《디다케》는 유대교를 반대한다. 《디다케》⁴⁸의 기원은 사도 시대까지 거슬러 올라가지는 않지만 사도 이후 곧바로 이어지는 시기까지 거슬러 올라간다. 《디다케》는 사도 이후 시대의 가장 중요한 문헌이고 교회 입법의 가장 오래된 원전이다.⁴⁹

《디다케》⁵⁰에 들어 있는 첫 번째 지침 이래 단식에 관한 규정은 그리스도인이 실천해야 할 정통 관습으로 자리 잡았다. 그리스도교는 윤리와 신앙을 바탕으로 이루어졌을 뿐만 아니라 유대교 예식과 비교해서 구조적으로 다른 예식을 갖고 있었다. 그리스도교의 단식일이 유대교의 단식일과 다르게 정해지면서, 그리스도인은 옛 백성인 유대인과 단절될 뿐만 아니라 그리스도인의 고유한 정체성을 드러냈다.[51]

《디다케》의 교리에 나타난 윤리적 측면을 살펴보면, 복음적 고행을 밝히는 사목적 권고가 분명하게 드러나 있다. "여러분은 박해자들을 위하여 단식하시오."[52]라고 권고하는 표현은 단식이 겸손을 북돋우고 모욕하는 이를 위한 간구를 강화한다는 점에서[53] 전례 단식을 사랑의 율법에 포함시키고 있다. 《디다케》의 가르침에서 아주 특별한 것은 그날 저녁부터 다음 날 저녁까지 자기 원수들을 위해 기도와 단식과 자선을 하라는 내용이다. 이스라엘 민족의 의식에 깊게 뿌리 내린 세 가지, 곧 기도와 단식과 자선에 대한 권고[54]는 그리스도의 체험 가운데 가장 중요한 핵심이었다. 곧 기도와 단식과 자선은 복음서의 행복 선언을 요약해 준다.[55]

또 다른 중요한 권고는 이교 예배를 멀리하라는 것과 "죽은 신들에 대한 숭배와 우상에게 제물로 바친 음식을 절대적으로 멀리하라는 것"[56]이다. 이 주제는 이미 예루살렘 공의회에서 논쟁이 되었던 내용이다. 예루살렘 공의회에서 야고보 사도는 새로 개종한 이교인들에게 모세의 율법을 따르라고 강요하는 몇몇 유대계 그리스도인들의 요구를 절대 받아들여서는 안 된다고 말하면서, 다만 음식과 관련된 규정과 우상에게 바쳐 더러워진 음식과 불륜과 목 졸라 죽인 짐승의 고기와 피를 멀리하라는 지시를 따르는 것으로 충분하다고 설명했다.[57]

《디다케》에는 유대교의 사고방식과 전혀 다른, 복음의 정신에 따른 전례 구조의 또 다른 모습이 담겨 있다. 그리스도교 단식은 바리사이의 단식과 대조를 이룬다. 바리사이들은 예수님의 인격과 그분의 메시지를 거부했기 때문이다.[58] 따라서 넷째 날인 수요일과 안식일 전날인 성금요일의 단식에는 두 가지 의미가 있다. 하나는 예수님의 권위를 인정하는 것이고, 다른 하나는 제자 유다 이스카리옷의 배반(수요일)과 십자가상의 예수님 죽음(금요일) 자체와 관련된 역사적인 기념제의 거행이다. 유대인이 주간의 월요일(둘째 날)과 목요일(다섯째 날)에 단식을 했지만, 그리스도인은 유대인과 거리를 두는 단식 규정을 정했던 것이다. "《디다케》 저자는 두 개의 공동체, 곧 그리스도교와 유대교 사이에 존재하는 극복할 수 없는 차이점을 알려 주면서 그 차이가 더욱더 근원적이고 결정적이게 만들었다."[59]

> 여러분의 단식은 위선자들과 함께하지 마십시오. 유대인들은 주간의 둘째 날인 월요일과 다섯째 날인 목요일에 단식합니다. 하지만 여러분은 주간 넷째 날인 수요일과 안식일 준비일인 금요일에 단식하십시오.[60]

이런 관점에서 마태오 복음과 《디다케》를 비교해 보면, 《디다케》는 단식의 '시기'를 언급하고 있는 것에 반해, 마태오 복음은 단식의 '방식'을 강조하고 있다는 것을 알 수 있다.

> 너희는 단식할 때에 위선자들처럼 침통한 표정을 짓지 마라.[61]

실제로 두 본문 사이에는 어떤 문학적인 종속성도 존재하지 않는다. 곧 두 본문 모두 "위선자들"의 모습에 대해 정의를 내리고 있다. 하지만 마태오 복음은 단식일에 대해 언급하는 것이 아니라 단식에 적합한 규정에 대해 언급하고, 《디다케》는 복음 정신에 따른 단식재를 권고하고 있다.[62]

조베르 J. Jaubert는 《디다케》를 살펴보면 주일 전례는 주님의 부활과 분명한 관계가 있지만 주간 전례들은 관계가 없다는 것을 알 수 있다고 주장한다. 그러나 그의 주장에는 어떤 정당성이나 논리적 근거 또는 형이상적 근거가 없다. 하나의 주장이 정당성을 갖기 위해서는 도덕적 의미보다는 오히려 사회적 의미를 지녀야 한다.[63] 그의 해석이 틀렸다는 것을 확인시켜 주는 근거는, 그리스도인의 단식일이 쿰란에서 사용했던 전례력을 토대로 정해졌다는 것이다. 그리고 아주 신빙성이 높은 또 다른 사실은 예루살렘 교회가 이 단식일을 사용했다는 것이다.[64] 이런 증언은 왜 금요일이 단식일로 제정되었는가라는 이유를 분명하게 설명하는 유일무이한 이유일 것이다. 다시 말하자면 유대교와 대립하지 않는 성경적 토대가 존재했다는 사실이다.

〈디다케〉 원본

창세기 3장에서 아담과 하와가 하느님께 불순종한 뒤에 나오는 내용에서 창세기의 저자는 주 하느님이 저녁 산들바람 속에 동산을 거니셨다고 전한다.[65] 부드러운 동쪽 바람이 부는 하루의 이 순간은 창조의 엿샛날(금요일)의 제9시와 일치한다. 마찬가지로 마태오 복음서 27장에는 예수님의 죽음에 대해 낮 열두 시부터 어둠이 온 땅에 덮여 오후 세 시까지 계속되었다고 기록되어 있다.[66] 곧 예수님이 금요일 제9시에 숨을 거두셨다. 이러한 성경 주석이 말하려는 의도는 확실하다. 곧 아담과 하와가 금요일 제9시에 죄를 범했던 것처럼 예수님은 성금요일 제9시에 인류를 죄에서 구원하셨다. 이와 같은 신학적·주석학적 해석을 통해서 히브리인에 비해 그리스도인이 더 불안한 존재이고, 단절된 존재라는 온갖 주장들이 말끔히 사라져 버린다. 그리고 《디다케》와 마태오 복음서에 참된 연속성이 들어 있다는 사실에서 둘 다 구원을 거부한 이들을 반박하는 동일한 신학적 목적이 있음을 알 수 있다.

그리스도교와 유대교가 대립하는 두 번째 주제는 기도에 관한 것이다. 마태오 복음서[67]와 《디다케》[68]에는 그리스도인에게 위선자들처럼 행동하지 말고, 세례를 받은 후에도 배운 교리의 계명대로 주님의 제자가 될 것을 권고하는 내용이 담겨 있다.[69] 성경에서는 유대교 문화에 녹아 있는 고전적 두 가지 관계, 즉 단식과 기도의 관계나 역으로 기도와 단식의 관계를 통해 단식이 기도하는 방식이며 동시에 겸손과 인내의 덕행을 닦는 방식이었음을 나타냈다.

한걸음 더 나아가 마태오 복음사가는 산상 설교의 대상마다 어떻게 기도해야 하는지 대한 규정만을 고민했다.[70] 하지만 《디다케》는 단식과 기도를 모두 설명했다.[71] 《디다케》의 저자는 그리스도교와 유대교는 다르다는 것을 전제로 하고, 유대교에 인접한 그리스도교 공동체를 대상으로 《디다케》를 집필했기 때문이다.[72] 유대교와 다른 근본적인 내용은 전례와 성사 영역에 속하는 세례 준비였다. 그래서 그리스도교 생활을 위한 입문 성사 예식에 앞서 단식을 하도록 규정했다.

> 세례 예식 전에 세례를 베푸는 이와 세례를 받는 이는 단식을 해야 한다. 다른 이들도 할 수 있으면 단식을 해야 한다. 세례를 받으려고 하는 이에게는 하루 또는 이틀 전에 단식하도록 말해야 한다.[73]

세례성사에 관해 설명한 후,[74] 《디다케》 본문은 세례 이전에 하는 단식에 관심을 가지면서 이 단식과 다른 단식을 분명하게 구분한다.[75] 세례 이전에 하는 단식의 의미에 대해서는 신약 성경의 원전을 바탕으로 설명할 수 있다. 바로 생명의 길에 들어가고 하느님 나라의 오심을 미리 준비하는 통회의 개념으로써 말이다. 요한 세례자는 이런 마음으로 엄격하게 단식하고, 동시대인들에게 회개의 방법과 회개가 지향하는 대상, 곧 하느님 나라를 기쁘게 맞아들이고 그 나라를 완성하라고 했다.[76] 예수님도 직접 세례를 받으신 후, 하느님 나라의 도래와 실현을 선포하시기 위해 광야에서 단식을 하시면서 당신이 메시아이심을 드러내려고 준비하셨다.[77]

세례는 그리스도 안에서 새로운 삶을 시작하는 것이기 때문에, 일반적으로 옛 전통에 따르면 새로운 삶을 살기 위한 단식과 기도가 수반되어야 했다. 코르넬리우스의 세례에 관한 이야기는 이러한 내용을 잘 보여 준다. 코르넬리우스는 자기 집에서 많은 기도를 드린 후에 자신의 기도가 받아들여졌다는 것과 하느님께 자신의 자선이 인정받았다는 것을 알게 되었다.[78]

신약 성경의 일부 증언들은 《디다케》에 나타난 가르침에 분명한 영향을 주었을 것이다.[79] 따라서 세례 이전에 한 단식의 기원(코르넬리우스가 한 단식)은 유대교에서 찾아야 한다. 유대교의 세례 대상자는 자선과 기도를 통해 은총의 행위(세례)를 받아들이려고 하느님의 현존 앞에서 믿음과 겸손의 태도를 보인다.[80]

유대교와 신약 성경[81]에서 말하는, 악령을 몰아내는 단식의 효과가《디다케》에서는 세례 이후에 하는 구마 예식의 토대가 되었다. 또한《디다케》는 단식의 또 다른 효과들도 언급한다. 곧 단식은 간구와 정화와 겸손의 효과 그리고 종합적인 의미에서 특히 성령의 선물과 밀접한 관계가 있는 구마의 효과를 지닌다고 말한다.[82]

엘레우시스, 이리스, 미트라 같은 비밀 종교의 입문 예식 준비 때에도 단식을 했지만 이들 종교의 단식과《디다케》의 단식은 아무런 관련성이 없다. 위선자들을 조심하라는《디다케》8장의 내용을 보면, 이교의 전통에 영향을 받았을 가능성이 전혀 없기 때문이다.[83]

유대교의 전통을 살펴보면, 세례를 받는 사람들과 세례를 주는 사람 모두에게 단식을 하도록 하는 관습이 있었음을 알 수 있다.[84] 세례 이전 단식(세례 대상자 단식)에 자유롭게 초대받은 이들은 세례 예식에 참석한 증인들이었다. 서방 교회의 전통적인 관점으로 볼 때, 이들이 주로 대부모의 역할을 했던 사람들이다.[85]

세례식에 참석하는 이들에게도 단식하라고 권고했던 것은 예비 신자들을 그리스도 안에서의 새로운 삶으로 인도하라는 영적인 목적으로써, 예비 신자들에게 단식하도록 권고했던 것과 같은 이유였다. 세례 준비에 관한 내용에는 세례 집전자에 관한 내용도 나온다. 세례 집전자가 해야 할 전례 역할에 대해 자세한 설명이 없긴 하지만, 집전자에게도 예비 신자들처럼 단식의 의무가 있었다.[86]

세례 전 단식의 기간은 정해져 있었지만, 오직 세례받을 새 신자들만이 단식 기간을 하루나 이틀 더 연장할 수 있었다.[87] 세례 이전 단식이 예비 신자들과 봉사자들에게 의무였지만, 세례식에 참여하는 다른 이들에게는 단지 권고 사항이었다.

단식이 개종자들의 세례 예식의 일부분이 되었다는 의견과 시간이 지나면서 침수 세례 다음에 봉헌하는 희생 제물로 대체되었다는 주장이 있다. 그러나 이러한 주장이 하나의 가설에 불과하다는 증거가 여러 성경 본문에 나타난다. 그런 성경 본문들 가운데에서도 다니엘 예언서는[88] 단식이 개종자들의 세례와는 관계가 없고 속죄의 가치를 지니고 있다는 것을 강조한다.[89]

그리스도인에게 있어서 세례성사 준비를 위한 단식은, 음식과 음료를 멀리하는 금욕적인 특성 말고도 일정한 교육의 목적인 유대교의 흔적이 있다는 것은 분명하다.[90] 곧 교회는 예비 신자들에게 그리스도교 교리를 가르쳤고, 예비 신자들은 주님의 기도 이외에 죄의 용서와 내적 치유를 위한 다른 참회의 기도들도 배웠다. 한편 신자들은 형제애의 정신으로 기도와 단식을 통해 예비 신자들과 일치를 이루었다.[91] 이러한 교리 교육을 마친 예비 신자는 복음의 교리적인 진리를 확신하고 모든 가르침을 존중할 것을 약속하면 세례를 받게 되었다.[92]

## 2) 구약과 신약의 진리를 품게 된 교회 - 《바르나바의 편지》

《바르나바의 편지》[93]는 서간이라기보다는 오히려 신학 저서에 가깝다. 이 책은 교의적·윤리적인 관점에서 볼 때 교회와 유대교 회당의 관계에 대해 특별히 주목한다. 정해진 날, 곧 속죄일[94]에 단식을 지키라는 계명에 대해 《바르나바의 편지》는 모든 이의 죄를 위해 숫염소를 속죄 제물로 바치는 희생 제사에 대해 말한다.

편지는 구약 성경의 본문들과 비교할 때, 유대교에서 그리스도교로 넘어가면서 바뀐 언어 표현의 변화를 보여 준다. 또한 단식이 참되고 고유한 겸손의 의미를 지닌다고 설명하면서, 유대교 전통에 근거해 확실히 입증된 창세기 12장을 파스카에 관한 이야기로 해석하여 구약을 신약의 예형으로 보는 그리스도론적 예형학을 활짝 열어 놓았다. 마찬가지로 구약 시대의 희생 제물이 구약 성경의 공동체적 개별주의의 가치를 지닌 것에 반해, 그리스도교 희생 제물은 보편적인 가치를 지닌다고 설명한다.[95]

이 편지에는 유대인과 그리스도인의 논쟁, 곧 유대교 제도와 대립되는 내용들이 선명하게 드러난다. 그럼에도 이 편지는 이스라엘의 율법을 위반하지 말라고 그리스도인에게 권고한다. 하지만 이 편지는 반反율법주의를 강하게 드러낸다. 곧 그리스도교 백성은 상속받은 백성이며, 하느님의 계약이 이스라엘에만 국한되지 않는 것은 히브리인들이 예수님의 부르심에 응답하지 않았기 때문이라는 것이다.[96] 사실 새 계약은 필연적으로 갖는 권리, 곧 이스라엘 백성이 당연히 갖는 권리가 아니라 누구나 자유롭게 선택할 수 있는 것이다.[97] 《바르나바의 편지》와 내용적으로 가장 비슷한 것은 히브리인들에게 보낸 서간[98]이다. 히브리서는 구약 성경의 희생 제사와 신약 성경의 희생 제사의 차이점을 분명히 보여 준다.

유대인들의 희생 제사에 대한 내용을 언급하는 《바르나바의 편지》 2장과 단식을 다룬 3장을 보면, 《바르나바의 편지》보다 앞선 예언적 문헌을 작성한 그룹이 존재했을 거라는 추측을 하게 되지만, 찾는 것은 쉽지 않다.[99] 하지만 《바르나바의 편지》 2, 3장에 언급된 전통에 대한 "삶의 자리"는 유대계 그리스인들의 제도와 관련된 내용도 아니고, 출처가 명확하지 않은 어느 예언자들에 관한 설명도 아니다.[100]

> 그는 단식에 관해 이렇게 말한다. "주님께서 말씀하신다. '오늘 너희가 외치는 소리를 내가 듣는다면, 왜 너희는 나를 위해 단식하느냐? 이것은 내가 선택한 단식도 아니고, 사람의 영혼을 겸손하게 하는 단식도 아니다. 너희가 목을 깊이 숙이고 자루옷을 입고 머리에 재를 얹는다 하더라도, 이는 너희 마음에 드는 단식이라 부르지 못한다.'" 또한 그는 우리에게 다음과 같이 말한다. "주님께서 말씀하신다. '보라, 이것이 내가 선택한 단식이다. 모든 부당한 속박을 풀고 강제로 맺은 계약의 끈을 풀어라. 억압받는 이들을 해방시켜 주어라. 모든 부당한 계약을 깨뜨려라. 너희의 먹을 것을 배고픈

이들에게 나누어 주고, 헐벗은 이들을 보거든 옷을 입혀 주어라. 집 없는 이들을 너희 집에 맞아들이고, 비천한 이들을 보거든 멸시하지 말고, 너희 혈족을 멀리하지 마라. 그럼 그때 너의 빛이 서광처럼 솟아오르고, 네 옷은 즉시 환하게 빛나며, 정의가 네 앞을 지나며 하느님의 영광이 너를 감싸 줄 것이다. 그리고 네가 말하면, 하느님께서 이렇게 말씀하실 것이다. '네가 온갖 음모를 멀리하고, 손을 들고 증언하고, 험담하는 말을 하지 않으며, 네가 배고픈 이들에게 먹을 것을 주고, 지친 영혼에 자비를 베푼다면 네가 부르짖을 때 "내가 바로 여기 있다." 하고 응답하실 것이다.'"
이것은 자비로우신 하느님께서 이것을 미리 아시고서, 당신께서 준비하신 백성인 우리가 진실하게 믿고 개종자들처럼 율법을 거스르지 않도록 모든 것을 보여 주신 것이다.[101]

《바르나바의 편지》의 저자는 3장에서 이사야 예언자의 본문을 바탕으로 자신의 생각을 전개한다.[102] 단식에 관한 계명을 전례적으로 설명하는 권위는 영적인 영역에 속한 것으로써 그리스도론적 관점에 비춰서만 이해할 수 있다. "이사야 예언자의 내용을 길게 인용한 것은, 그리스도교가 유대교 예식과 윤리적 형식주의에 단호하게 대립하고 있다는 점을 합법적으로 분명하게 보여 주기 위한 목적이다. 단식은 히브리 형식주의와 싸우는 영적 전례이고, 초대 그리스도교에 널리 전파되고 지속적으로 실천하여 풍요로운 결실을 맺은 관습이다. 단식은 근원적으로 복음적이고 긍정적인 메시지다. 다시 말하면 단식은 공허한 예식주의를 대신하는 참된 종교 예식에 대한 요구였다."[103]

올바른 성경 전통과 이사야의 권위에 따르면, 《바르나바의 편지》의 저자는 희생 제사와 단식을 결합시킴으로써, 율법적인 단식을 거부하고 사랑의 실천을 통해 참회를 찬미하도록 하는 길을 열었다.[104] 어쨌든 단식에 관한 종교심은 복음적인 진리가 고대 율법 안에서 성숙할 수 있는 시기를 폭넓게 마련해 주었다. 이사야서에서 특히 주목해야 할 내용은, 음식과 음료를 멀리하는 것뿐만 아니라 의로운 행실과 하느님의 말씀에 더 깊은 관심을 갖는 것이다.

### 3) 교회의 영원한 의무, 참회 – 헤르마스의 《목자》

헤르마스의 《목자》[105]는 교회 참회의 규율을 정확하게 설명하고 있다. 이 문헌에는 다섯 번의 환시와 열두 개의 계명과 열 가지 비유가 담겨 있다.[106] 《목자》의 저자는 자신의 개별적인 체험을 통해 오랜 기간의 단식과 많은 기도로써 계시를 받을 수 있다고 말한다.

15일 동안 단식한 뒤 주님께 많은 것을 간구하자, 성경의 의미가

내게 계시되었다.[107]

나는 자주 단식하며, 주님께서 노파를 통해 내게 보여 주기로 약속하신 계시가 드러나도록 기도했다.[108]

구약 성경의 몇몇 외경 본문에는 계시를 받기 위해 준비 단식을 했던 몇 가지 내용들이 나온다. 여섯 환시와 최종 계시로 이루어진 《에즈라 묵시록》에 따르면 에즈라가 처음 다섯 환시 때에 7일간 단식했고,[109] 여섯 번째 환시 때에는 하루를 단식했다고 한다.[110] 그리고 최종 계시를 받기 3일 전에는 5주간의 단식이 끝난 때였다. 이런 단식 기간은 《바룩 묵시록》에서도 확인된다. 바룩은 7일간의 단식을 네 차례하고 계시를 받았다.[111] 바룩의 28일 단식은 속죄일에 끝났다.[112]

헤르마스의 《목자》는 산상 설교에서 중심 주제인 단식과 결합된 기도와 자선을 찾았다. 신적 계시를 받을 때 또는 기도의 청원 끝부분에 여러 가지 엄격함에 따른 특별하고 개인적인 단식에 대한 반복적인 언급을 통해 금욕적인 생활 방식을 시작하면서 마음의 겸손함을 추구하기를 바라는 모든 신자들에게 영적인 자극을 주었다.

청할 때는 언제나 겸손해야 한다. 그러므로 단식하라. 그러면 주님께 청하는 것을 받을 것이다.[113]

헤르마스의 〈목자〉

노예였다가 부덕한 상인이 된 헤르마스. 〈목자〉의 저자인 그를 상징하는 조각상

《디다케》와 마찬가지로, 헤르마스의 《목자》도 "지정 참례"라고 부르는 정해진 날, 곧 수요일과 금요일에 하는 정기적인 단식을 알고 있었다. '(일시적으로) 주둔하다in statione esse'라는 군대 용어를 그대로 사용한 지정 참례 단식은 내적으로 깨어 있어야 한다는 가르침이었다. 지정 참례는 유대교에서 유래한 표현이다. 유대교에서 성전 경비병들은 교대로 히브리 전례를 보호하는 임무를 맡았다.[114] '일시적인 주둔'은 경비병들이 주간 보초를 서는 세 시간을 말한다. 야간 보초는 '전야vigiliae'라고 부른다. 그리스도인의 기도 모임이 아침부터 제9시의 성찬례 거행까지 지속하는 단식

일을 "지정 참례"라고 부르게 되었다. 초대 교회 공동체에서 사도들이 그랬던 것처럼, 성찬례 집회의 날에는 '경비를 서야' 했다. 완전히 주님의 계명에 따른 이 주간 전례 단식은 형식적인 것이 아니기 때문에 하느님의 마음에 드는 종교 행위였다.[115] 사실 일반적으로 공동체가 지킨 공적인 단식은 비판의 대상이 되었다. 왜냐하면 본연의 정신에 따른 단식이 아니라 단식을 해야 한다는 의무감 때문에 하는 것이었기 때문이다. 하지만 사랑의 실천과 연결된 공적인 단식은 윤리적으로 칭찬을 받았다.[116]

헤르마스는 단식을 윤리적 완덕에 이르는 수행으로 여겼다. 비록 헤르마스가 참회의 배경에서 그렇게 생각했지만, 그래도 음식의 절제를 영성화하는 것에 그치지 않고 개별적인 희생(단식)을 통한 사회적 의미를 지닌 것으로 구체화시켰다는 점에 의의가 있다.[117]

마태오 복음서의 참행복 선언에 언급된 대로, 형제들을 섬기는 봉사는 하느님께 드리는 참된 예배다. 곧 이웃에게 실천한 사랑은 성찬례 거행 때 전례 예물이 되고, 그 예물의 가치에는 인간 불행의 한 부분이 담겨 있다. 여기에서 가난한 이들을 위해 구원 경륜의 정신으로 단식을 했다는 개념이 생겨난다.[118]

> 주님의 계명들을 지킨다면 이러한 단식은 매우 좋다. 그러므로 다음과 같이 단식해야 한다. 무엇보다도, 모든 나쁜 말과 악한 욕망을 조심하고 이 세상의 모든 헛된 것에서 마음을 깨끗이 해야 한

다. 이를 지킨다면 그 단식은 완전하게 될 것이다.[119]

헤르마스의 《목자》에서 알 수 있듯이, 그리스도교 단식에는 윤리적이고 습관적이었던 단식 행위가 사랑과 내적 완성으로 이어지는 근본적인 행동의 변화가 내포되어 있다.[120]

> 너는 다음과 같이 해야 한다. 너는 앞에 기록한 것을 행한 뒤에, 단식하려고 한 그날에 빵과 물만 먹어야 한다. 단식하려고 한 그날에 네가 단식하지 않았으면 먹었을 음식비의 총액을 계산하여 따로 떼어 놓고, 그것을 과부나 고아나 곤궁한 사람에게 줘야 한다. 그것을 받은 이가 네 겸손으로 인해 자신의 영혼을 만족시키고 너를 위해 주님께 기도하도록 해야 한다. 내가 너에게 명한 대로 그렇게 단식을 행한다면 하느님께서 네 희생을 받아 주실 것이고, 이러한 단식은 기록될 것이다. 이렇게 행한 봉사는 좋고 즐거우며 주님께서 잘 받아 주실 것이다. 너는 네 자녀와 온 집안사람들과 함께 이와 같이 단식을 해야 한다. 네가 이것을 지키면 너는 복될 것이다. 이를 듣고 지키는 모든 사람도 복될 것이고, 그들은 주님께 청하는 무엇이든 받을 것이다.[121]

헤르마스는 단식의 효과 그 자체를 재확인하고, 단식일 기간에 절약했던 재물을 자선으로 나눠 주는 가르침을 강조한다. 초대 그리스도교 공동체와 유대교 공동체는 단식 기간에 절약했던 재물을 가난한 이들에게 나눠 주었다. 다시 말하면, 가난한 이들을 도와주는 자선 행위를 단식과 기도에 연결시켰다.[122] 단식일에 먹을 수 있는 규정된 음식은 빵과 물을 중심으로 한 소박하고 저렴한 음식이었다는 사실을 주지해야 한다. 교회가 그렇게 한 것은 더 많은 이들에게 자선을 베풀기 위해서였다.[123]

단식에 관한 여러 가지 신학적 주제들을 다룬 뒤에 하나의 결론에 이르렀다. 영성 생활은 통회와 깨어 있음으로 특징을 이룬다는 것이다. 곧 세례에 뒤따르는 보편적이고 효과적인 참회는 모든 그리스도인과 죄인에게 하나의 의무다. 마음을 새롭게 하고 죄를 속죄하기 위해서는 충실한 선택을 요구한다. 몸의 고행과 기도를 통해서 우리는 세례성사 때부터 활동하시는 성령의 의로움과 성화에 이를 수 있다.[124]

구약 성경과 신약 성경에 대한 몇몇 외경에서는 단식을 금욕주의를 드러내는 하나의 고귀한 행위로 간주했다. 《열두 성조의 유언》에는 참회 단식이 자주 언급된다. 《시몬의 유언》(III,4)에는 그가 여러 해 동안 단식과 하느님에 대한 경외심으로 자신의 영혼을 고통 속에서 보냈다는 내용이 나온다. 《유다의 유언》(XV,4)에는 그가 늙을 때까지 통회하면서 더 이상 포도주를 마시지 않고 어떤 쾌락도 추구하지 않았다는 내용이 나온다.[125]

순수 유대교 전통에 아주 충실한 신약 성경의 몇몇 외경에서도 앞에서 언급했던 참회와 똑같은 목적을 지닌 단식에 대한 주제를 찾아볼 수 있다.

《야고보 복음》(1,4)에서 요야킴은 자신의 죄를 용서받고 가난한 이들을 도와주기 위해 제물을 두 번 바치는 경건한 사람으로 소개된다. 그는 광야로 가서 40일을 단식하며 하느님이 자신의 청원을 들어주실 때까지 기도했다. 베드로와 바오로와 토마스 사도는 단식을 통해서 선교 활동의 힘을 받았다(《토마스 행전》 20). 순교자 테클라를 구하기 위해 단식하고 기도했던 바오로 사도의 간구가 이루어진 것처럼(바오로 행전 24), 기도 중에 드렸던 모든 청원이 단식에 힘입어 받아들여졌다(《베드로 행전》 2,3).[126]

'깨어 있음'이라는 주제에 관해 스미르나의 주교인 순교자 폴리카르푸스(?~167년)는《필리피 신자들에게 보낸 두 번째 편지》[127]에서 영혼을 공격하기 위해 항상 도사리고 있는 유혹들을 물리칠 수 있도록 깨어 있게 하는 기도와 단식을 권장한다.

> 기도와 단식은 악령들을 몰아내고 마귀의 공격을 막아 주는 견고한 보호막이다. 세례를 통해 처음부터 마귀의 공격을 부분적으로 물리쳤지만, 마귀의 공격은 결코 끝이 없다. 만일 우리가 건전한 육체에서 기도에 몰두하는 의지에 따라 영혼을 다스리지 않는다면, 악령이 다시 우리 영혼에 파고 들어올 수 있기 때문이다.[128]

## 3. 교회에는 단식이 필요하다

호교론자인 유스티누스(100?~165년)는 "그리스도의 가르침"이 온 세상을 위한 구원을 드러낸다는 확신을 갖고서, 자신이 믿는 바를 분명하게 제시한다.[129] 그는 재생의 성사인 세례성사를 언급하면서 기도와 화해와 단식을 통해 세례를 준비하라고 가르친다. 재생의 성사는 믿음과 연결되고, 예비 신자와 공동체의 회개와도 연결된다.

> 우리는 그들에게 단식하면서 기도하라고 가르칩니다. 하지만 우리도 마찬가지로 그들과 완전히 연대하여 기도하고 단식합니다.[130]

유스티누스의 저서와 《디다케》와의 관계는 분명하다. 2세기에는 내용면에서 볼 때, 단식 행위의 모든 의미가 분명히 드러나고 자세하게 다루어진다고 말할 수 있다. 그다음 시대에도 단식에 대한 개념들을 반복하며 영적인 면을 강조한다. 또한 그리스도교 생활에 대한 신학과 참된 지혜가 단식 이면에 담겨 있다는 사실을 결코 잊지 않았다.

위僞 클레멘스[131]의 《재인식》에서도 자신이 받은 세례 때의 특별한 경험을 말하면서 단식에 대해 말한다. 베드로 사도는 단식에 대해 가르쳤고 예비 신자의 여정을 자세하게 설명하면서 흐르는 물속에 들어가기 전에 했던 단식에 대해 언급한다. 공동체가 함께 단식을 했고, 주일에 세례를 받을 예비 신자의 대부들도 단식을 한다.

특이한 점은 위 클레멘스가 세례를 받지 않는 이들과 그리스도인들이 함께 식사하는 것을 불법이라고 언급하는 부분이다. 베드로 사도는 이를 종교적인 태도와 관련지어 설명한다. 곧 식사에 참석한다는 것은 유일신 신앙을 고백하고, 율법을 따르며, 하느님으로 인한 성화를 소망하며, 이웃을 존중하고, 정의를 실천한다는 것을 뜻한다. 사도행전에서 베드로 자신은 로마의 백인대장 코르넬리우스 집에 모인 많은 사람들을 향해 "유다 사람에게는 다른 민족 사람과 어울리거나 찾아가는 일이 불법임을 여러분도 알고 있습니다. 그러나 하느님께서는 나에게 사람을 속되다거나 더럽다고 하면 안 된다는 것을 보여 주셨습니다."[132]라고 말한다. 따라서 관례적으로 공동 식사를 통해서 낯선 손님과의 만남이 허락되었다는 것을 알 수 있다. 위 클레멘스의 어머니는 그리스도인이 되어 종교적인 이유로

그리스도교의 첫 번째 호교론자로 일컬어지는 유스티누스

멀어진 자녀들과 하나 되기 위해 베드로 사도에게 교육을 받고 세례 전날 단식하고 성체성사를 받고서 자녀들과 함께 식탁에 앉아 식사를 했다.¹³³

위 클레멘스는 탐욕과 사치를 가리켜 나쁜 영이 특별히 머무는 곳이라고 말한다. "나쁜 영들이지만, 그들에게는 음식과 음료에 대한 욕구와 성욕이 있다. 그들에게는 인간에게 있는 기관은 없지만, 인간의 몸에 들어가 그들이 탐내는 것을 얻는다. 그러므로 청빈과 단식과 자제심은 악마를 멀리하는 가장 좋은 잣대."¹³⁴ "과잉은 죄를 짓게 한다. 왜냐하면 그런 사람들이 본능의 욕구에 따르는 극히 단순하고 관대한 사람처럼 보일지라도, 그들에게는 음식과 음료와 성욕에 대한 욕구가 넘쳐흘러 악마가 그들의 몸에 들어가 죄를 짓게 할 수 있기 때문이다."¹³⁵

한 가지 우리가 기억해야 할 것은 2세기에 로마와 소아시아 교회들 간에 파스카 날짜에 관한 격렬한 논쟁이 있었다는 사실이다. 이 논쟁은 두 교회로 하여금 사도 전통을 서로 비교하도록 했다.¹³⁶ 부활 이전에 준수하던 파스카 이전 단식에 대해 일반적으로 여러 교회들이 서로 다른 단식 기간을 갖고 있었다. 이 논쟁 때에 편집된 아주 오래된 보고서에서 리옹의 이레네우스(130?~200?년)는 각 지역 교회들의 서로 다른 전통에 대해 말한다.[137] 이레네우스는 빅토르 1세(?~198?년) 교황에게 보낸 편지에서 파스카 날짜에 대한 오해로 인해 단식에 관한 규정이 휘말리게 되었다고 정확하게 지적한다. 어떤 이들은 단 하루만 단식을 했다. 일부에서는 니산 달 열넷째 날에 단식을, 다른 이들은 토요일에 단식을 했다. 또 어떤 이들은 금요일과 토요일 이틀 동안 단식을 했고, 또 다른 이들은 금요일 이전에 시작하는 며칠간 단식을 했다. 끝으로 몇몇 사람들은 금요일 제9시부터 토요일 부활까지 네 시간만 단식을 했다.[138]

> 논쟁은 파스카 날짜에 대한 것뿐만 아니라 단식의 형식에 관한 것이기도 합니다. 어떤 사람은 하루만, 어떤 이는 이틀을, 어떤 이들은 더 많은 날을 단식해야 한다고 생각합니다. 어떤 이들은 밤낮의 마흔 시간을 자신들의 단식일로 정합니다. 이 단식일을 다양하게 지키는 것은 우리 시대에 생겨난 것이 아니라 아주 먼 시대에서부터 내려온 것입니다. 다스리는 데 합당한 선견지명을 갖고 있지 못했던 선임 주교들은 가벼운 행동과 무지에서 생겨난 그러한 관습을 우리 후대의 주교들에게 전해 주었습니다. 그럼에도 불구하고 주교들은 평화의 유대로 하나가 되었고 지금까지도 우리 주교들

가톨릭교회의 수호자로 불리는 리옹의 주교 이레네우스

사이에서 그 평화의 유대가 지속되고 있습니다. 단식에 대한 분분한 의견은 우리들의 일치된 믿음을 확신하도록 해 주는 것일 뿐입니다.[139]

얼마 후 카이사리아의 에우세비우스(?~370년)는 자신의 저서인《교회사》에서 로마의 주교와 아시아 지역의 주교들 사이에서 벌어진 파스카 날짜에 대한 논쟁을 다시 언급했다. 에우세비우스에 따르면, 소아시아의 모든 교회는 어린양의 희생 제사와 단식의 중단에 대한 가장 오래된 유대교 규정에 따라 니산 달 열넷째 날에 파스카를 거행했다. 그래서 189년에 파스카 날짜에 관한 격렬한 논쟁이 있었다. 세상의 다른 교회들은 소아시아의 관습을 무시했고, 주님이 부활하신 날에만 단식을 중단하는 사도 전통을 따랐다. 이런 이유로 여러 차례 주교들의 시노드와 교회 회의가 소집되어 신자들에게 보낸 편지들을 통해 예수님의 파스카 거행에 대한 교회 규범을 만장일치로 공지했다. 그리하여 파스카 축제는 단식을 중단하는 날인 주일에 반드시 거행되어야 했다. 에우세비우

스는 이레네우스의 서간을 재차 인용하면서 시대의 변화를 자세하게 전한다.[140]

### 핵심 콕! 콕!

아가페는 성찬례(미사)에 참석하러 온 신자들이 각자 집에서 가져온 음식을 함께 나누어 먹는 예식임을 기억하세요.

'지정 참례'는 보초들이 경비를 서기 위해 '일시 주둔하는 것'을 의미하던 단어입니다. 유대교에서 성전 경비병들이 보초를 섰던 것처럼 초대 교회에서도 성찬례 집회 때에 영적인 경비를 섰던 것입니다. 지정 참례일, 곧 수요일과 금요일에 그리스도인들은 내적으로 깨어 있기 위해서 정기적인 단식을 했습니다.

부활 시기에 왜 단식과 무릎 꿇는 것이 금지되었는지 아시나요? 부활 시기는 신랑(예수님)과 함께 있는 시기이기 때문에 단식을 하지 않았고 무릎 꿇는 것도 금지되었답니다.

끝으로 주간 단식과 성찬례 거행 이전 단식을 구분하시기 바랍니다. 주간 단식은 수요일과 금요일에 하는 단식이고, 성찬례 거행 이전 단식은 쉽게 말해 오늘날 공심재空心齋(성체 모시기 전 1시간 금식)입니다.

아, 참!
4장 마지막 부분에 나오는 탐욕과 사치의 위험성을 경고하는 클레멘스의 말을 다시 한 번 읽어 보세요.

제5장

# 하나 되어
# 그리스도를 섬기다

3세기 교회의 단식

# 전통을 만들어 가는 교회

3세기는 그리스도교에서 단식을 이해하는 데 중요한 단계가 나타나는 시기다. 이때의 단식은 처음에 권고 형태로 제시되었다가 세례의 전례적·성사적인 배경을 통해 확고하게 자리를 잡았다. 또한 성찬 단식[1]과 파스카 이전 단식을 위한 규정들도 강화되었다. 5장에서는《사도 전승》에 대해 알아보고 동방 교회의 신학자인 알렉산드리아의 클레멘스와 오리게네스 그리고 서방 교회의 신학자인 테르툴리아누스에 대해서 알아보자.

### 1) 언제 단식할 것인가 – 로마의 히폴리투스

로마의 히폴리투스가 쓴《사도 전승》에는 중요한 교회 지침들이 들어 있다.[2] 이 지침에 따르면 예비 신자들은 금요일 단식을 지켜야 했고, 모든 신자는 성찬례 잔치에 참여하기 전에 음식을 멀리해야 했다.[3] 히폴리투스는 파스카 축제를 거행하기 위해 기다리는 동안 단식을 무효로 만드는 음식을 먹지 말라고 권고했다.

세례 단식과 파스카 이전 단식이 긴밀한 관계를 맺고 있었다는 것은 분명하다. 단식은 일반적으로 부활 전날, 곧 세례가 거행되던 날 하루 종일 해야 하는 유일한 실천 사항이었다.[4] 교회는 토요일에 빵과 물만 먹는 부분 단식을 권장했다. 그러나 신체적인 어려움을 초래할 수 있는 환자와 노인들에게는 단식이 관면되었다.

절박한 경우에 교회의 전례 시기 또는 바다 여행이나 중대한 질병이나 감옥에 갇혀 있는 이유로 파스카 날짜를 놓쳐 단식을 할 수 없었던 이들은 성령 강림 대축일 이후에 단식을 할 수 있는 기간을 다시 가질 수 있었다. 단식이라는 슬픈 행위로 파스카를 방해하는 것은 부적절하기 때문에, 부활 주일 이후에 단식의 기회가 다시 주어진 것이다. 교회는 가능할 때 단식할 수 있도록 다시 기회를 주었지만, 영적 친교 안에서 보편 교회와 함께 단식하는 것을 더 칭송했다.[5] 히폴리투스도 신자들에게 중요한 제안을 했다.

> 과부와 동정녀들은 자주 단식하고 교회를 위해 기도해야 한다. 사제들은 원할 때에 단식하고, 평신도들도 이와 같은 모양으로 단식

해야 한다. 주교는 모든 신자들이 단식하는 날 이외에는 단식하면 안 된다.⁶

히폴리투스는 주간 단식일에 대해 더 이상 언급하지 않았다. 그 이유는 주간 단식일이 이미 그리스도교 공동체 안에서 하나의 관습이 되었기 때문이었다.

초대 교회의 저명한 신학자였던 로마의 히폴리투스

바오로 사도가 코린토 교회에 했던 질책에 따라⁷ 히폴리투스는 먹고 마시는 일을 자제하고, 술에 취하지 말며, 초대한 사람을 비웃거나 실망시키지 말라고 권고했다. 이와 반대로 성도들의 집에 들어갈 때에는 합당한 기도를 바치는 것이 좋다고 말하면서, 음식을 먹을 때에는 열띤 논쟁을 벌이지 말고 조용히 먹을 것을 권고했다.⁸

디르크 바우츠 〈히폴리투스 성인의 순교〉

## 2) 그리스도인의 식탁 – 알렉산드리아의 클레멘스

알렉산드리아의 클레멘스(160?~215?년)는 자신의 저서인 《교육자》에서 그리스도인이 몸에 익혀야 할 내적 품행에 대한 주제 곧 일상생활에 관한 내용, 먹는 것, 마시는 것, 쉬는 것, 즐기는 것, 복장과 혼인 생활에 관한 내용을 다뤘다. 그는 금욕 생활에 대한 일반적인 이상을 제시하려고 하지 않았다. 모든 그리스도인이 똑같은 방식으로 세상을 포기하도록 부르심을 받은 것이 아니기 때문이다. 그래서 그는 모든 점에서 옳다고 판단되는 생활 방식을 제시했다. 그리스도인이 윤리적으로 완성을 향해 나아갈 때 갖는 긴장감은 이방인들이 갖는 긴장감과는 다르다. 그 이유는 금욕적인 엄격함 때문이 아니라 세상과 대조되는 균형 감각 때문이다.[9]

클레멘스는 《교육자》에서 성경에 따르면 각자 자신의 몸에 맞게 처신하고 로고스의 정신에 따라 행동해야 하므로 살기 위해서 먹으라고 권고한다. 매일 먹는다고 해서 그 행동이 걱정의 원인이나 쾌락주의의 근원 또는 인생의 최종 목적이 되는 것은 아니다. 먹는 것 그 자체는 지상 생활을 위해 인간에게 허락된 행위이기 때문이다.

> 음식은 진리에 맞도록 단순한 것이어야지, 쾌락을 만족시키는 것이어서는 안 된다. 하지만 음식은 생명에 유익해야 한다. 소화할 수 있는 음식에 의해서 성덕과 굳셈이 보증된다. 하느님께서는 당신의 피조물이 살 수 있도록 음식과 음료를 마련하신 것이지, 쾌락을 위해서 마련하신 것이 아니다.[10]

또한 클레멘스는 그리스도인 식탁에 대해 구체적으로 언급한다. 곧 폭식을 위한 식탁은 주님의 "아가페"라고 말할 수 없다. 그러므로 그리스도인의 음식은 철학자들의 소박한 음식 곧 양파와 올리브, 약간의 부드러운 콩류, 우유와 치즈, 과일과 양념 없이 익힌 음식에 부합해야 한다. 다양한 음식을 먹는다고 해서 우리 몸이 더 건강해지는 것은 아니다. 주인보다 종이, 지주보다 농부가 더 건강한 것처럼 소박하게 절식하는 사람이 더 강하고 더 활기차다. 부자보다 철학자가 더 현명한 것처럼, 그리스도를 믿지 않는 이들보다 믿는 이들이 더 강하고 더 현명하다. 그리스도인들의 지성은 탐식으로 흐려지거나 쾌락에 빠지지 않기 때문이다. 소박한 음식은 몸을 잘 다스리도록 하지만, 요리사들의 다양한 특성과 기술은 더부룩함이나 메스꺼움을 느끼게 하는 무절제한 탐식으로 이어져 질병을 발생시키기도 한다. 이런 병들은 고대 의학이 밝혀낸 질병들이다.[11]

그리스도인은 가장 먼저 천상 음식을 찾고 위胃를 다스려야 한다. 위에서 육욕과 우상 숭배에 빠지게 하는 온갖 악습이 나오기 때문이다.[12] 바오로 사도가 말한 것처럼 마귀를 닮지 않으려는 그리스도인[13]은 어떤 주저함 없이 특별한 음식들을 멀리해야 한다. 마귀는 순수한 양심과 하느님께 가까이 가도록 이끄는 음식에 해를 끼칠 능력이 없기 때문이다.[14] 따라서 그리스도인은 음식과 하느님을 모독하는 식탁의 종이 되지 말아야 한다. 그 대신 진리에 시선을 고정시키고 신적 잔치에 참여하면서, 그리스도로부터 흘러나오는 천상 음식으로 자신을 가득 채워야 한다.[15]

지나치게 따지지 말고, 필요한 음식을 먹어야 한다. 중요한 것은 음식에 대해 고민하지 않는 것이다.[16] 그리스도인이 취해야 할 자세를 갖추는 것, 다시 말하면 손님을 존중하고 공정한 태도로 식탁에 참여하며 음식이란 이틀 지나면 없어져 버린다는 생각을 잊지 않는 것이다. "입으로 들어가는 것은 무엇이나 배 속으로 갔다가 뒷간으로 나가기"[17] 때문이다.

그리스도인에게 식사는 걸림돌이 아니라 은총의 기회다. 만일 하늘 나라의 잔치가 주님의 위대한 약속이라고 한다면, 모든 타락 가운데 최고의 악은 지상 음식과 관련된 것이 아니라 종종 하늘 높은 곳에서 땅으로 떨어지게 만드는 악이다. 그 악에는 사랑이란 없다. 함께 나누어 먹을 수 있는 음식을 혼자서 게걸스럽게 먹고 남기는 악한 행동이다. 참된 아가페를 만들어 주는 사랑은 영적인 천상의 음식이며 그 안에서 성령에 의해 보존된 사랑은 음식을 먹는 사람을 선택하고 보호해 준다. 천상 잔치

존 해밀턴 모티머 〈켈트족에게 설교하는 바오로 사도〉

는 사랑이 아니지만, 하늘에서 사랑을 통해 베풀어진다. 이러한 음식을 먹는 사람은 영적 교회인 거룩한 모임에 참여하는 데 필요한 최고의 선을 차지할 것이다.[18]

이와는 별도로 클레멘스는 음료의 사용 특히 포도나무 열매의 사용, 곧 포도주의 사용에 대해 언급한다. 집회서는 제때에 술을 절제하며 마시는 사람은 마음이 즐거워지고 기분이 유쾌해진다고 했다.[19] 카나의 혼인 잔치에서 일어난 기적에도 술이 나온다. 이는 초대받은 손님들의 갈증을 해소시켜 주는 것도, 술에 흠뻑 취하도록 하기 위해서도 아니다. 옛 율법(물)과 로고스의 육화(포도주)가 섞인 진리의 잔을 마시면서 어린양과 교회가

맺는 혼인의 영적 기쁨을 미리 맛보게 하기 위한 것이며, 세상 전체를 포도밭의 피로 가득 채우도록 하기 위한 것이다.[20]

이처럼 클레멘스는 포도주에 많은 양의 물을 섞게 하여 만취의 위험에 빠지지 않고 몸을 건강하게 보존하도록 했다. 이런 규범을 따르지 않는 사람은 만취의 종살이와 파멸의 정신적인 혼란의 위험에 빠져 이성으로 통제하지 못하는 지상의 요소(술)에 의한 폭력을 겪게 된다.

한걸음 더 나아가 나이에 따라 술을 절제하는 것이 좋다. 술은 미성숙한 영혼의 호기심을 불태워 버릴 수 있는 불꽃과 유사하기 때문에 젊은이들은 마시지 않는 것이 좋다. 술은 훌륭한 내적 품행에 대한 법들을 파괴시켜 버린다. 혈기가 왕성한 성인들에게도 절제는 당연하다. 성인들은 수분을 많이 흡수할 목적으로 포도주를 마시지 말고, 건조한 음식인 빵을 먹는 것이 좋다. 끝으로 혈기왕성한 나이가 지난 이들은 술을 마셔도 된다. 노년이 되면 몸이 차가워지기 때문에 부담이 되지 않는 양의 포도주가 요구되지만, 항상 적당량을 마셔야 한다.[21]

클레멘스의 저서에는 영적 권고와 생리학적 유용성이 함께 담겨 있다. 그는 현자가 자신과 타인을 위한 일종의 의사라고 여겼다. 내면에 조화로움을 간직한 사람이 세상을 움직일 힘을 가지고 있다. 이런 사람이 바로 그리스도인의 표상이다. 개인의 의지는 두 가지 방향, 곧 영혼과 육체가 서로 대립할 것인지 또는 영혼과 육체가 모두 성령의 거처가 될 것인지를 선택해야 한다.

### 3) 육체와 영혼의 단식 – 알렉산드리아의 오리게네스

그리스도교 수도원 운동의 선구자인 알렉산드리아의 오리게네스(185?~254년)[22]는 영적 유익을 위해 엄격한 행위를 해야 한다고 명확하게 말한 초기 저술가 가운데 한 사람이다.[23] 오리게네스에 따르면 영성적인 사람이 되려면 점진적으로 세상과 단절되어야 한다. 따라서 영혼에 대한 유혹과 절대적인 고통을 극복하는 용기는 반복적인 밤샘(철야)과 엄격한 단식과 성경 공부를 통해서 생겨난다.[24]

자제심이라는 개념은 오리게네스의 모든 신학적 사색에서 가장 중요한 요소다.

> 자제심은 하느님에 대한 두려움을 의미한다. 또한 자제심은 단식과 극기, 밤샘, 노래로 드리는 찬미, 병자들을 대하는 인내심을 의미한다. 병자들은 하느님께서 우리 구원에 유익한 수행을 위해 보내 주신 이들이다.[25]

덕행 실천과 함께 단식을 통한 자제심은 교회가 싸우기 위해 지녀야 할 무기다.[26] 사실 하느님의 군사로서 영적 싸움은 기도와 단식, 정의와 자비, 친절과 정결이라는 무기로 싸우며, 극기의 모든 미덕은 전쟁 무기로 사용된다. 군인들이 전쟁에서 승리하고 돌아오면, 시민들과 전쟁을 준비하는 이들은 군인들로부터 훨씬 더 노련한 전략이 바탕이 된 훈련을 받을 수 있다. 단식은 오직 성인들만이 완전하게 소유할 수 있는 무기다.[27] 하느님 말씀으로 무장된 사람과 그리스도와 떨어지지 않으려 하는 사람은 누구나 자신과 이웃의 악습을 없애고, 매우 값진 전리품을 많이 얻을 것이다.[28]

오리게네스는 《민수기 강해》에서, 하느님이 세상을 창조하시면서 음식을 구분하셨고 음식을 사람과 동물의 다양한 입맛에 맞게 해 주셨다고 말한다. 사람이 동물들에게 적합한 음식이 무엇인지 아는 것처럼, 동물들도 자신들에게 적합한 음식이 무엇인지 알고 있다. 사람들은 필요성에 따라 여러 음식을 먹는다. 건강한 사람은 온갖 종류의 음식을 선택해도 되지만, 몸이 약한 사람은 자신의 건강을 약화시키지 않는 채식과 가벼운 음료를 선택하는 것이 좋다. 끝으로 어린이는 우유로 만든 음식을 먹는 것이 좋다.[29]

음식의 양을 분명하게 구분하기 위해서 오리게네스는 몸 크기에 따라 음식을 많이 혹은 적게 섭취하는 동물들의 행동을 관찰했다. 그는 사람도 신체의 크기에 따라 섭취량을 달리 해야 한다고 보았다. 노인에 비해 어린이는 나이가 적다. 마찬가지로 어른에게는 소량의 음식이라 하더라도 어린이에게는 많은 양이다.[30]

오리게네스는 자신의 식이요법을 비유적으로 활용하여 사람의 성장 단계에 따라 음식의 양이 달라지는 것처럼 영적인 차원에서도 그래야 한다고 설명한다. 이성은 하느님 말씀으로 양육된다. 하지만 단계에 따라 육체의 음식이 달라지듯이 이성도 처음에는 우유 요법, 다시 말하면 신적 학문의 입문자들에게 제시되는 윤리를 바탕으로 기초 교육을 받아야 한다.

몇몇 성경 본문들이 애매하다고 해서 그런 본문들을 거부할 것이 아니라 성숙한 내적 이해를 위해 더 신중하게 관심을 가져야 한다. 질병에서 건강으로, 유아기에서 성년기로 넘어가는 것이 개인의 능력에 따라 다른 것처럼,[31] 영적 차원에서도 각자 자신에게 맞는 특별한 식이요법이 필요하다. 물론 그것은 자신의 신앙 규칙이 되어야 한다.

오리게네스는 단식을 생리학적 행위뿐만 아니라 항상 덕을 지향하는 행위로 여겼다. 따라서 고행자란 몸의 정결보다 탁월한 선이라는 관점에서 혼인을 포기한 사람이며 식탁의 쾌락마저 포기한 사람인 것이다.[32] 그럼에도 혼인할 수 있는 가능성은 열려 있으나, 영과 육체의 싸움에 흔들리지 않도록 해야 한다. 어떤 이들은 겸손해지기 위해 혼인하지 않는 것을 선택하고, 몸의 정결을 위해서 단식이라는 고행을 선택하며, 특정 음식을 멀리하면서 영의 힘으로 모든 육체적인 행위를 극복하려 한다.[33] 단식과 부부의 성관계에 대한 절제는 앞에서 분명하게 설명한 것처럼 서로 긴밀한 관계를 맺고 있다.

오리게네스는 성경 문맥에 따라 단식을 여러 단계 곧 유대인의 단식[34]과 신랑이 없을 때 그리스도인들이 하는 교회의 단식으로 구분한다. 하지만 그리스도교 단식의 최종적인 의미는 죄를 멀리하고, 하느님 법을 위반하도록 하는 모든 기회를 멀리하는 것이어야 한다.

오리게네스는 예수님이 광야에서 하신 단식에 관한 마태오 복음서의 구절을 주석하면서, 창조의 쇄신이라는 관점에서 주님의 40일간의 싸움에 구마 예식의 가치가 담겨 있다고 설명한다. 이와 같은 해석은 마르코 복음서의 증언[35]과 일치하고, 교회의 옛 규율과도 일치한다. 교회의 옛 규율에 따르면 세례를 준비하는 단식은 세례 후보자를 정화시키고 마귀를 쫓아낸다는 의미가 있었다. 오리게네스는 가현설假現說(예수님이 이 세상에 살 때 가졌던 육체는 진짜처럼 보이는 가짜 육체라고 주장하는 이단 교리)에 맞서 육화의 역사성과 진정성을 주장할 수 있는 확고한 논거로 예수님의 40일 단식을 제시했다.[36]

또한 오리게네스는 호교론적인 자신의 저서 《켈수스 반박》에서 유대인을 논박하기 위해 단식이라는 주제를 다루었다. 유대인은 모세의 율법에 따라 깨끗한 음식만을 사용해야 한다고 주장했다. 그런 유대인과의 논쟁에서 오리게네스는 예수님의 가르침을 분명하게 설명함으로써 자신의 주장이 옳다는 것을 정당화했다. 예수님은 하느님을 순수하게 찬미하는 단계로 모든 이를 인도하려 하셨다.

그래서 그분은 그리스도인이 된 이방인들을 배제하지 않기 위해서 음식에 관한 모든 법적 엄격함을 뛰어넘으셨다. 그러나 이방인들이 우상에게 피와 고기를 제물로 바친 음식을 즐겨 먹는 것에 대해서는, 죄와 모든 정신적·육체적 타락을 막기 위해[37] 먹지 말라고 하셨던 것이다.[38]

켈수스는 빵과 포도주만 있는 소박한 식탁에도 마귀가 있고, 심지어 숨

쉬는 공기에도 마귀가 존재한다고 주장했다. 오리게네스는 켈수스의 주장은 자연 활동을 왜곡시키는 영적 살인 행위와 같다고 조목조목 비판하면서 열정적으로 반박했다. 그리고 그런 주장이야말로 포도밭을 황폐화시키고, 공기를 오염시키며, 동물이 죽게 만들고, 사람을 흑사병에 걸리게 만드는 주

알렉산드리아 학파를 대표하는 신비 사상가 오리게네스

범이라고 했다. 하지만 이것마저도 하느님이 허락하시지 않으면 아무 일도 일어나지 않는다. 하느님은 악습에 빠진 이들이 회개하기를 바라시고, 재앙 속에서도 결코 덕행을 잃지 않는 이들의 성덕을 밝혀 주려 하신다.[39]

로마의 노바티아누스(200?~258년)도 그리스도인들이 돼지고기를 먹어서는 안 된다고 강력하게 권고했다. 그리스도인이 설령 유대교 규정을 지키지 않는다 할지라도 우상에게 바친 음식은 멀리해야 한다고 한 것이다.[40] 오리게네스도 같은 입장이다. 빵과 포도주, 과일과 물을 먹을 때나

단지 숨을 쉴 때에는 결코 마귀가 초대 손님이 될 수 없다. 왜냐하면 이런 식탁은 경건한 사람의 식탁이며 천사들도 초대받은 식탁이기 때문이다.[41]

그리스도인은 히브리 율법이 아닌 그리스도의 복음에 따라 단식을 준수했을 뿐만 아니라, 자기 자신을 다스리고 극기의 덕행을 얻기 위해 언제든지 단식할 자유가 있었다.

> 그대는 단식하며 대사제이신 그리스도께로 나아가야 하고 그분을 통하여 완전한 자유로 하느님께 제물을 바쳐야 한다.[42]

그러므로 오리게네스가 볼 때, 음식을 멀리하는 단식과 악습을 멀리하는 단식이 함께 어우러지지 않는 단식은 아무런 의미가 없다.

> 깨끗한 사람들에게는 모든 것이 깨끗합니다. 그러나 더러워진 자들과 믿지 않는 자들에게는 깨끗한 것이 하나도 없습니다. 사실 그들은 정신도 양심도 다 더러워졌습니다.[43]

## 4) 진정한 참회 - 테르툴리아누스

지금까지 살펴본 동방 신학의 전통은 인간에 대한 존재론적 연구를 통해 인간 존재 전체를 이해하고자 했다. 하지만 서방(라틴) 신학의 전통은 인간 존재의 다양한 측면을 고려하면서 다른 주제들을 더 많이 다루었다.

테르툴리아누스(160?~220?년)는 온전히 단식만을 다룬 가장 오래된 문헌인 《영적 인간들을 반박하는 단식》[44]에서 가톨릭교회의 단식 전통을 반대하고 몬타누스주의의 단식이 옳다고 주장했다. 몬타누스주의에 빠져들어 몬타누스주의를 완성한 테르툴리아누스는 단식일 수 증가, 저녁까지 계속되는 "지정 참례", 건조한 음식 섭취에 대한 준수 사항을 규정했다.[45]

테르툴리아누스는 "정신적인 이들psichici"(가톨릭 신자)이 몬타누스주의의 관습(단식)을 따르지 않는다고 비난했다. 사도행전 3장 1절을 보면, 베드로와 동료들은 매일 오후 세 시에 기도를 드리러 성전에 가면서 '지정 참례의 단식'을 중단했다. 테르툴리아누스 시대에는 가톨릭 신자들이 주님의 수난과 관련된 수요일과 금요일을 단식일로 아직 정하지 않았고, 예수님의 죽음을 기념하는 단식일로 해석된 마르코 복음 2장 20절의 내용을 언급하지도 않았다. 그 대신 가톨릭교회는 베드로 사도의 본을 따라 그 시간에 단식을 중단하는 관습을 준수했다.[46] 그러나 테르툴리아누스는 자신의 주장이 옳다는 논거로 예수님의 죽음이 '그 시간'으로 거슬러 올라간다는 마르코 복음 15장 34절을 제시했다.

테르툴리아누스가 실천적 엄격주의의 유일한 예는 아니다. 호교가였던 타티아누스(120?~172?년) 역시 172년에 이원론에 기반을 둔 유사 극단주의에 빠져서 영지-엔크라트파를 만들어, 혼인을 단죄하고 고기와 포도주

히에로니무스 반 에켄 〈일곱 가지 죄악과 사말四末〉 중 '탐식'

를 먹지 못하게 했다. 심지어 성찬 예식 때에 포도주 대신 물을 사용해야 한다고 주장했다. 영지주의자들과 유대 민족적된 분파들이 음식과 포도주를 멀리했던 것처럼 엔크라트파도 음식과 포도주를 금기시했다.[47]

테르툴리아누스에 따르면 단식은 원죄의 타락을 회복하는 하나의 참회 행위였다. 그는 아담이 탐식한 후에 단식의 필요성이 생겨났고 단식을 하면 영적 이익이 있다는 것을 증명하기 위한 자료를 성경에서 찾았다. 따라서 그는 전례적·성사적인 차원에서도 단식을 다뤘다. 다시 말해 "두 번째 참회(두 번째 용서)"[48]를 더 효과적으로 만들기 위해 그리고 성사적·교회적 친교를 재정립하기 위해 참회 규율 차원에서 단식이라는 주제를 다뤘다.[49]

사실 테르툴리아누스는 통회 행위(참회 행위)가 이미 입문 성사에 포함되어 있다는 점에서, 세례 이후에 하는 "두 번째 참회"에서는 단식에 대해 특별한 언급을 하지 않았다. 그러나 몇 가지 언급한 내용이 있는데, 교의적인 이유보다는 오히려 심리적이고 실제적인 이유 때문이었다. 그것은 영적인 절망을 느끼고 타락하거나 그리스도교 생활에 회의감을 갖지 않도록 하기 위함이었다. 테르툴리아누스는 두 번째 참회와 관련하여 두 가지 중요한 내용을 제시했다. 하나는 주님 앞에서 자신의 죄를 인정하는 공적 고백을 하는 것이고, 다른 하나는 참회 규율에 따른 고행을 실천하는 것이었다. 참회 규율에 따른 고행은 겸손한 자세로 하느님께 자비를 청하기에 적합한 자세다.[50]

참회자가 지켜야 할 참회 규율은 음식을 절제하고, 자루옷을 입고 재를 뿌리며 참회 복장으로 회개와 절제의 태도를 공개적으로 드러내는 것이었다. 참회자는 자신의 위를 만족시키기 위해서가 아니라 영혼의 선익을 위해서 조촐한 음식을 먹고 마셔야 했다. 참회자는 항상 단식과 기도를 같이 하면서 통곡하고 눈물을 흘리며 하느님께 간청했다. 또한 자신이 하느님의 용서를 받을 수 있도록 신자들에게 청원 기도를 부탁했다.[51]

테르툴리아누스는 2장에 걸쳐 《주님의 기도》를 설명하면서 전례 단식의 몇 가지 측면에 대해 명확하게 언급했다. 몇몇 신자들은 단식을 이유로 '평화의 인사'를 하지 않아야 한다고 생각했다. 하지만 평화의 인사는 자선과 단식과 공동 기도로 강화된 형제적 나눔의 증표였다. 따라서 단식

라틴 신학의 창시자 테르툴리아누스

이 기쁨을 표현하는 데 방해되는 하나의 핑계가 되어서는 안 된다. 만일 핑계거리가 된다면, 단식은 심각한 자기 자랑이 되고 말 것이다. 곧 집 밖에서는 규율을 존중했지만 집 안에서는 관습을 존중한 것이다. 그러나 파스카 전에 하는 단식에는 모든 이가 참여했으며, 이때에는 평화의 인사를 하지 않았다.[52]

또한 테르툴리아누스는 단식일에 성찬례에 참여하면 단식이 중단된다고 염려하여 희생 제사(성찬례)에 참여하지 않는 이들에게 성찬례 식탁은 단식보다 더 장엄하기 때문에 전례에 참여해 주님의 몸을 받고 그것을 집에 보관했다가 개인적으로 성체를 모시라고 권장하였다.[53] 끝으로 테르툴리아누스는 인간의 육체성에 구원의 중심이 있다고 규명했다.

> 만일 영혼이 하느님의 모든 것이 된다면, 육체는 영혼이 하느님의 모든 것이 되도록 해 준다. 육체가 기름부음을 받고 세례를 받았기 때문에 영혼은 깨끗하고 거룩하게 된다. 육체에는 십자가가 새

겨지고, 영혼은 육체의 보호를 받는다. 육체는 안수를 받고, 영혼은 거룩한 영으로 밝게 빛난다. 육체는 주님의 몸과 피로 살찌고, 영혼은 하느님으로 배부르게 된다. 고행과 단식, 늦은 시간에 먹는 맛없는 식사와 같은 희생들 역시 육체를 통해 이루어지지만, 그 유익은 영혼에 남는다.[54]

약 90년경에 저술된 《디다케》에 단식과 기도의 불가분성에 대한 내용이 나오는데, 이런 연속선상에서 카르타고의 키프리아누스(200?~258년)도 자선과 단식은 기도를 하느님을 향해 더 빨리 들어 높여 주는 힘을 갖고 있다고 강조했다.[55] 그러므로 교부들은 영적 체험과 관상 생활에 대해 말할 때, 항상 절제의 미덕(단식)에 대해서도 언급했다. 그리고 물질적인 희생 제사와 "세상"이 주는 많은 유익을 포기한다는 차원에서 단식의 고행을 좋게 평가했다.

지금까지 살펴본 바에 따르면 단식은 전례적 · 성사적인 배경 안으로 들어와 자리 잡기에 충분한 모든 교리적인 가치를 지닌다. 곧 세례 이전의 단식, 두 번째 참회 기간의 단식,[56] 성찬례를 준비할 때의 단식, 신학적 영역으로 들어온 단식은 이제 사목적인 단계에서 모든 영적 가치를 재평가 받게 된다.

## 핵심 콕! 콕!

3세기에 단식이 전례적·성사적으로 확실하게 자리를 잡았다는 사실을 기억하세요. '성찬 단식'과 '파스카 이전 단식'이 무엇인지 아시겠지요? 성찬 단식은 성찬례 거행 이전 단식을, 파스카 이전 단식은 사순 시기의 단식을 말합니다.

교부 시대의 그리스도인들은 어떤 음식을 먹었는지 다시 한 번 읽어 보시고 실천하시기 바랍니다.

"두 번째 참회"에 대한 내용도 한 번 더 읽어 보세요. 고대 교회에서는 세례 이후에 죄 사함을 받을 수 있는 기회가 단 한 번뿐이었답니다. 공동체 앞에서 자신의 죄를 고백하고 보속 기간 동안 참회복을 입고서 성당 문밖에서 자신을 위해 기도해 달라고 빌었습니다. 참회자는 예비 신자로 간주되어 미사 때 말씀의 전례까지만 참석하고 성찬의 전례가 시작되기 전에 밖으로 나갔습니다.

아, 참!
'평화의 인사'(157~158쪽)에 대한 내용도 읽어보세요. 오늘날 우리가 하는 평화의 인사가 언제부터 시작되었는지 알게 될 것입니다!

제6장

# 그 정도로 중요한 것인가

## 4세기 교회의 단식

# 1. 관습에서 전례로

4세기 교회에서는 단식에 대한 법적 체계화가 이루어진다. 법적 전통은 알렉산드리아의 페트루스(?~311?년)의 저서 《파스카》 제15조에 주간 단식에 대한 내용이 나오는데, 주간 넷째 날(수요일)과 여섯째 날(금요일)에 단식을 해야 한다는 내용이다.[1]

> 교회는 전통적으로 단식해야 한다고 전해져 오는 수요일과 금요일에 단식을 권장해야 한다. 곧 수요일은 주님께서 유다에게 배신당한 날로 히브리인들에 의해 기억되어 왔고, 금요일은 우리를 위해 당신께서 수난을 당하신 날이기 때문이다. 주일은 주님께서 부활하신 날이기에 기쁨을 경축하는 전통에 따라 더 이상 무릎을 꿇고 기도하지 않는다.[2]

페트루스는 수요일 단식에 대해 새로운 해석을 내놓는다. 곧 이날은 "사악한 권고"[3]의 날이라고도 불리는데, 그는 이날을 예루살렘의 최고 의회가 단죄한 날과 유다가 배신한 날로 기억한다.

《사도들의 가르침》은 한 해에 정기적으로 단식하는 날인 수요일과 금요일에 대해 《디다케》의 관습을 따르고 있다. 《사도들의 가르침》에서 주간의 이틀 단식일은 주님 수난을 기념하는 표지다. 곧 금요일은 예수님이 십자가에 못 박히신 날이다. 또한 시편 74편 4절[4]에 예언된 대로, 수요일은 예수님이 체포되신 날이다. 이처럼 주간 이틀 단식이 주님 수난의 중요한 두 순간과 결합되어 있다. 유일무이한 권위가 있는 토대, 곧 이와 같은 그리스도교 전통은 히브리인들의 옛 관습을 극복하면서 동시에 참회 단식이 시작된다는 것을 의미한다.[5]

실제로 《사도들의 가르침》은 공적 참회를 규정하고 있지만, 엄격주의를 표방하는 테르툴리아누스나 동시대 다른 저자들[6]과는 달리, 간음과 배교와 같은 중죄도 용서받을 수 있도록 비교적 온화한 체계를 제시하였다. 그러나 성령을 거스르는 죄는 용서받을 수 없었다. 그렇지만 주교의 절대적인 임무는 참회자의 고행 등급을 식별하여 참회자에게 장기간의 참회를 부과하는 것이었다. 참회자들은 다양한 단식 체계, 즉 두 주간에서 칠 주간에 걸쳐 단식을 해야 했다.[7]

게다가 《사도들의 가르침》은 성주간에 파스카 이전 단식을 했다는 증언을 해 주는 초기 자료들 가운데 하나다. 파스카 이전에 하던 단식이 세례 받기 전에 하던 단식과 서로 연결되어 있었다는 것은 전혀 새로운 내용이 아니었다. 왜냐하면 초기에 예비 신자가 세례받기 전에 했던 단식은 그리스도교 공동체가 파스카 이전에 했던 단식과 일치하기 때문이다. 하지만 이제는 월요일부터 토요일 밤까지 파스카 이전 주간의 6일 전체가 교회의 유일한 단식 기간으로 정해졌다.[8]

교회사의 아버지라 불리는 카이사리아의 에우세비우스

에우세비우스[9]의 기록을 보면, 알렉산드리아의 대주교 디오니시우스 복자가 바실리데스에게 보낸 편지에서 파스카 단식의 기간에 대한 내용이 나온다. 바실리데스가 "성토요일 어느 시간에, 곧 거룩한 주일 이전의 밤중에 언제 단식을 중단해야 합니까?"라고 질문한 내용에 대해 디오니시우스는 다음과 같이 대답한다.

> 수탉이 우는 소리를 기다리는 로마의 전통과 그보다 빨리 단식을 중단하는 동방의 전통 사이에 여러 전통이 존재한다. 실제로 주님

께서 부활하시자마자 곧바로 기뻐하기 시작했기 때문에, 그때까지는 단식을 통하여 스스로를 낮추는 것이 당연하다.

복음서의 본문들은 주님이 부활하신 시간을 정확하게 언급하지 않는다. 마태오 복음사가는 주님의 제자들이 이미 부활하신 주님을 "안식일 밤에", 요한 복음사가는 "아직도 어두울 때인 이른 아침에", 루카 복음사가는 "날이 샐 때에", 마르코 복음사가는 "해가 솟아오르는 이른 아침에" 알아보았다고 전한다. 이처럼 주님이 부활하신 시간이 구체적으로 드러나지 않았다고 하더라도 부활 사건이 안식일의 늦은 저녁에, 안식일 다음 날 새벽에, 주간 첫날의 해가 솟아오를 때에 이루어졌음을 분명히 알 수 있다. 복음사가들은 그 시간 무덤으로 달려간 제자가 주님을 찾지 못했다고 증언한다.

이러한 증언은 복음사가들이 서로 부활 시간을 일치시키려는 데 관심을 가진 것이 아니라, 세상의 빛이신 주님이 그날 밤에 다시 살아나셨다는 것 자체에 관심을 갖고 있었다는 사실을 말해 준다. 이러한 증언은 복음사가들이 언급한 내용을 참으로 충실하게 일치하도록 이끌어 주었다.

디오니시우스는 네 복음사가의 본문들을 분석하고 검토한 후에 부활을 기뻐하는 순간을 확실한 시간(15분이나 30분)으로 정확히 제한하려는 이들에게 다음과 같이 말하는 것이 합당하다는 결론을 내린다.

부활 성야에는 너무 서두르거나 너무 느긋하면 비난받을 수 있다. 왜냐하면 목적지에 이르기도 전에, 단숨에 끝내려는 소심함이나 무절제의 위험에 빠질 수 있기 때문이다. 물 위를 걷는 구원자께서 나타나셨을 때인 새벽 세시까지 더 여유 있게 참고 기다리며 단식하는 사람은 인정받을 것이다. 그렇다고 몸 상태에 따라 단식을 멈춘 이들은 지나치게 당황할 필요는 없다. 실제로 모두가 6일간 단식을 할 수는 없기 때문이다. 어떤 이들은 6일 동안 전혀 음식을 먹지 않지만, 어떤 이들은 이틀이나 3일밖에 단식을 하지 못하고, 어떤 이들은 나흘간 단식을 할 수 있기 때문이다. 끝으로 몇몇 사람은 전혀 단식을 하지 않는다. 따라서 오랫동안 단식한 사람이 미리 음식을 먹는다면 용서되겠지만, 6일 동안 전혀 단식하지 않은 이들이나 또는 나흘간 단식했어도 마지막 이틀인 성금요일과 성토요일에 맘껏 먹고 마신 이들은 단식을 하지 않은 것이다. 왜냐하면 이들은 6일 동안 단식한 이들과 달리 전혀 단식하지 않은 것과 같기 때문이다. 그렇다고 해서 주일 새벽까지 6일 동안 단식했다고 해서 큰일을 했다고 여기면 안 된다.[10]

이 본문들은 우리로 하여금 단식에 대한 관습보다도 오히려 전례 행위에 부여된 영적 가치를 더 중요하게 이해하도록 도와준다. 에우세비우스 역시 파스카 전에 단식을 엄격하게 준수해야 한다는 것을 언급하면서, 파스카에 대해 콘스탄티누스 황제(258?~337년)로부터 받은 개인적인 편지에 대해 말한다.[11] 파스카 날짜의 차이점[12] 때문에 콘스탄티누스 황제는 단식에 대해 이의를 제기했다.[13] 어떤 이들은 파스카 단식 기간 중인데도 축제에 기꺼이 참여하고, 어떤 이들은 파스카 이전 단식을 지키고 나서 축제에 참여하고, 또 어떤 이들은 규정된 단식을 지킨 후에도 축제에 참여하지 않았던 것이다.[14]

## 2. 진정한 기쁨을 위한 기다림의 절제

4세기에 이르러 사순 기간과 그에 따른 사순 단식이 공적으로 정착되었다.[15] 어떤 저자들은 사순 시기가 사도 기원에 따른 것이라고 주장하는 반면, 어떤 이들은 4세기 이전에는 사순 시기에 대해 그 어떤 것도 존재하지 않았다고 주장한다. 사순 시기가 제정된 것은 파스카 거행을 잘 준비하기 위한 자세에서 시작되었다. 사순 시기에 대한 첫 언급은 325년 개최된 니케아 공의회에 나온다. 니케아 공의회 이후에는 알렉산드리아의 아타나시우스(295?~373년)와 예루살렘의 키릴루스(313?~387년)와 라오디케이아의 교회 회의의 증언에서 언급된다.[16] 니케아 공의회 규정 제5조는 관구의 모든 주교들이 참여해 파문의 판결 이유를 신중하게 개정하고 검토할 목적으로 한 해에 두 번 의무적인 교회 회의를 개최하라고 언급한다.[17]

체사레 네비아 〈니케아 공의회〉

사순 시기 이전에 첫 번째 교회 회의를 개최하여 모든 의견 차이를 극복한 후 하느님께 지극히 깨끗한 선물을 바칠 수 있도록 한다. 두 번째 교회 회의는 가을에 개최해야 한다.[18]

아타나시우스는 자신의 《축일 서간집》에서 단식과 자선 그리고 성사에 자주 참여하라고 권장했다. 이 서간에서 중요한 위치를 차지하는 것은 파스카 날짜에 대한 내용이다. 서간에 담겨 있는 가르침은 주로 파스카 이전 40일 단식과 관련된 내용이었다. 《축일 서간집》에는 주로 교회의 문제들, 파스카 날짜의 공적 선포,[19] 그리고 그리스도인 삶에 대한 사목적인 메시지들이 포함되어 있었다.

아타나시우스는 329년에 보낸 첫 번째 서간에서 6일 동안 단식할 것을 언급하고 있지만, 330년부터는 파스카 이전 제6주간 주일부터 단식을 지키라고 힘주어 강조했다. 332년 서간에서는 사순 시기와 파스카 날짜에 대해 언급한 후에 다음과 같이 말했다.

교회의 4대 교부, 알렉산드리아의 아타나시우스

> 사순 시기 동안 기도와 단식과 정기적인 밤샘에 전념해야 합니다. 그때 우리는 고귀한 피를 우리의 문설주에 바를 수 있고 …… 파멸자를 피할 수 있습니다.[20]

아타나시우스는 단식의 효과를 육체적인 단계와 영적인 단계에서 고찰했다.

> 단식은 질병을 낫게 하고, 몸에 활력을 불어넣어 주며, 마귀를 몰아냅니다. 단식은 불순한 생각으로부터 정신을 자유롭게 하고 마

음을 깨끗하게 하며, 몸을 거룩하게 하여 사람을 하느님의 옥좌로 들어 높입니다.[21]

알렉산드리아 교회에서는 총대주교가 사목 서간을 통해 파스카 날짜와 파스카 준비 단식에 관해 교구의 주교들에게 알려 주었는데, 관습은 5세기에도 계속되었다.[22] 알렉산드리아의 키릴루스는 단식에 대한 가장 오래된 교회 전통을 따르면서 자신의 네 번째 세례 교육에서 특별히 단식에 대해 언급했다. 그는 부정한 음식으로부터 신자들을 보호하기 위해서 음식에 관한 고행 지침을 만들었다.[23]

어떤 이들은 우상에게 바친 음식에 대해 전혀 개의치 않고 가까이 다가가고, 다른 이들은 금욕적인 이유로 우상에게 바친 음식을 멀리하며 그 음식을 먹은 사람을 단죄한다. 그런데 많은 이들은 어떤 음식을 먹을 수 있는지, 어떤 음료를 멀리해야 하는지에 대해 정확하게 알지 못한다. 그래서 많은 이들이 혼란의 희생 제물이 되고 만다.[24]

이러한 관점에서 볼 때 단식은 기다림의 절제였다. 곧 영적 식탁을 즐기기 위해 감각적인 것들을 멀리하고 무시하는 것이다. 아주 조심스럽고 신중하게 음식을 먹는 사람들은 대체로 몸이 약한 사람들이다.

식이요법을 목적으로 술을 마시는 사람을 경멸할 필요가 없다. 이러한 사람들은 죄인이 아니다. 고기를 멀리할 필요가 없다. 고기를 멀리하는 사람을 혐오스러운 대상으로 피할 것이 아니라, 그 사람은 자신에게 약속된 다른 더 좋은 것들을 추구하기 위해서 (일부러) 좋은 것[25]을 거부하는 사람으로 여겨야 한다.[26] 사도들이 우상에게 바친 제물을 먹은 이들을 염려했던 것처럼, 우리도 모독 행위에 빠지지 않도록 이교인들과 적당한 거리감을 유지할 필요가 있다. 그리스도의 종인 그리스도인이 음식을 먹는 것 역시 하나의 신심 행위라는 점을 모든 그리스도인에게 상기시키는 것은 당연히 필요한 일이다.[27]

《사도 헌장》은 단식의 금욕적인 특성을 강조하면서, 그리스도인들은 성령 강림을 크게 기뻐한 후에 영적 싸움, 곧 그리스도교 생활의 항구한 싸움을 해 나가야 한다고 언급한다.[28] 이처럼 《사도 헌장》에서도 40일간 지속되는 파스카 준비 단식의 필요성을 강조한다.[29]

# 3. 단식을 강조하는 이유

단식에 관한 규정들이 몇몇 교부들에 의해 작성되었고 법적 규율의 목록에 포함되었다. 단식은 더욱더 전례와 연결되어 특별한 상황에서는 의무가 되거나, 어떤 상황에서는 금지되기도 했다. 사도 규정 제64조는 토요일이나 주일에 단식하는 이들에 대해 경고한다.

> 만일 거룩한 주일이나 성토요일이 아닌 다른 토요일마다 단식을 하는 성직자가 있다면, 면직되어야 한다. 만일 그가 평신도라면 파문되어야 한다.[30]

340년에 있었던 강그레Gangres 교회 회의에서는 규정 제18조를 통해 주일에 단식하는 이들에 대해 이렇게 말한다.

만일 어떤 사람이 금욕적인 이유로 주일에 단식한다면, 파문되어야 한다.[31]

사도 규정 제69조는 사순 시기 동안에 단식하지 않는 이들에 대해 언급한다.

주교와 사제, 부제와 차부제, 독서자나 설교하는 사람이 거룩한 사순 시기와 수요일이나 금요일에

교회 학자에 오른 알렉산드리아의 키릴루스

단식하지 않으면, 면직되어야 한다. 다만 신체적 질병으로 장애가 있으면, 그렇지 아니한다.[32]

강그레 교회 회의의 규정 제19조는 교회 단식을 지키지 않는 이들을 향해 이렇게 말한다.

몸 상태 때문이 아니라 단지 자만심에 빠져 자신은 이미 완덕의 경지를 지향했다는 은밀한 생각 때문에, 수도자(고행자)가 전통에 의

제6장 그 정도로 중요한 것인가 – 4세기 교회의 단식 175

해 그리스도교 안에서 규정되고 지켜져 내려온 단식을 지키지 않는다면 파문되어야 한다.[33]

그리고 히브리 예식을 거행하는 이들은 파문당한다는 내용이 사도 규정 제70조에 나온다.

만일 주교나 성직자가 히브리인들과 함께 단식하거나 또는 무교절이나 이와 비슷한 축일을 그들과 함께 지내면 면직되어야 한다. 만일 그가 평신도라면 파문되어야 한다.[34]

교회는 개인적인 고행 차원에서 하는 단식 행위가 결코 보편 교회의 단식을 능가해서는 안 된다고 강조한다. 단식한 사람이 드린 미사의 희생 제사와 관련된 256년의 카르타고 교회 회의 규정 제41조는 성찬례 단식 규정들에 관해 전해 준다.

제대의 거룩한 신비는 단식하는 사람들에 의해서만 완성되어야 한다. 다만 주님의 만찬 기념을 기억하는 날은 단식을 예외로 한다. 만일 주교나 다른 성직자가 오후에 사망한 경우, '죽은 이의 영혼을 위로하는 직무'[35]를 수행하는 이들(주교나 사제)이 이미 음식을 먹은 경우라면 단지 기도만 드리도록 한다.[36]

주교들과 성직자들이 제기한 열여섯 째 질문, "만일 어떤 사람이 영성체를 준비하기 위해 단식하면서, 입을 씻거나 목욕을 하고 의도 없이 물을 마셨다면, 그는 영성체할 수 있는가?"라는 질문에 대해, 알렉산드리아의 주교 티모테우스는 사목 지침 형식으로 서신을 보내면서, 이런 경우 법적으로 아무런 문제가 되지 않는다고 대답한다.

> …… 그렇지 않으면, 사탄은 성찬례를 멀리하는 구실로 보고 더욱 더 자주 그러한 구실을 그 사람에게 줄 것이다.[37]

이와 반대로 "한 여인이 부활 주일쯤에 아이를 낳아야 한다면, 단식을 지키고 포도주를 마시지 말아야 할 것인가? 아니면 다가오는 분만 때문에 단식을 관면받는가?"라고 묻는 여덟 번째 질문에 대해서는, "단식은 몸을 스스로 낮추기 위해 만들어졌다. 따라서 만일 몸이 이미 스스로 낮춰져 허약해졌다면, 필요한 음식과 음료를 먹고 마실 수 있다."[38]라고 대답했다.

또 병에 걸린 사람이나 중대한 질병으로 쇠약해진 사람에 대해서 "거룩한 파스카가 다가오면서 절대적으로 단식을 해야 하는가? 아니면 성직자는 그에게 필요한 음식, 곧 (올리브) 기름과 포도주를 마시도록 해야 하는가?"라며 물은 열 번째 질문에는 다음과 같이 대답한다.

> 병자에게 건강을 유지할 수 있는 음식과 음료를 먹고 마실 수 있도

록 해야 하고, 신체적으로 허약해진 사람에게 (올리브) 기름을 사용하도록 하는 것은 올바른 일이다.[39]

---

**사순 시기(파스카 축제 준비 기간)**

**1. 시대에 따른 단식 기간의 변화**
(3세기) 하루나 이틀 단식 → 1주간 단식 → 3주간 단식 → 40일 단식 (4세기)
ㄴ 동방 교회는 4세기 초부터 사순 시기가 설정되었고, 서방 교회는 4세기 말부터 사순 시기가 설정되었다.

**2. 40일 단식의 의미**
광야에서 40일 동안 기도와 단식을 하신 예수님의 수난에 동참하기 위함이다.

**3. 교회 별 사순 시기 차이점**

[예루살렘 교회]
8주의 사순 시기 — 부활 주일 — 7주의 부활 시기(성령 강림 대축일까지)
- 40일 단식(토요일, 주일 단식 없음)
- 40일 단식에 초점을 두기 때문에 다른 교회보다 사순 시기가 일찍 시작된다.

[동방 교회]
7주의 사순 시기 — 부활 주일 — 7주의 부활 시기(성령 강림 대축일까지)
- 35일 단식(토요일, 주일 단식 없음)
- 부활 주일을 기준으로 부활 시기와 사순 시기의 기간을 동일하게 맞추는 데 초점을 둔다.

[서방 교회]
6주의 사순 시기 — 부활 주일 — 7주의 부활 시기(성령 강림 대축일까지)
- 36일 단식(주일 단식 없음) → 4일 앞당겨 '재의 수요일'부터 시작(7세기) → 40일 단식
- 40일 단식에 초점을 둔다.

### 핵심 콕! 콕!

유대인들은 월요일과 목요일에 단식을 하는데, 왜 그리스도인들은 수요일과 금요일에 단식을 하는지 이제 아시겠지요?

교회는 주님의 수난을 기념하기 위해서 단식을 합니다. 그래서 예수님이 유다에게 배반당한 수요일과 예수님이 십자가에 못 박히신 금요일에 단식했습니다. 이로써 유대인들의 옛 관습을 극복하는 동시에 참회의 단식이 시작되었답니다.

사순 시기의 단식이 4세기에 정착되었다는 사실을 기억하세요. 단식은 하느님이 주시는 참기쁨을 위한 기다림의 절제이며 영적 식탁을 위해 감각적인 것과 육적인 것을 멀리하는 것입니다.

우리도 이제 참된 단식을 실천해야 하지 않을까요?


아, 참!

부활 주일 날짜에 대한 논쟁을 다시 한 번 읽어 보시기 바랍니다(138~141쪽). 그리고 율리우스 달력과 그레고리우스 달력의 차이점을 기억하세요(6장 주석 14번).

제7장

# 단식은 고행일까

수도원 시대의 단식

# 단식은 고통이 아니라 평화다

전통적으로 수도원 운동은 세 단계로 구분할 수 있다. 첫 번째 단계는 대大 안토니우스(251~355?년)처럼 홀로 사는 은수자들의 수도 생활이다. 두 번째 단계는 반半공주 수도원에 해당된다. 곧 수도승들이 함께 모여 살지만 각자 개인적으로 또는 다른 수도승들과 멀리 떨어져 자신의 삶을 독방에서 영위한다. 세 번째 단계는 파코미우스 공동체, 다시 말하면 중앙 집권적인 원리에 따라 조직된 공주 수도원 형태에 속하는 경우다.[1]

수도원 전통에서 단식은 광범위한 자리를 차지했다. 은수자들은 극도의 고행을 했지만, 공주 수도원은 균형 잡힌 수도 생활을 권장했다.[2]

은수자는 음식을 먹지도 않고 잠을 자지도 않는다. 천사와 비슷하고 기적을 행하는 사람이기 때문이다. 은수자도 인간이기에 음식에 있어서 영향을 받지만, 자신의 몸을 돌볼 필요성에서 최대한 벗어나 자유로움을 느끼기 위해 지상의 모든 것을 멀리한다.[3] 엄격한 규율 아래서 음식과 음료를 먹고 마실 때에만 관상적이고 지성적인 삶을 살 수 있다는 생각에서 밤샘이나 온갖 형태의 육체적 고행이 수반된 이와 같은 참회가 정당화되었다. 그리스의 옛 철학자들도 역시 그런 주장을 했다.[4]

한편 그리스도인들은 단식은 자신들이 만들어 낸 것이 아니라 처음부터 다른 종교들 안에도 존재하고 있었다는 사실과 단식의 목적은 신을 섬기는 이들이 자신을 깨끗이 정화시키기 위함이라는 사실을 잘 알고 있다.[5] 하지만 수도원 전통에서 단식이 어떤 목적을 지니고 있는지를 이해해야 한다. 그리스도를 닮으려는 제자인 수도승은 다른 모든 사람과 똑같지만, 동시에 세상 사람들과 다른 차이가 있다. 그들은 결혼을 했든 아니든, 임금이든 기술자든지 간에 각자 자신의 신분에 충실하고 끊임없이 찬미의 제물을 바치면서 각자의 지향을 하느님을 향한 사랑에 두었던 이들이다.[6]

수도원 운동은 이집트에서 시작되었고[7] 수도원 운동의 선구자는 안토니우스라고 말할 수 있다.[8] 아타나시우스의 증언에 따르면, 안토니우스는 음식을 먹거나 잠자리에 들거나 어떤 신체적인 욕구를 만족시키려 할 때면, 언제나 영혼의 "영적 본질"을 생각하면서 부끄러움을 느꼈다고 한다. 안토니우스는 동료 수도승들과 음식을 준비할 때도 천상 음식을 생각하면서 음식을 거부하고 멀리했으며, 음식을 꼭 먹어야만 할 때에는 절제된 양을 혼자서 먹었다고 한다. 때로는 형제 수도승들에게 가르침을 주기 위해서 형제들과 함께 식사하기도 했는데, 그러한 때에도 안토니우스가 자신의 몸보다도 영혼에 더 많은 관심을 기울이는 것은 지극히 당연한 일이었다. 영적 유익에 전념하고 몸과 자신이 원하는 것에 적은 시

뤼카스 판 레이던 〈유혹받는 안토니우스 성인〉

간을 할애하는 일은 자신의 영혼을 노예 상태에서 구하는 것을 의미하기 때문이다.[9]

320년에는 이집트의 파코미우스(292?~346?년)의 활동에 힘입어 수도원 운동의 세 번째 단계인 공주 수도원이 생겨났다. 공주 수도원에는 고기와 포도주와 생선은 영구히 절제해야 하는 음식 규정이 있었다. 파코미우스는 자발적인 단식 행위를 강조했다. 몇몇 수도승들은 한두 차례 일상적인 식사에 참여했고, 다른 수도승들은 아무것도 먹지 않고 빵과 소금과 물만 먹었다.

파코미우스는 수도 생활에 관해 수많은 변화와 커다란 변화를 반대했다. 그래서 그는 공주 수도승도 은수자처럼 고기와 생선, 치즈와 달걀, 포도주를 영구히 절제하고 물을 포함하여 하루 한 끼 식사하도록 했다.[10] 그

의 다섯 번째 규칙의 머리말에 이런 내용이 나온다.

공주 수도 생활의 창시자, 이집트의 파코미우스

병자들은 극진한 정성과 풍성하게 준비한 음식으로 보살핌을 받아야 한다. 하지만 건강한 이들은 엄격한 식이요법을 따른다. 주간에 두 차례, 수요일과 금요일에 단식을 한다. 단 부활 주일과 성령 강림 대축일 시기에는 예외다. 주간의 다른 날에는 각자 의향에 따라 정오가 지난 후에 음식을 먹을 수 있다. 허기진 이들과 노인들과 어린이들을 위해서 저녁 식사를 준비한다. 몇몇 사람들은 이들의 식사가 끝난 뒤에 조금 먹는다. 어떤 이들은 점심 혹은 저녁만 먹는다. 또 어떤 이들은 빵을 조금 먹은 후 식당을 나간다. 모든 이가 음식을 먹고 함께 식당에서 나가는 것을 바라지 않는 사람은 자기 독방에서 빵만 받고 물과 소금은 하루나 이틀마다 받는다.[11]

특히 파코미우스는 이렇게 규정한다.

> 수도원에서는 식당을 제외한 다른 곳에서 어느 누구도 음식을 요리할 수 없다. 또 만일 몇몇 수도승이 작업하러 밖으로 나간다면, 여름에는 오래 보관할 수 있는 소금과 식초로 양념된 야채를 챙겨서 먹어야 한다.[12]

> 수도승은 휴식 시간에 다른 수도승과 대화를 나눠서는 안 된다. 밤에 잠을 자다가 깨어나 목이 말라도 만일 그날이 단식일이라면 어떤 것도 마시지 말고 돗자리로 만든 간이침대에서 쉬어야 한다.[13]

> 장상의 허락 없이 누구도 자기 독방에서 음식을 먹어서는 안 된다. 심지어 아주 값싼 사과나 그와 비슷한 것도 먹지 말아야 한다.[14]

우리는 이와 같은 규범을 통해서 수도승의 단식 전통이 주간 단식 의무에 대한 초대 교회의 전통과 밀접하게 연결되어 있다는 사실을 알 수 있다. 또한 부활 시기와 성령 강림 대축일에는 교회가 단식을 금지했다는 사실도 알 수 있다. 이러한 점에서 볼 때, 초대 교회의 단식 전통과 수도승의 단식 전통은 모두 단식의 최종 목적이 마음의 정화에 있었다.

우리가 살펴볼 이는 이집트의 마카리우스(300?~390년)다. 요한 카시아누스(360?~432?년)는 자신의 저서인 《공주 수도승 규정집》에서 위대한 은수자 마카리우스의 단식에 대해 이렇게 언급한다.

> 수도승은 자신의 몸으로 백 년을 산 사람처럼 단식을 해야 한다. 실제로 다음과 같은 내용이 단식 준수를 판단하는 원칙이다. 곧 수도승은 육체적인 피로에도 불구하고 단식 규정을 포기하지 않고 언제나 동일한 엄격함을 지녀야 한다. 영혼의 열정을 생각하고 모욕을 잊으며, 슬픔을 거부하여 마치 오늘 죽을 것처럼 고통을 참아야 한다. 영혼의 위대함은 세상에서 행복하게 보이는 것을 무시하는 능력이고, 슬픔과 불행에도 무너지지 않는 요새다. 날마다 하느님의 부르심을 받는다고 믿으며 온 마음으로 정신을 바짝 차리고 깨어 있을 때에 영혼의 위대함이 드러난다.[15]

폰투스의 에바그리우스(345?~399년)는 절제에 관한 주제를 다루면서 목마름에 지친 어느 날 무더위 속에서 한 시간 동안 마카리우스 옆에 있었던 체험을 언급한다. 그늘조차 찾아볼 수 없는 곳에서 여행하는 사람에게는 그늘만 있어도 충분한 위로가 된다고 마카리우스가 에바그리우스에게 말했다. 그러고 나서 마카리우스는 빵과 물과 잠이 부족한 상태에서 절제의 삶을 산 자신의 20년 체험에 대해 계속해서 말했다. 그는 항상 음식과 휴식을 적절하게 조절했다.[16] 독서와 밤샘과 기도는 지성이 헤매지 않도록 도와준다. 배고픔과 노동과 피정 생활은 욕정을 식힌다. 시편 낭독과 인내와 자비는 화를 달랜다. 지나친 것은 모두 오래 가지 못하고, 이익이 되기보다는 오히려 피해를 준다.[17]

에바그리우스는 수도승의 고행인 단식이 육체의 고통을 통해 마귀와 싸우는 무기라고 정의한다. 종종 악마에게서 나온다고 여겨지는 질병 역시 단식의 유익한 영향력으로 극복할 수 있다.[18]

에바그리우스는 자신의 저서인 《실천가》에서 간음, 인색, 슬픔, 분노, 태만, 허영, 교만, 탐식을 여덟 가지 사악한 생각이라고 말한다.[19] 그는 하느님을 모독하고 금지된 것을 생각하도록 유혹하는 마귀의 유혹에 지성이 흔들려서는 안 된다고 충고한다. 악마는 기도를 방해하고 하느님과 맺는 관계를 끊게 만들고 사랑의 실천을 방해한다. 지성이 상상력의 노예가 되기는 아주 쉽다. 이 모든 것이 은밀하게 진행되기 때문이다.[20]

따라서 사랑에 따른 엄격하고 규칙적인 제도는 수도승이 재빨리 초연한 자세로 돌아오도록 인도해서, 외형적인 것에 흔들리는 형제를 자유롭게 해 준다. 그뿐 아니라 단식과 병자를 돌보는 일을 쉽게 할 수 있도록 도와줄 것이다. 또한 욕정을 식히는 데 자비보다도 더 좋은 것은 없기 때문이다.[21]

## 1) 기도의 순수함을 위하여 – 시리아 수도원

동방 수도원 운동의 두 흐름, 곧 시리아 수도원과 팔레스티나 수도원은 자기 몸을 지나치게 혹사했다. 이들은 죽음과 다가올 나라에 더 빨리 가겠다는 생각에서, 음식, 위생, 생리학적인 돌봄과 같은 것이 전혀 없는 고행 상태에 지속적으로 자신들을 빠져들게 함으로써, 지상 생활을 단축하고자 했다.

동시대의 많은 저자들은 '극단주의' 수도승들의 이런 흐름을 비평하면서 몸에 가해진 신체적인 엄격함이 사람의 성덕을 결정하는 것은 아니라고 강조했다. 고행을 하는 방식은 단식 기간을 연장하는 것에서부터 휴식을 포기하는 것까지, 몇몇 음식을 완전히 절제하는 것에서부터 야외 생활을 포기하는 것까지 다양했다. 시리아 수도승들은 20일간 계속 단식하고 쇠사슬을 몸에 걸치며 맨땅에서 자고 비가 오나 눈이 오나 바람이 부나, 기도하며 차가운 곳에서 오래 지냈다.

가정과 나라를 포기한 이러한 고행 체험, 곧 야생 열매를 먹고 인적이 없는 곳에서 야생 짐승들 가운데서 홀로 사는 것은 "나는 내 몸을 단련하여 복종시킵니다."[22]라는 바오로 사도의 권고를 지나치게 극단적으로 해석한 결과다. 이와 같은 극단적인 고행 체험에 영향을 끼친 또 다른 요인은 마니교였다. 마니교는 육체를 적대시하고 편안한 생활을 혐오하면서 고행을 강조했다.[23]

기도에 전념하고 청빈하게 사는 이들에게 단식을 지키는 것은 영적인 정결을 보증하는 중요한 조건이었다. 이들에게 수도 생활은 야만적이고 비인간적인 생활까지도 기꺼이 감내하면서 천상 생활을 미리 앞당겨 주는 것이었다. 은수자들은 동굴이나 암굴과 같은 특정 장소에서 혹은 추위와 더위를 전혀 피할 수 없는 야외에서 살면서 특정한 자세, 곧 서 있거나 끈에 매여 누워 있는 자세로 오래 머물면서 풀과 나무뿌리와 과일을 먹고 살았다.

'성령의 하프'라 불리는 시리아의 에프렘

과장된 증언들에 따르면 몇몇 고행가들은 야생 동물과 같은 모습으로 살았다고 한다. 고행가들은 풀을 먹고 바위틈이나 나무 위에서 잠을 자는 등 거의 동물과 다를 바 없었다. 영적 생활을 한다는 것을 제외하면 전혀 동물과 구별되지 않았다. 고행에 대한 끝없는 연구를 통해서 밝혀진 사실은, 고행자들은 자연사한 것이 아니라 기나긴 단식과 계절 변화에 따른 고통 속에서 고통스러운 죽음을 맞이했다는 것이다.[24]

공주 수도원 체험에서 단식 행위는 아주 중요한 위치를 차지했다. 곧 해가 저물 때 간소하게 먹었지만, 항상 날마다 그렇게 먹은 것은 아니었다. 아주 열심인 이들은 오랫동안 단식했다. 사바스의 율리아누스(?~366?년)는 자루옷을 입고 청빈하게 살았고 오직 귀리 빵과 물만 먹고 살았다. 시리아의 에프렘(306?~373년)은 보통 귀리 빵을 먹었다. 아주 드물게 간혹 건조한 부드러운 콩류나 풀을 먹고 물만 마셨다. 고행자들에게 단식과 밤샘은 정결을 위한 보호막이었다. 높은 기둥 위에서 수행한 고행자였던 시메온은 사순 시기 전체 기간을 음식과 음료 없이 지냈다.

부활 시기에 수도원에서 먹는 음식은 주로 채식이었다. 모든 발효 음료와 포도주는 금지되었다. 물을 마시는 것도 절제했다.[25] 이런 영성은 몸과 모든 물질을 악과 죄의 장소로 간주한 철학적 이원론에 그 근원을 둔 것이었다.

### 2) 내적인 절제를 위하여 – 팔레스티나 수도원

안토니우스의 고행 체험이 이집트 수도원 운동의 기원이 된 것처럼, 팔레스티나의 힐라리온(291?~371?년)의 체험은 팔레스티나 수도원 운동의 기원이 되었다.

스트리돈의 히에로니무스(347?~419?년)는 안토니우스가 내어 준 참회옷과 자루옷과 작은 모자가 달린 옷을 입었던 체험을 언급하며, 끊임없이 기도에 충실했던 안토니우스가 형제들을 정중하게 환대하며 인도할 때 명료한 내적 가르침을 주었던 것에 대해 증언했다. 그리고 위대한 은수자 안토니우스로부터 절제를 기르기 위해 간소한 음식을 먹는 것과 같은 가장 본질적인 영적 지침을 받았다고 증언했다.

한편 힐라리온은, 청년기에는 하루 해가 저문 때에 마른 무화

서방 교회의 4대 교부이자 라틴어 성경을 만든 히에로니무스

과 열매 열다섯 개만 먹었다. 21세부터 27세까지의 기간 중에 첫 삼 년은 찬물에 적신 한 줌의 부드러운 콩류를 먹었고, 나머지 삼 년은 소금과 물과 함께 굳은 빵을 먹었다. 27세부터 30세까지 그는 들녘의 들풀과 날뿌리를 먹었다. 31세부터 35세까지 그가 한 식이요법은 과일과 부드러운 콩류를 전혀 먹지 않고, 귀리 빵 6온스와 (올리브) 기름 없이 익힌 채소를 먹는 것이었다. 그 이후 그는 80세까지 빵을 전혀 먹지 않고, 분말 스프와 잘게 썬 채소 6온스를 먹었다. 심지어 그는 축일에도 해가 저물 때쯤 자신이 평소 먹었던 음식만 먹으며, 평생 동안 단식을 성실하게 실천했다.[26]

> 나는 그대에게 귀리가 아닌 지푸라기를 내어 주며 먹게 할 것이다. 나는 그대를 배고픔과 목마름으로 쓰러지게 할 것이다. 나는 그대의 등에 무거운 짐을 얹어 줄 것이다. 나는 그대가 육욕보다도 오히려 음식을 떠올리기 시작했기 때문에 더위와 추위라는 채찍으로 그대를 꾸짖을 것이다.[27]

### 3) 행위 자체가 아닌 의미를 위하여 – 요한 카시아누스

수도원 운동에 대한 내용을 마무리하기 전에, 비록 5세기에 속한 인물이기는 하지만 서방 수도원의 전통을 확립하는 데 크게 기여한 요한 카시아누스(360?~432년)를 언급해야 한다.

탐식하는 마음이나 악습에 관한 카시아누스의 저서인 《공주 수도승 규정집》 제5권은 단식에 관한 규칙을 언급하면서 영적 싸움에서 단식의 역할과 단식에 대한 이집트 교부들의 가르침을 풍부하게 다루고 있다.

카시아누스의 제1부에 있는 단식의 규칙과 관련된 부분은, 세상에 사는 모든 그리스도인에게 구체적으로 적용될 수 있다.[28]

카시아누스는 제1부 서두에서 "주요 악습은 여덟 가지며 그 가운데 첫 번째는 탐식 또는 목의 욕구"라고 말한다. 이어서 그는 다른 악습들에 대해서도 언급한다.[29] 카시아누스는 탐식이 첫 번째 싸움이라고 말하면서 단식에 적용할 기준을 정하기 위해 '단식에 대한 전통적인 관습'과 '항구한 규율과 지침을 유지할 줄 아는 이집트 수도승들의 규칙들'을 서로 연결시킨다.[30]

단식의 규범에 관해 통일된 규칙을 정한다는 것은 쉬운 일이 아니다. 왜냐하면 사람들마다 신체 건강이 동일하지 않을 뿐더러,

동·서방 교회를 이어 준 요한 카시아누스

단식은 다른 덕행들처럼 영혼의 엄격함으로만 행할 수 없기 때문이다.[31]

그는 정신력만으로 단식을 하는 것은 힘들다는 것을 인정하고, 단식에 대한 전통을 하나의 규범으로 만들었다. 단식의 전통은 여러 신체 조건과 나이와 성性에 따라서 단식 시기와 기준과 식사량이 달라져야 한다. 그럼에도 불구하고 단식은 마음의 절제와 영혼의 덕행을 쌓고자 고행을 하는 모든 이에게 유용한 수단이다.[32]

단식을 한 주간 연장하거나 이틀이나 사흘간 음식을 멀리하는 것은 모든 사람에게 허용되지 않는다. 때때로 병든 사람이나 나이 많은 사람에게는 해가 저물 때까지 힘들게 단식하는 것이 허락되지 않았다. 삶은 콩만 있는 식사나 야채만 있는 식사나 굳은 빵만 있는 식사는 누구에게나 적당한 것이 아니다. 2파운드 음식을 먹어도 배가 부르지 않는 사람이 있는가 하면, 6온스 음식으로도 배부른 사람도 있다. 중요한 것은 배고픔이 아니라, 탐식하여 몸이 둔해지지 않도록 자신을 보살피는 것이다. 이처럼 각자 자신의 처지에 맞게 음식의 양을 조절하라고 규정한 사실은, 심장과 정신 활동이 악습의 포로인 육체에 쉽게 약해지기 때문에 음식의 양과 질에 관심을 가졌다는 것을 의미한다.[33]

교부들은 자신들의 체험을 통해서 절제와 균형을 이룬 고행의 규범을 만들어 냈다. 실제로 음식을 적당하게 먹는 절제는 완전한 절제(단식)보다 훨씬 어렵다. 음식을 먹을 때 절제하고 자제하면, 사치와 탐식의 공격으로부터 육체와 정신을 완전하게 지켜 낼 수 있다.[34]

단식이 덕행의 범주에 속한다고 해서 음식 섭취가 사악한 행위로 비쳐질까 두려워 할 필요는 전혀 없다. 왜냐하면 성경 어디에서도 음식 섭취를 불경한 행위라고 말하지 않기 때문이다.[35] 단식은 마음의 정화를 얻을 수 있는 수단이기 때문에 시간과 양을 규정한 올바른 기준에 따라 준수되어야 한다. 또한 단식 행위 자체를 절대화하려는 기색이 있어서는 안 된다.[36]

그러나 위험은 항상 도사리고 있다. 절제는 식사 시간이나 양과 질의 문제가 아니라 자기 양심이 최종 기준이다. 누구든지 육욕과 싸우기 위해 책임감을 갖고 절제라는 올바른 기준을 따라야 한다. 따라서 참된 단식은 신체 건강을 위한 적절한 음식 섭취와 일치해야 한다. 그래서 포식을 한 후에는 긴 단식을 권하지 않았다. 왜냐하면 이런 단식은 피로와 권태, 일시적인 쇠약을 유발할 뿐, 정결로 이어지지 않을 것이기 때문이다.[37]

각자의 노력을 통해서 혐오스러운 과잉, 곧 '탐식 같은 단식' 그리고 '지나친 잠과 같은 지나친 밤샘'을 피해야만 했다. 분별력은 무감각과 태만, 무절제와 정신적인 느슨함을 예방시켜 주었다.[38]

따라서 카시아누스는 신체를 나약하게 하고 정신 활동을 어지럽히며 기도를 무기력하게 만드는 엄격하고 지속적인 단식보다는 합당하고 절제된 일상적인 음식 섭취를 권장했다. 몸과 마음이 완전무결한 상태는 음식 절제보다 영혼의 덕행 곧 겸손과 순명, 통회와 균형 잡힌 신체 활동에 달려 있다.[39] 음식을 절제하는 단식의 효과는 육체의 모든 욕망을 다스리기 위해 밤샘과 묵상과 마음의 뉘우침과 결합될 때 분명하게 입증된다.[40]

일반적인 규칙은 자신의 체력과 나이에 따라 자신의 몸을 유지하는 데 적합한 단식을 하는 것이지, 열정으로 단식을 해서는 안 된다는 것이다. 엄격한 단식과 지나친 음식 섭취는 서로 차이가 있다. 엄격한 단식의 경우에는 마음이 무너져 기도하는 것을 힘들게 만든다. 지나치게 음식을 섭취한 경우에는 마음을 짓눌러서 우리의 마음이 하느님께 올라가는 것을 막아 버린다.[41] 원로들은 모든 행동에는 반드시 절제가 있어야 한다고 가르

쳤다.[42]

카시아누스는 만일 단식이 자신이 저지른 죄에 걸맞은 자선과 인내, 사랑과 고통의 행동이 아니라고 한다면, 하느님은 그런 단식을 좋아하지 않으신다고 생각했다.[43] 그는 단식을 눈에 보이는 음식을 자제하는 것이라고 정의하면서 단식을 영성화했다. 눈에 보이는 음식을 자제하는 것에 영혼의 단식이 수반되지 않으면, 완덕과 정결로 나아가지 못한다. 사실 물질적인 배부름과는 달리, 영혼에는 유일무이한 감미로운 음식을 맛보기 위해 멀리해야만 하는 해로운 양식들이 있다. 분노는 치명적인 맛으로 유인하여 영혼을 무너뜨리는 해로운 음식이다. 시기는 다른 이들의 성공을 바라볼 때 생기는 끊임없는 번민으로 정신을 부패시키는 해로운 음료다. 허영은 일정 기간 동안 영혼을 속이고 그다음 모든 덕행을 제거하면서 영적 열매를 빈약한 상태로 만드는 해로운 음식이다. 마음의 모든 욕정과 일탈이 영혼의 양식으로 사람 안에 들어와 이와 같은 해로운 음료들을 맛보게 함으로써 천상 양식을 잃어버리게 만든다.[44] 만일 음식의 단식만으로 충분하지 않아 영혼의 단식도 동반해야 한다는 필요성을 믿는다면, 그 순간 영혼의 단식으로 인해 내부의 적을 무너뜨렸기 때문에 어떤 외부의 원수에게도 해를 입지 않는다.[45]

영적 단식을 먼저 시작하면, 음식의 단식도 쉽게 할 수 있다. 곧 영혼의 통회는 몸을 억제한다. 따라서 만일 육체적으로 단식하면서 영혼에 해로운 악습을 버리지 않는다면, 단식은 육체적인 고통일 뿐 아무런 쓸모가 없다. 왜냐하면 성령의 성전인 몸에 죄가 계속 머물러 있기 때문이다.⁴⁶ 외부 인간이 단식을 하고 있다면, 내적 인간은 죄를 멀리 해야 한다.⁴⁷

완덕에 이르도록 도와주는 덕행들이 수도승마다 다르기 때문에

프란치스코 데 수르바란 〈비스카야의 마르틴 수도사의 자선〉

어떤 이들은 그 덕행들 가운데서 단식을 선택하고, 어떤 이들은 광야 생활이나 사랑을 선택했다. 그래서 안토니우스는 이와 같은 모든 탁월한 수단을 신중하게 사용하라고 강조했다. 이런 수단들은 몸이라는 등불 속에 들어있는 기름과 같아서 덕행들의 불꽃을 활활 타오르게 한다.⁴⁸

한편 카시아누스는 간통의 악습을 조장하는 불규칙한 잠을 줄이고, 수도승이 지정된 장소를 벗어나거나 공동 식사 시간 전에 아주 작은 음식이나 음료라도 먹어서는 안 된다고 말했다. 또한 식사 시간 이후에도 먹어서는 안 된다고 강조했다.⁴⁹ 이러한 이유는 탐식이 세 가지 특성을 가지고 있기 때문이다. 첫째, 탐식은 규칙으로 정한 식사 시간 전에 음식을 먹고 싶게 만든다. 둘째, 어떤 음식이든 배부를 때까지 먹는 것을 좋아하게 만든

다. 셋째, 더 맛있는 고급 음식이나 음료를 찾게 한다. 따라서 수도승은 신중하게 정해진 식사 시간을 준수하고, 고행의 한계 내에서 만족하며, 어떤 음식으로든 만족해야 한다.

그러나 여행 중인 형제들을 환대하여 음식을 접대하는 것은 당연하므로 특정 음식을 접대해서는 안 된다고 하는 것은 부적절하다. 밤샘, 성경 묵상, 단식은 명령이라기보다는 권고 사항에 해당되므로 항구하게 지켜야 한다. 비록 자발적인 단식 중이라 할지라도 나그네가 찾아오면 따뜻하게 환대하는 것은 모든 엄격한 고행(단식)을 뛰어넘는 사랑의 계명이다. 그래서 수도승들은 이를 오랫동안 기억하고 실천했다.[50]

심지어 하고 있던 단식마저 중단하고 환대의 의무를 다했다. 이는 예수님이 계실 때에는 단식하지 않고 계시지 않을 때에는 단식했던 사도들을 따라서 형제적 사랑을 균형감 있게 실천하기 위해서였다.[51]

모든 교부들은 찾아오는 손님을 예수님이 친히 방문하신 것으로 여겼다. 그들은 사람들에게 칭찬받기 위해서가 아니라, 영원한 생명을 위한 열매를 얻기 위해서 환대를 베풀었다. 교부들은 방문하는 사람이 누구든지 간에 그를 기쁘게 맞아들이라고 권고했다. 손님이 떠나면, 그때에는 신랑이 없기 때문에 중단했던 단식을 다시 슬기롭게 해야 한다.

늦게 시작된 서방 수도원의 단식에 비해 동방 수도원의 단식은 훨씬 더 엄격했다. 동·서방의 전통이 서로 다르다는 것을 서방에서는 잘 알고 있었다. 그래서 4세기에 그리스도교가 서방에 대규모로 널리 전파되자, 서방 수도원은 쇠락했던 영성의 가치들을 회복하기 위해서 더 많은 엄격한 규제를 요구했다. 하지만 서방 수도원은 옛 규범들을 시대의 필요성에 맞게 점진적으로 적용시켜 나가지 못했다. 왜냐하면 공주 수도승들의 일관된 체험을 받아들여야 한다는 요구보다도 은수자들의 제한된 체험을 받아들여야 한다는 요구가 훨씬 더 많았기 때문이다.

### 4) 예수님을 따르기 위하여 – 베네딕투스 수도원

앞서 살펴 본 카시아누스의 규정과 권고 이외에 《스승의 규칙》[52]에서도 수도승들의 단식의 연속성을 존중하기 위해서 어떤 전례 시기든지 한 주간에 이틀, 곧 목요일과 주일에 제6시를 식사 시간으로 정해 놓았다. 그 밖의 모든 다른 날에는 제9시를 식사 시간으로 정해 놓았다.

이러한 규정을 바탕으로 《성 베네딕투스의 규칙》은 주님이 점심을 드시지 않고 "저녁에" 오시어 당신 제자들과 식탁에 앉으셨다는 신약 성경의 전통에 따라서 저녁에만 유일하게 식사할 수 있도록 정해 놓았다.

사순 시기의 40일 단식에서 주일은 제외되었다. 이렇게 제외된 날을 보충하기 위해 육순절[53]부터 시작하여 수요일과 금요일과 토요일의 제9시까지를 단식 기간으로 규정했다.[54]

부활 시기부터 성령 강림 대축일까지는 제6시에, 다시 말하면 신랑이

누르시아의 베네딕투스

규칙서를 건네는 베네딕투스

베네딕투스의 생애가 그린 벽화가 있는 디 몬테 올리베토 마죠레 수도원(이탈리아 시에나)

계실 때 점심 식사를 했다. 신랑이 계시는 부활 시기[55]에는 단식이 금지되었다. 주일이 주님의 부활과 일치하는 것처럼 목요일이 주님 승천과 일치하는 날이기에 연중 모든 목요일에는 단식 행위가 금지되었다. 성토요일에 슬픈 단식이 끝나고, 성령 강림 대축일 이후에 다시 단식을 시작했다.[56] 부활 주일부터 성령 강림 대축일까지 수요일과 금요일은 제9시에 식사하고, 나머지 요일에는 제6시에 식사를 했다. 그리고 9월 14일부터 사순 시기 첫날까지는 제9시에 식사하고, 사순 시기와 부활 주일까지는 해가 아직도 저물지 않았을 때는 저녁 기도 후에 식사를 하도록 정했다.[57]

식사 시간에 대한 지침 이외에도 누르시아의 베네딕투스(480?~555?년)는 어느 누구도 배가 부르거나 술에 취하지 않도록 신중하게 깨어 있으라고 권고했다. 또한 내적 책임을 갖고 참된 사순 시기의 정신을 지킴으로써 한 해 다른 시기에 범했던 모든 게으름을 없애고, 수도승의 일상 임무 이외에도 다른 일들을 더 하라고 강조했다. 파스카를 기다리면서 음식과 음료의 절제는 항상 장상의 명에 따라 수행하며 과신과 허영심을 피하라고 당부했다.[58]

**핵심 콕! 콕!**

　수도원의 역사가 세 단계로 구분된다는 사실을 기억하시기 바랍니다. 첫 번째 단계는 홀로 사는 은수 수도 생활이고, 두 번째 단계는 반(半)공주 수도 생활이며, 세 번째 단계는 최초의 공주 수도원 생활입니다.

　서방 수도원의 전통을 확립하는 데 기여한 카시아누스가 말하는 영혼에 해로운 양식인 분노, 시기, 허영 등에 관한 내용도 다시 한 번 읽어보시기 바랍니다(199쪽). 그리고 탐식의 세 가지 특성에 관한 내용도 숙지하시기 바랍니다(199쪽).

　아, 참!
　단식 중이라 할지라도 나그네가 찾아오면, 단식을 중단하고 나그네를 따뜻하게 환대하는 것이 사랑의 계명이었다는 사실을 기억하세요.

제8장

# 마음을 단식하다

## 교부들이 말하는 단식

# 단식함으로써 깨어 있는 영혼

이번 장에서는 4세기와 5세기의 교부들을 살펴보려고 한다. 이들은 하나인 교회 안에서 단식이라는 전통을 성서적·전례적·영성적으로 성찰함으로써 계속 그 전통을 확장시켜 나가려 애썼다. 우리가 만나게 될 동방 교부들은 카이사리아의 바실리우스, 니사의 그레고리우스, 콘스탄티노플의 요한 크리소스토무스이며, 서방 교부들은 밀라노의 암브로시우스, 스트리돈의 히에로니무스, 히포의 아우구스티누스, 대 레오 1세 교황, 포티카의 디아도쿠스, 라벤나의 페드루스 크리솔로구스다. 이 교부들은 사순 시기에 단식할 것을 권고하면서, 참회와 절제에 관한 설교에서도 단식을 강조했다.

이 시대의 교부들은 단식에 대해 설명할 때, 단식의 '시기'보다는 오히려 '방법'에 초점을 맞췄다. 이는 성서적 분석 단계에서든, 전례적·성사적 문맥에서든, 이미 앞선 시대에 단식의 전통이 견고하게 자리 잡았기 때문이다. 4~5세기에는 전통을 견고히 하면서도, 단식의 영성적인 면을 주로 다루는 경향이 있었다. 이처럼 거의 모든 저자들이 하느님의 백성들에게 절제와 거룩한 덕행을 지속적으로 권고했다.

교부들의 글에서 반복적으로 자주 접하게 되는 내용은 우리가 단식에 대한 전통을 더 깊이 이해할 수 있도록 도와준다. 따라서 음식의 절제(단식)에서 악습의 절제(단식)로 넘어간다. 악습의 근원은 우선적으로 목과 배의 무절제에 있다.

음식 섭취가 생명과 관련이 있고 단식도 생명과 관련이 있으며, 생명은 하느님과 그분의 무한한 섭리에 달려 있다는 점을 전제로 하여 단식에 대한 신학이 전개된다. '마음이 가난한' 사람은 단식을 좋아하고, 진리를 옹호하지 않는 사람은 단식을 사랑하지 않는다. 그래서 절제에 대한 모든 권고와 영적 가르침은 그리스도인을 존재적으로 항상 깨어 있게 만들고 하느님께 절대적으로 의존하도록 하는 데 목적을 둔다.

### 1) 카이사리아의 바실리우스

카파도키아의 교부들 가운데 으뜸이고 가장 위대한 카이사리아의 바실리우스(329?~379년)는 여러 차례 단식을 다루면서 수도승뿐만 아니라 모든 신자들에게도 단식할 것을 권고했다.

　단식의 시기는 각자의 뜻에 따라 정해지는 것이 아니라 신심과 관련된 모든 필요성에 따라 정해졌다. 이런 기준을 바탕으로 단식할 때, 단식할 수 있는 힘을 얻게 된다. 따라서 마음이 깨끗하지 않은 상태에서 단식하는 사람은 위험에 빠진다. 그러나 필요한 경우에는 단식을 해야 한다. 만일 하느님이 단식을 요구하신다는 생각이 든다면 단식을 해야 한다. 또한 그분이 건강한 신체를 위해 음식을 먹기를 원하신다는 생각이 들 때에는 탐식가처럼 먹지 말고 하느님의 종처럼 먹는 것이 좋다.[1]

　바실리우스는 단식의 전통을 따르면서 금욕적인 생활을 강조하는 설교를 했다. 그는 유덕有德한 생활을 하는 탐식가는 결코 없다고 강조했다.[2] 또한 두 개의 구체적인 강론을 통해 영적 단식이 수반된 사순 시기 단식의 장점과 적합성에 관해 설교했다. 또한 카이사리아의 주교였던 바실리우스는 단식에 관한 강론을 수도자들보다 하느님의 백성인 신자들에게 더 자주 했다. 또한 탐식으로 인해 끊임없이 악화된 인간의 몸은 쉽게 질병의 노예가 되기 때문에 단식이 병자에게도 도움이 된다고 말했다.[3] 의사들은 병자의 병을 치료해 주기 위해 탐식을 멀리하라고 처방한다. 곧 병자는 단순하고 가벼운 음식으로 만족하면서 사람을 위협하는 질병의 불운을 피해야 한다.[4] 또한 단식을 하면, 음식의 맛을 제대로 느낄 수 있다. 마치 갈증이 음료를 마실 때 기쁨을 느끼게 하듯이, 단식은 먹는 즐거움을 느끼게 하여 먹는 것이 기쁨이 될 수 있음을 가르쳐 준다. 그래서 식사의 즐거움

동방 수도자의 아버지로 공경받는 대 바실리우스

을 알려면 단식을 하고 식탁에 다가가는 것이 좋다.[5] 동물 세계에서도 자발적으로 단식하며 스스로 먹는 양을 조절하는 모습을 발견할 수 있다.

바실리우스는 《청년들에게》라는 저서에서 입과 위의 욕망은 맛있는 음식뿐만 아니라 필요한 음식을 먹는 경우에도 우리를 유혹하기 때문에 늘 그 유혹에 넘어가지 않도록 조심해야 한다고 주장했다.[6]

단식은 예언자를 낳고, 전사를 강하게 하며, 위정자를 지혜롭게 하고, 영혼을 보호한다. 단식은 몸의 확실한 동료이고 전사의 무기이며 운동선수들의 훈련이다. 단식은 유혹을 멀리하고 신심을 위해 싸우는 우리에게 기름을 발라 준다. 단식은 간소함과 깊은 연관이 있으며, 가장 고귀한 정결의 행위다. 단식은 전쟁에서 용기를 가르쳐 주고, 평화로울 때에 평온함을 가르쳐 준다. 단식은 사제를 거룩하게 만들고 사제가 자기 직무의 완덕에 도달하도록 이끌어 준다. 하느님께 드리는 신비로운 찬미에서뿐만 아니라 상징으로 이루어지는 법적 예배에서도 준비 단식 없이 거룩한 의식을 거행하는 것은 감히 불가능하다.[7]

단식은 불의 열기를 잠재우고, 사자의 입을 막는다. 단식은 기도를 들어 높이고 기도가 날개처럼 하늘에 오르도록 해 준다. 단식은 가정의 성장이고, 건강의 아버지며, 청년기의 교육자고, 노년기의 자랑이요 아름다움이며, 여행자들의 안전한 안내자고, 신랑의 충실한 친구다. 신랑은 단식이 자기 신부와 친밀한 것을 보면 혼인을 두려워하지 않고, 신부는 자기 신랑이 단식을 시작하는 것을 보면 질투할 줄 모른다. 어느 누구도 단식하면서 자신의 운명과 타협하지 않는다. 단식하는 사람의 집에는 부족한 것이 있을 수 없다.[8]

몸의 건강과 아름다운 신체는 절식과 간소함에 달려 있지만, 풍요로움은 소화 불량과 비만과 죽음으로 인도하기 때문에 바실리우스는 절식과 간소함을 칭찬하고 권장한다.[9] 마치 배부르면 기분이 좋은 것처럼, 단식은 영혼에 유익하다. 단식은 "악습을 파괴하는 약"이기 때문이다. 의사는 죄를 없애 주는 약을 처방하는 것을 기뻐해야 한다.[10]

악마가 금지된 열매로 아담을 유혹해서 영원한 생명을 빼앗아 갔고, 예수님을 광야에서 40일 동안 유혹했다는 사실만 봐도, 악마가 탐식이라는 무기로 인류에게 악을 부추긴다는 것을 알 수 있다. 탐식은 작은 양의 음식이라도 당당하게 맛을 보게 함으로써 모든 감수성을 악습에 빠지게 만든다. 무절제한 생활을 포기한 후에 덕행으로 되돌아온 이들은 악마에 맞서 싸우지만, 그렇지 못한 이들은 겉으로는 구원받은 이들에 속해 있는 것 같아도 숨겨진 탐식의 악습 때문에 많은 죄에 빠질 수 있다.[11]

바실리우스는 수도승에게 하는 권고인 《긴 규칙서》와 《짧은 규칙서》에서 수도승을 절제라는 유일한 수도복을 입고 나약함과 싸우는 전사라고 정의한다. 수도승은 먹고 마실 때 다른 악습을 낳는 탐식과 싸워야 한다.[12] 물론 음식과 음료의 절제가 엔크라티즘[13]이나 초超금욕주의로 변질되지 말아야 한다. 따라서 공동체 식탁에 있는 모든 음식을 먹는 것이 좋다. 저렴한 음식이든, 단지 배고픔을 때우는 것 이외의 단식이든 간에 기준이 될 올바른 규칙이 필요하다.[14]

바실리우스는 수도승들이 운동선수처럼 모든 과잉을 피하고 절제를 수행하기를 원했다. 곧 그는 수도승들에게 음식을 경멸하고 쾌락을 만족시키는 배부름을 피하라고 권고했다. 절제는 정결을 낳고, 건강을 지켜 주며, 선행이 열매를 맺도록 하며, 악마들 앞에서 그리스도와 함께 고행하여 승리를 거두는 사람을 구별해 준다.[15]

바실리우스는 수도승마다 나이와 직무 그리고 몸 상태가 다르다 하더라도 음식 섭취에 대한 하나의 규칙이 필요하다고 판단했다. 모든 이에게 유효한 유일한 규칙은 존재하지 않기에 각각의 경우에 대한 관리는 수도원 장상에 맡겨졌다. 수도원 장상은 모든 이의 필요를 알고 있다. 곧 병자들에게 많은 양의 음식을 주는 것처럼, 노동으로 피곤한 이들과 여행을 준비하는 이들에게도 많은 양의 음식을 줄 것이다. 일반적인 규칙을 따르면서도, 기력이 쇠한 사람을 슬기로운 방법으로 재빨리 회복시켜야 한다. 주님이 당신을 따라 광야까지 온 배고픈 이들에게 간단하고 소박한 음식을 마련해 주신 것처럼, 음식은 저렴하고 쉽게 구할 수 있는 재료로 준비해야 한다.[16]

바실리우스는 식탁에서 손님을 어떻게 접대해야 하는지에 대해 대답하면서, 사람들에게 허영심과 쾌락의 욕구를 버리라고 권고한다. 따라서 수도승은 자신들의 성소에 어긋나는 악습을 떨쳐 버리고, 평신도 손님들 앞에서 자신들의 복음적 청빈과 간소함을 부끄러워하지 말아야 한다. 손님들의 식탁은 단순하고 간소하여 배부름의 문턱을 넘지 않도록 해야 한다. 소박한 식탁으로 수도승이나 손님들을 맞아들이는 일은 그리스도교를 상징하는 정체성이다. 손님들에게 풍성한 식탁을 제공하는 일은 오히려 해로운 일이다. 그것은 손님들에게 탐식과 쾌락주의를 암묵적으로 권하는 것이기 때문이다. 배부름과 간소함 사이에 있는 하나의 기준은 음식이 부족하지 않으면서도 남은 것이 없는 상태다.[17]

바실리우스는 자신의 저서인 《짧은 규칙서》에서 절제는 자신의 뜻을 포기하는 것이라고 정의한다.[18] 단식과 고행은 영혼이 덕행으로 나아가는 수단이다. 만일 단식과 고행이 인간적인 힘보다 뛰어나고 행하기 어려운 것이라면 하느님의 명령에 어긋나는 것이다.[19] 적합한 단식은 각자의 뜻에 달려 있는 것이 아니라, 하느님께 드리는 봉사의 중요성에 달려 있다.[20] 하느님께 드리는 봉사란 기쁨과 관대함을 통해 완성되어야 하는 봉사다.[21]

수도승의 고행은 장상에 대한 순명을 통해 조정되고 통제되어야 한다. 수도승은 자신에게 유익한 것을 알고, 몸에 필요한 것에 자신을 일치시켜 마음이 성숙해지도록 해야 한다.[22] 노동을 많이 해서, 피곤하다고 해서 더 많은 음식을 먹을 권리가 있는 것은 아니다. 하지만 그런 사람은 장상의 관심을 통해 수고의 대가를 주시는 하느님을 신뢰해야 할 것이다.[23] 단식의 엄격함과 반복은 개인적으로 결정하는 것이 아니라 장상에 의해 결정되어야 한다.[24] 왜냐하면 엄격한 단식[25]을 하는 사람의 모든 행동이 다른 이들에게 경쟁과 허영심을 조장할 수 있기 때문이다. 그런 악습들은 참된 신심과 아무런 공통점도 없고 하느님 앞에서 모든 가치를 잃게 만든다.[26]

만일 영혼이 악을 조장하는 것들을 완전히 끊어버리는 단식을 기뻐하지 않는다면, 엄격한 단식을 한다고 해도 완덕에 이르기에는 부족하다. 사람은 육체와 영혼으로 이루어졌기 때문에 몸을 위한 음식과 영혼을 위한 음식 두 가지가 절대적으로 필요하다.[27] 거룩한 교리와 신앙이 바로 영혼의 음식이며, 모든 육체적인 음식은 이러한 영혼의 음식과 천상의 음식에 맞춰져야 한다.

## 2) 니사의 그레고리우스

니사의 그레고리우스(335?~394?년)는 단식에 대한 성찰을 통해 우리를 폭넓은 영적 안식으로 인도했다.

> 하느님께서 에덴동산에서 인류에게 먹을 수 있게 해 주신 음식은 덧없고 일시적인 양식이라는 특징을 지닌다. 그 음식은 물질적인 것도 아니고 육체의 쾌락을 위한 것도 아니었다. 그러나 그 음식은 육체의 음식과 비슷한 것으로, 그 음식을 즐김으로써 영혼을 향해 나아가게 해 주는 음식이었다. 하느님의 지혜는 인간에게 양식이 되었다. 그래서 인간은 하느님의 가르침에 배고픔을 느끼며 목말라 했다.[28]

대 바실리우스의 동생, 카파도키아의 세 교부[29]들 가운데 한 사람인 니사의 그레고리우스가 볼 때, 극기는 이성으로 인도되고 거룩한 교리로 조명되는 덕행이다.

> 우리는 극기 규범을 따르는 생활을 해야 한다. 한편으로 영혼은 쾌락의 유혹이 숨어 있는 것에 절대 가까이 가지 말아야 한다. 다른 한편으로는 금지된 모든 쾌락을 낳는 맛의 쾌락에 대해 항상 깨어

있어야 한다. 음식과 음료의 쾌락은 무절제하게 먹게 만들어 육체에 원치 않는 악을 만들어 낸다. 배부름은 사람들 안에 그에 상응하는 욕망을 낳는다. 육체가 편안히 쉬고 배부름의 욕망에 흔들리지 않도록 하기 위해서는 비록 배부름에 쾌락이 섞여 있다고 할지라도 유용성의 원칙을 지킬 필요가 있다. 하지만 배부름에 쾌락이 따른다고 해서 배부름을 거부하지 말아야 한다. 가장 중요한 것은 감각의 쾌락을 추구하지 않는 것이다.[30]

그레고리우스는 지나치게 엄격한 절제는 피해야 한다고 말했다. 그렇지 않으면, 영혼이 가장 고귀한 신적인 것으로부터 멀어지고 육체적인 것에만 관심을 갖게 되기 때문이다. 피곤과 불안은 정신을 약하게 만들고, 정신의 자유로운 상상을 가로막아 육체의 중압감에 짓눌리게 한다.[31] 지나친 엄격함을 조절하면 정신은 부족한 부분을 채우고 무익한 것을 경계한다. 그뿐만 아니라 육체의 무질서한 모든 반항과 반발을 달래고, 정신을 약화시켜 봉사할 수 없게 만드는 고통마저도 다스린다.[32]

그레고리우스는 다양한 관점에서 엘리야 예언자와 요한 세례자의 표상을 칭찬했다. 엘리야 예언자와 요한 세례자는 동정성의 본보기다. 이들은 광야에서의 삶을 위해 음식과 음료를 멸시하고, 자신들의 귀를 온갖 소문으로부터 닫아 버렸으며, 자신들의 눈을 온갖 탈선으로부터 멀리 두었다. 그리하여 그들의 입은 단순해져 야생의 열매로도 만족했다.[33] 그들은 일용할 양식을 걱정하지 않으면서 자신들이 입고 있는 옷의 가치를 보여 주었다. 엘리야는 숫염소의 가죽옷을, 요한 세례자는 낙타의 가죽옷을 입었다.[34]

우리는 많은 욕구들이 항상 객관적인 필요성에 의해 생겨나는 것이 아니라 감각적인 조건에 따라 생겨난다는 것을 잘 안다. 이러한 현

제2차 니케아 공의회에서 '교부들 중의 교부'로 선포된 니사의 그레고리우스

명한 조절을 통해 세상의 모든 충동을 다스려야 하는 것이 그리스도교의 목적이기도 하다.

우리는 이 세상을 살면서 항상 깨어 있어야 할 필요성을 느끼게 된다. 우리를 무너뜨리고 타락시키는 그 어떤 죄에도 빠지지 않으면서, 악행이나 덕행의 모든 씨앗이 자라나는 그런 곳을 참으로 경계해야 한다.[35] 하느님의 면전에서 살기로 결심한 사람은 무엇보다도 먼저 주님의 뜻에 따라 기도와 단식과 선행으로 양육되어야 한다.[36] 감각 기관의 만족을 떨쳐 버릴 때, 인간의 지성은 참되고 유일무이한 선을 향해 나아갈 수 있는 충분한 힘을 얻을 것이다. 그때에는 그 어떤 것도 존재의 진리를 감지할 때까

지 지성을 들어 높이는 데 방해가 되지 않을 것이다.[37] 바로 정신이 육체의 고삐를 쥐고 있기 때문이다. 따라서 정신은 온갖 형태의 무절제를 끌어들이지 않는 법을 배울 것이며, 기록된 가르침과 권고와 지혜로운 교리를 따를 것이다. 극기의 목적은 몸에 고통을 주는 것이 아니라 영혼의 활동에 민첩성을 가르는 것이다.[38]

그레고리우스는 자신의 저서인 《대 교리 교육》에서 성찬례 양식을 비유적으로 설명했다. 사람은 주로 빵으로 에너지를 얻고 몸의 수분과 체온을 유지하기 위해 깨끗한 물과 포도주를 마신다. 이러한 음식물을 먹음으로써 인간의 몸과 체력이 유지된다. 이처럼 몸을 유지하는 것이 음식 섭취에 달려 있는 것처럼, 인간이 영원히 존재할 수 있는 것은 하느님의 말씀에 달려 있다. 하느님이 말씀을 통해 인간에게 영속성을 넣어 주셨기 때문이다. 그렇게 인간은 음식을 먹음으로써 자신의 본질을 유지한다는 것이다.[39]

인간의 몸은 빵과 관련되어 있다. 빵에서 양식을 얻고, 빵과 거의 동일시될 때까지 변화하기 때문이다. 그러한 인간의 몸으로 하느님이 육화하여 오셨다. 그러므로 모든 인간 존재뿐만 아니라 그리스도의 경우에도 몸은 빵으로 유지된다. 따라서 하느님의 말씀으로 거룩하게 된 빵은 하느님의 말씀이 몸으로 변한 것이다. 다른 말로 표현하면, 성체성사는 말씀이 육화하신 것이다. 빵은 하느님의 말씀과 기도로 거룩하게 되고, 그 빵은 음식 섭취를 통해서가 아니라 하느님의 은총으로 주님의 몸이 된다.[40]

피, 곧 자연 수분이 육(육신)을 유지하게 만든다. 강생하신 하느님의 육은 이러한 본질적인 요소를 취하셨다. 곧 그분은 우리를 구원하시려고 몸(빵)과 피(포도주) 안에서 당신 자신을 완전히 모든 신자들에게 씨앗으로 내어 주신다. 또한 그분은 모든 신자들을 불사불멸하신 하느님과 일치시키시며 축성의 권능으로 썩어 없어지지 않도록 해 주신다.[41]

### 3) 콘스탄티노플의 요한 크리소스토무스

콘스탄티노플의 요한 크리소스토무스(349?~407년)의 저서는 대부분 강해[42]들이다. 그는 인간의 나약함을 잘 이해하고 확실한 진단을 해 주는 영혼의 착한 의사로 자신을 표현했다. 그래서 어디에서나 만나는 이기주의와 사치, 거만과 악습을 교정하기 위해 성실하게 노력했다.[43] 단식에 대한 그의 성찰에는 실용적인 가르침들이 아주 많이 담겨 있다.

그는 음식을 먹는 것이 악은 아니라고 해도 우리는 우리의 몸을 믿을 수 없다고 했다. 곧 필요 이상으로 배부르게 되면, 음식을 먹는 즐거움은 사라져 버린다. 포도주를 취하도록 마시면, 이성의 판단은 흐려진다. 그는 단식이 일상의 일을 더 쉽게 포기하여 영적 진리에 전념하도록 하는 수단이 아니라면, 주님은 단식을 요구하지 않으신다고 말한다. 만일 검소한 생활을 하고 참된 필요에 따라 음식을 취한다면, 단식을 할 필요도 없다. 그

러나 단식은 영혼의 원수를 멀리하고 신적 덕행을 싹트게 해 주는 영성 생활을 위한 약이다.[44]

물질적인 음식이 몸을 강화시켜 주는 것처럼, 단식은 영혼의 양식이다. 단식은 영혼을 더 활기차게 만들고 땅에서 높이 올라 천상 실재를 관망할 수 있도록 날개를 달아 준다. 단식은 정신을 더 가볍게 해 주며, 실존의 어려움을 쉽게 극복하도록 해 준다. 만취와 탐식은 영혼에 부담을 주고, 몸을 무겁게 하며 이성을 약하게 만든다.[45]

요한 크리소스토무스는 성경의 몇 가지 예를 들어 단식에 대한 신학을 구체적으로 완성시켜 나간다. 모세와 엘리야는 옛 믿음의 거대한 탑이고, 영적으로 충만한 자유를 누린 이들이다. 그들은 하느님께 가까이 다가가 그분과 대화를 나누려고 할 때, 단식을 통해 부족한 자신을 그분이 인도해 주시도록 내맡겼다.

하느님이 인간을 창조하셨을 때, 그분은 인간에게 선과 악을 알게 해 주는 나무 열매를 따 먹지 말라고 하셨다. 따라서 낙원에서도 인간에게 필요한 단식의 형태를 주셨다. 만일 인간의 욕망이 돌출되기도 이전에 이미 이런 보살핌이 필요했다고 한다면, 지금은 악마와 싸우기 위해서 더더욱 단식이 필요할 것이다.

만취와 탐식은 인간의 마음을 속박하고, 욕망에 인간의 마음을 노예와 죄수로 넘겨준다. 하지만 단식은 그러한 사슬을 풀고 인간에게 원초적인 자유의 운명을 회복시켜 준다.[46]

요한 크리소스토무스는 니네베 사람들의 이야기를 비교적 길게 설명하면서 단식의 중요성을 강조하기도 했다. 니네베 사람들이 보여 주었듯이 참회 단식은 근원적인 가치가 있다. 니네베 사람들은 자신들의 죄악으로 인해 하느님이 보내신 파멸의 천사가 내려오는 심판의 중압감에도 불구하고, 사흘간 참회함으로써 죄의 형벌에서 벗어날 수 있었다.[47] 니네베 사람들은 참회 단식을 의심하거나 멸시하지 않았다. 그래서 남자와 여자, 종과 주인, 백성과 통치자, 어린이와 노인을 가리지 않고 모두가 다 함께 단식을 한 것이다.

강론이 너무 유명해서 '금구金口'라는 별명을 얻은 동방의 위대한 교회학자 요한 크리소스토무스

어느 누구도 지극히 거룩한 단식의 전례 곧 자루옷과 재, 눈물과 통곡을 반대하지 않았다. 왕관을 쓴 사람은 왕좌에서 내려와, 파멸의 위협으로부터 니네베를 구하기 위해 자루옷을 입고 재를 얹었다. 이 같은 대단히 놀라운 일을 통해 왕좌로도 할 수 없는 일을 자루옷으로 이루었고, 왕관으로도 할 수 없는 일을 재가 이루었음을 알 수 있다. 만취와 탐식이 튼튼한

기초 위에 견고하게 세워진 도시를 뒤흔들어 버렸다고 한다면, 단식은 와르르 무너지기 직전의 도시를 견고하게 지켰다.[48]

요한 크리소스토무스는 불가마 속의 세 청년 이야기를 통해 단식의 힘을 설명하기도 했다. 세 청년의 몸이 바빌론의 화덕에서 불꽃보다 더 밝게 빛났던 것처럼, 단식은 단식에 따른 깨끗함으로 인해 욕망의 불꽃을 이겨낸다. 또한 다니엘이 거룩한 음식을 찾음으로써 무서운 맹수 앞에서도 무서워하지 않은 것처럼, 예수님이 말씀하신 대로 기도하며 하는 단식은 사자 굴에서도 사람을 보호하고 악마의 위협을 물리친다.

이처럼 단식에는 하느님의 심판을 철회시킬 수 있는 힘이 있다. 단식은 욕망의 맹위를 무너뜨리고 자유를 회복시키며 우리의 생각이 흔들리지 않도록 힘을 북돋아 준다.[49]

요한 크리소스토무스는 마태오 복음서 주해에서도 단식의 의미를 설명한다. 그는 예수님이 광야에서 받으셨던 첫 번째 유혹을 풀이하면서, 주님은 구원 경륜에 따라 성령의 인도로 광야에 가시어 배고픔과 고독을 겪으셨고, 단식하는 중이 아니라 단식이 끝나고 난 뒤 배고픔의 고통을 느끼고 있을 때 악마의 유혹을 받으셨다고 했다.[50]

단식이 가져다주는 가장 큰 은총은 악마를 물리칠 수 있는 은총이다. 따라서 식탁의 쾌락에 빠지지 않겠다는 조건으로, 세례를 받은 이후에도 단식이 필요하다. 예수님은 우리를 가르치고, 무절제의 종살이에서 해방시키시려고 단식을 하셨다. 질병에 걸린 후에는 질병의 원인이 될 수 있는

것을 피하는 것이 현명한 것처럼 무절제의 죄를 저지른 후에는 무절제의 욕망을 줄이는 것이 현명하다.[51]

요한 크리소스토무스는 모세와 엘리아의 단식을 언급하면서 자연스럽게 예수님의 단식으로 넘어간다. 모세와 엘리야도 40일간 단식을 했다. 이 같은 사실에서 알 수 있듯이, 예수님은 당신의 육화가 참되다는 것을 보여 주시기 위해서 40일 그 이상은 단식하지 않으셨다. 악마가 예수님의 신원을 의심해서 유혹했다고 치더라도, 결국 배고픔은 원수에게 자기 자신을 내맡기는 구실이 되고 원수에게 패배하는 구실이 된다. 예수님은 하느님의 아드님이시지만, 한편으로는 모든 인간들처럼 배고픔을 느낀 분이시다. 악마는 아담을 속였던 것처럼, 육화의 신비를 믿지 않으면서도 믿는 척한다. 이런 상황은 바리사이들의 태도에서도 똑같이 드러난다. 바리사이들은 주님을 메시아로 받아들이지 않았기 때문에, 주님(신랑)이 계신데도 계속해서 단식을 했다.

예수님은 생명 유지를 위한 음식의 필요성을 반대하지 않으셨다. 하지만 아무리 음식이 필요하다 할지라도, 덕망 있는 사람일지라도 무절제하게 음식을 먹어서는 안 되는 것이다. 모든 악의 근원은 음식을 먹는 데 있는 것이 아니라 악에게 동조하는 데 있다.[52]

우리는 하느님께 순명하고, 악마가 제시하는 이익을 멀리해야 한다. 중요한 것은 배고픔이나 목마름, 그 밖의 다른 필요성 때문에 하느님을 멀리하는 행위나 하느님의 섭리에 대한 신뢰를 깨뜨리는 행위를 해서는 안 된

다는 것이다.[53]

요한 크리소스토무스는 마태오 복음서 강해에서, 예수님이 단식과 기도를 조용히 행하라고 권장하시면서 단식할 때의 자세에 대해 말씀하셨다고 설명한다. 신심 행위를 이끌어 내는 큰 보물인 단식을 소중히 지켜 나가야 한다.[54] 영적으로 나약한 사람에게는 단식이 큰 고통이 되겠지만, 거룩한 삶을 살고자 하는 사람에게는 단식이 몸의 건강을 위해서도 그리고 정결한 영혼을 위해서도 기쁨이 된다.

예수님이 계실 때 제자들이 단식하지 않은 것은 무절제해서 그런 것이 아니라, 주님의 수난과 죽음 그리고 부활과 종말론적 재림에 대한 다가올 사건을 미리 체험하기 위해 그런 것이다.[55] 사흘 동안 예수님을 따라다니던 많은 군중들은 갖고 있던 모든 식량이 떨어지자, 하느님의 선물이 얼마나 풍요롭고 고귀한지 깨달았다.[56]

요한 크리소스토무스는 유대인의 풍습을 따르던 갈라티아의 그리스도교 공동체를 꾸짖은 바오로 사도의 비난을 해석하면서,[57] 육체를 위험하고 나쁜 물질로 간주하는 마니교도들처럼 행동하지 말라고 권고했다. 사실 부정과 무질서는 육체 안에 있는 것이 아니라 마음속에 있기 때문이다.[58]

요한 크리소스토무스는 단식에 대한 성경의 내용을 언급하면서 의학적·학문적인 지침에 따라 단식에 대해 분석했다. 내적 깨끗함을 추구하는 것을 포기하게 만드는 모든 경향을 밝혀내기 위해서는 자기 몸의 신체적 본성에 대해 성찰하는 것이 필요하다. 그래서 그리스 교회의 위대한 연설가였던 요한 크리소스토무스가 음식과 몸의 긴밀한 관계에 관해 주목한 것이다. 이에 따라 그는 육체의 본질에 관한 정의를 내리도록 도와주는 의학적 분석 방식을 전개했다. 그러나 육체의 아름다움이 감탄할 만하더라도 영혼의 광채와 비교하면 육체는 최하층에 속한다.

요한 크리소스토무스는 세상이 주는 매력에 빠져 수도원을 잠시 떠났던 몹수에스티아의 테오도루스(350?~428년)에게 보낸 편지에서, 육체의 아름다움이 관심을 끌지라도 그 아름다움이 헛되다는 것을 생각하라고 조언했다.

> 육체의 아름다움은 눈과 뺨에 생기를 주는 음식물에서 나오는 점액과 피, 체액과 분비물의 결과물이고, 날마다 위와 간에서 이러한 세정 작업이 일어난다. 그렇지 않으면 육체의 아름다움이 사라질 것이다. 따라서 눈과 코와 입은 그 내용물이 무엇인지를 보여 주는 회칠한 무덤에 불과하다.[59]

요한 크리소스토무스는 중요한 두 개의 강론에서 단식에 대한 모든 해석을 요약하면서 단식을 두려워하지 말라고 말한다. 왜냐하면 의학적인 관점에서 볼 때도, 단식을 통해서 많은 악을 제거할 수 있기 때문이다.

> 단식 실천은 건강의 어머니다. 의사들은 단식이 성덕을 낳으며, 방

탕과 탐식에서 족통이나 두통, 뇌출혈과 수종, 염증과 부종 등 다른 수많은 질병들이 생긴다고 주장한다. 이런 질병들은 지극히 나쁜 원천에서 흘러나오는 실개천들로서 몸의 건강과 영혼의 지혜에 해롭다.[60]

요한 크리소스토무스는 만취와 탐식에 빠진 많은 이들은 단식을 싸워야 할 폭군으로 본다고 말했다. 그래서 무절제한 탐식이나 만취가 앞서거나 뒤서거나 한다면 단식의 효과는 허무하게 사라져 버린다.

또한 위 때문에 고생하는 사람이 위장약을 복용하기 전에, 약의 불쾌감을 없앤다고 음식을 잔뜩 먹는다면 약의 효과가 전혀 없을 것이다. 약은 썩어 버린 분비물과 뒤섞일 것이다. 그래서 의사는 저녁을 먹지 말고 잠자리에 들라고 처방한다. 위장에 음식물이 소량만 남아 있어야 약의 효과가 더 크기 때문이다. 단식하기 위해 술에 취하는 것은 어리석지만, 가벼운 음식을 먹으면서 단식을 준비하는 것은 현명한 일이다. 따라서 호화스러운 잔치로 단식 기간을 시작해서도 안 되고, 끝마쳐서도 안 된다.[61]

초대 손님들의 탐식을 만족시켜 줄 특별 음식, 고급 포도주, 요리사의 기교와 과자들로 식탁의 품격을 평가하는 사람은 그런 상황에서 손님을 초대한 부자들의 마음이 불안하다는 것을 안다. 왜냐하면 손님을 초대한 집주인들은 초대 손님들의 비판을 받는 종이

자, 잔치 비용을 부담해야 하는 종이 되기 때문이다. 사치스러운 잔치 때문에 종과 주인 모두가 비판과 시기를 받는다. 이런 사치스런 잔치로 인해 두통과 소화 불량, 의기소침과 현기증, 어지럼증과 시력 약화 그 밖에도 다른 이상한 기능 장애가 발생하는데, 어찌 기쁜 일이라고 할 수 있겠는가? 그런 식탁은 통풍과 결핵, 간질과 중풍, 죽을 때까지 몸을 괴롭히는 경련과 같은 불치병의 근원이다. 금욕적인 단식을 해야 그런 위협을 피할 수 있다.[62]

요한 크리소스토무스는 폭식과 폭음에 관해 말하면서, 많은 이들이 포만감과 포도주의 효과 때문에 망연자실하여 사리 분별을 못한 채 이리저리 헤매고 다니며, 자신을 제어하지 못해 위험한 파국으로 내달린다고 경고한다. 이는 마치 경계심을 느슨하게 만드는 일시적인 욕망의 희생물인 죄에 빠진 사람들과 비슷하다.[63]

요한 크리소스토무스는 단식을 지키는 방법을 제시하고 다음과 같은 성찰을 통해 큰 효과를 거둔다. 무엇보다도 먼저 음식뿐만 아니라 죄도 멀리해야 한다. 만일 고기를 먹지 않지만 가난한 이들의 집들을 집어삼킨다면, 만일 포도주를 마시지 않지만 나쁜 생각들로 가득 차 있다면 이는 처벌받아야 한다. 단식을 하지만 동시에 부도덕한 장소를 찾아다니면서 하루를 보낸다면, 그런 단식은 보상이 없는 고통일 뿐이다. 단식 중인데도 악습이 넘치는 극장과 사치스러운 학교, 악마가 영적 덕행을 파괴하기 위해 준비해 놓은 화덕과 같은 무절제한 공공 체육관을 계속해서 다닌다면, 그런 단식은 쓸데없다.[64] 부도덕한 장면들은 영혼을 타락으로, 눈을 간통으로, 귀를 중상으로 인도하는 전염병과 같다. 이런 장소들을 멀리할 때, 예언자들의 말씀과 사도들의 가르침과 주님의 계명을 설명하고 덕행의 식탁을 차리면서 악마의 유혹을 떨쳐 내는 일이 훨씬 더 쉬워질 것이다.[65]

또한 만일 단식의 지향이 신적 법정에서 대답해야 할 죄가 된다면, 육체적인 단식의 유용성은 사라지고 만다. 이런 이유 때문에 예수님은 구약의 모든 계명에 죄를 짓는 행위를 멀리하는 것은 물론이고 죄를 짓는 근원 곧 악을 범하려는 욕구까지 없애겠다는 의지를 덧붙이셨다. 그분은 질병과 싸우는 것을 넘어 질병의 원인을 찾는 의사와 같은 분이셨다. 우리의 모든 노력은 미래에 보상받게 될 것이다. 거룩함에 요구되는 수고가 비록 힘들지라도 약속된 보상을 생각한다면 모든 일이 훨씬 더 쉽고 온갖 희생은 훨씬 더 부드러워질 것이다.[66]

요한 크리소스토무스에 따르면 단식은 여섯 번째 길, 곧 참회의 길이다. 세상의 입장에서 보면, 단식은 어마어마하게 강력한 적군일 것이다. 따라서 참회자는 단식을 기도와 연결시켜야 한다.

> 올바른 방식으로 기도하고 단식하려는 사람은 모든 생각과 쓸모없는 모든 이유를 없애고 다양한 모습으로 자아를 집중한 후에 하느님께 자신을 드러내 보여야 한다. 단식은 아름답다. 왜냐하면 단

식은 영혼의 걱정을 끊고, 정신을 감싸고 있는 게으름을 멀리하며, 모든 생각을 자기 자신에게 집중하도록 해 주기 때문이다.[67]

요한 크리소스토무스는 자신의 저서 《세례 교리 교육》에서 특히 사순 시기에 신자들이 더 많이 그리고 더 자주 단식을 해야 한다고 권고했다. 사순 시기에는 음식을 멀리하는 것보다도 죄를 멀리하는 것이 훨씬 더 훌륭한 모습이다. 만일 많은 사람들이 허약해서 단식을 못하거나 물을 못 마셔서 고통을 겪는다 할지라도, 그런 상황에서도 죄를 멀리할 수 있는 쉬운 방법이 있다. 그것은 영혼과 육체의 치료에 필요하고 적합한 방법이다. 그 현명한 방법 가운데 하나는 취하게 하는 음료를 멀리하는 것이다. 또 다른 방법은 이성을 흐리게 하는 분노와 허영심과 욕망의 도취를 피하는 것이다. 이것은 양심이 악습의 소굴에서 벗어나도록 도와준다. 만취한 사람은 분별력이 없고, 자신의 정신을 배신하며, 조롱의 대상이 되고, 결정적으로 악마를 맞아들인다. 그런 사람은 하늘 나라에 대해 전혀 관심이 없다. 이와 반대로, 이성적인 사람은 자신의 욕구를 제한한다. 이성적인 사람에게 육체적인 단식이란 긴장이 풀리지 않도록 도와주며, 올바른 정신을 회복시켜 주는 행위다.[68]

그의 가르침에 따르면 자주는 아니더라도 적어도 일주일에 이틀은 전통에 따라 단식하도록 자녀들을 교육해야 한다.[69] 또한 사제들에게 절제는 권고해야 할 덕목이다. 곧 폭력이나 모욕, 무시나 질책을 견디는 것보다 밤샘, 고행, 탐식에 대한 자제 등을 오랜 시간 동안 견디는 것이 훨씬 쉽고 단순하다. 따라서 배고픔을 참지 못하는 이들에게 사제품을 주면 안 되는 것이 아니라, 냉혹하게 행동하는 이들과 주변 사람들에게 사악함을 퍼뜨리고 혼란을 조장시키는 이들에게 사제품을 주어서는 안 된다.[70] 사제의 경우는 특별하므로 끊임없이 단식하고 깨어 있으면서 몸을 고행해야 할 책임이 있다. 사제는 자신에게 생기는 오만과 조급함과 무례함을 거부해야 하기 때문이다.[71]

그는 수도승에 대해서도 말했다. 수도승은 세상의 혼란을 피하기 위해 노력하고 싸우며 산 정상으로 물러나 암자에 천막을 치고, 단식을 평생의 동반자처럼 여기며 사는 사람이다. 단식은 수도승을 사람들 가운데서 천사로 만들어 준다. 수도승은 철학자들을 닮으려하는 사람인데, 철학자들은 자신들의 도시에서 단식에 전념하는 이들이다.[72]

그리스도교의 단식에 관한 관습은 요한 크리소스토무스의 저서에서 최고의 신학적 발전을 이룬다. 그의 제자들 안키라의 닐루스(?~430?년)와 은수자 마르쿠스(5세기)도 이와 같은 사실을 확인시켜 준다. 닐루스는 본성이 현자에게도 음식을 먹으라고 강요하지만 현자는 포만감의 기쁨 때문에 파멸에 빠지는 어리석음을 범하지 않는 절제의 덕을 갖고 있다고 말했다. 다양한 음식은 덕행을 파괴하고 호화스러운 식탁은 간음을 불러일으킨다. 인간의 본성은 일상적인 음식만으로도 충분하다.[73]

은수자 마르쿠스는 단식에 대한 짧은 저서에서, 식욕을 다스리는 데 필요한 일상적인 이유를 제시하면서 아주 중요한 사실 하나, 곧 영적인 시도를 자랑하지 말라고 권고한다. 교만은 모든 신심 행위를 헛수고로 만들어 버리기 때문이다.[74]

### 4) 밀라노의 암브로시우스

밀라노의 암브로시우스(339~397년)의 단식에 관한 신학적 성찰은 바실리우스의 신학적 성찰을 전적으로 따르고 있다. 탐식과 만취는 욕망의 원천이고 신체적 질병의 원천이라는 것이다.

알렉산드리아의 클레멘스(160?~215?년)가 주장한 것처럼, 암브로시우스도 과식과 젊은 나이의 관계를 분명하게 밝히면서 소박한 자연 음식을 선호하라고 권고했다. 소박한 음식은 평정심을 불러일으키지만, 고기 국물은 쾌락과 사치를 조장하기 때문이다. 자연이 주는 야채와 열매는 질병과 생리학적인 메스꺼움을 멀리하게 해 주는 건강에 유익한 음식이다.[75]

> 때때로 심지어 흠잡을 데 없는 완전한 믿음을 지녔음에도 불구하고, 젊기 때문에 어떤 불안감이 엄습한다. 따라서 포도주를 몸에 불쾌감을 주지 않을 정도로 그리고 쾌락을 유발시키지 않을 정도로만 약으로 적당히 마시는 것이 좋다. 포도주와 젊음은 감정을 흥

분시키는 두 가지 요소다. 단식 역시 아직 성숙하지 않은 나이인 청춘에게 제동 장치 역할을 해 주고, 간소한 음식은 다루기 힘든 욕망을 억제시켜 준다. 이성은 이러한 욕망을 무디게 하고, 희망은 욕망을 달래며, 두려움은 욕망의 한계를 제시한다. 욕망을 다스리지 못한 사람은 성난 말들에 의해 땅에 질질 끌려 다니면서 짓밟히고 찢기는 것처럼 건강을 해치는 사람과 같다.[76]

암브로시우스는 사순 시기의 강론에서 엘리야 예언자의 단식[77]에 대해 설명했다. 또한 예수님이 광야에서 행하신 단식에 대해 설명하면서, 예수님의 단식을 그리스도인이 세상의 유혹과 싸우기 위해 훈련하는 좋은 기회라고 해석했다.

그는 성사와 광야와 단식을 인간 구원에 유효한 세 가지 요소로 꼽는다. 선과 악을 알게 해 주는 나무 열매로 배고픔을 채우려 했던 첫 인간 아담이 맛보았던 음식을 없애시고자 예수님이 광야에서 배고픔을 체험하셨다. 예수님의 단식은 낙원에서 추방되는 처벌을 없애 주셨고, 예수님의 배고픔은 인류를 오랜 유배 생활에서 자유롭게 해 주셨다. 40일은 인간에게 복음의 문을 열어 주시기 위해 예수님께 허락된 신비로운 숫자이며 시간이다. 복음서가 약속하는 영광과 부활의 열매를 얻고자 하는 사람은 율법서의 모세와 복음서의 예수님이 규정하신 덕행의 영구적인 수행인 신비로운 단식을 결코 간과하지 말아야 한다.

40일을 보낸 후 예수님이 느끼신 배고픔은 물질적 음식[78]에 대한 배고픔이 아니라, 인간 구원을 위한 배고픔이었다. 목은 마귀가 아담을 유혹하여 승리한 첫 번째 속임수이다. 그러나 목은 예수님에 의해 가장 먼저 패배를 당했다.

이런 이유 때문에 그리스도인은 탐식과 시기를 경계해야 한다. 잘 차려진 풍부한 음식

서방 교회의 4대 교부라 불리는 스승과 제자,
암브로시우스와 아우구스티누스

뒤에는 영혼의 활력을 약화시키는 나쁜 함정이 감춰져 있기 때문이다. 우리는 믿음의 방패와 절제의 갑옷으로 그 유혹을 극복할 수 있다. 악마와 싸울 능력이 자신에게 있다는 어떤 증거나 덕행을 구태여 드러낼 필요는 없다. 오히려 시기로 가득 찬 곳[79]을 멀리하고, 배고픔에 지나치게 신경 쓰지 않고 하느님의 말씀으로 자신을 성장시키면 된다. 말씀을 따르는 사람은 이미 하느님의 양식으로 배부르게 되었고 더 이상 지상의 음식을 바라지 않을 것이다. 하느님의 양식은 인간의 마음을 견고하게 하는 참된 본질이다.[80]

암브로시우스에 따르면 예수님은 결코 육체의 욕구를 제한하거나 육

체적 관능官能을 억제하기 위해서 단식을 명하시지 않으셨다. 오히려 나쁜 악령들을 굴복시키는 유일무이한 약으로 단식을 권고하셨다. 물론 기도도 나쁜 악령들을 굴복시킨다.[81] 그래서 암브로시우스는 하느님의 자비를 청할 때 참회 행위인 단식이 중요한 역할을 한다는 사실을 인정한다.

> 사람한테 빚진 사람보다도 하느님께 빚진 사람이 그 빚을 갚을 수 있는 훨씬 더 중요한 수단을 갖고 있다. 채무자들이 빚을 갚으면서 잘난 체하지만, 그들이 언제나 빚을 갚을 능력이 있는 것은 아니다. 하지만 하느님은 항상 사람의 능력 안에 들어 있는 애정을 바라신다. 하느님께 빚진 사람은 가난하지 않다. 적어도 배교자가 되지만 않는다면 말이다. 설령 내다 팔 물건이 없다 하더라도, 지불할 능력은 남아 있다. 기도와 눈물과 단식은 착한 채무자의 재산이며, 모든 재산을 팔아서 만든 돈보다도 훨씬 더 소중한 재산이다.[82]

### 5) 스트리돈의 히에로니무스

단식에 관한 그리스도교 체험이 심화되면서, 교회는 사순 시기 기간에 단식에 대해 말할 수 있는 더 좋은 기회를 갖게 되었다.[83] 스트리돈의 히에로니무스(347?~419?년)는 실제 전투에서 적군에게 타격을 가하기 전에 군인들이 가상 전투로 훈련하는 것처럼 그리스도인도 고행을 훈련하고 숙달하여 무장한 원수들을 무찔러야 한다고 강조했다.

그리스도인은 죄를 속죄하고 더 대담해진 유혹을 막기 위해서 40일 단식을 하면서 입문 성사를 준비했다. 히브리인들은 광야를 걸을 때 이집트에서 먹고 마시던 음식에 대한 향수를 느꼈다. 하지만 그리스도인은 40일 단식 기간에 과거에 대한 향수를 느끼지 말고 약속된 땅을 향한 여행의 수고를 견뎌 내야 한다. 그 여행은 공복 상태로 하는 여행이 아니라, 악습이 없는 마음으로 하는 여행이다. 풍요와 죄의 굴레에 빠지는 것은, 홍해 바다를 건너 '할례'의 장소에 도달하지 못한다는 것을 의미한다.

히에로니무스는 만일 단식하면서도 분노와 영적 유혹과 말다툼을 계속한 경우, 그 사람이 단식을 하지 않은 사람에 비해 그래도 이틀이라도 더 단식했으니 낫지 않느냐는 속임수에 빠져서는 안 된다고 권고한다.[84]

단식에 대한 전례적·성사적인 전통이 있었다는 사실을 확인한 히에로니무스는 주님의 종들이 어린양의 희생 제사와 세례와 그리스도의 몸과 피를 받아 모시는 영성체를 준비할 때, 지극한 정성으로 항상 단식해야 한다고 주장했다. 입문 성사들[85] 안에도 단식의 증거들이 있다. 사순 시기에 단식 기간이 정착되기 이전에도 이미 파스카를 중심으로 전례적·성사적인 단식들이 자리를 잡고 있었다.

주님의 곡물 창고를 채우기 위해서는 사목자의 수고뿐만 아니라

양떼의 번식력이, 추수의 풍요뿐만 아니라 농부의 성실함이 똑같이 요구된다. 따라서 파스카 재림을 합당하게 맞이할 수 있는 가능성[86]을 정할 필요가 있다.[87]

또한 히에로니무스는 자신의 논쟁적인 저서인 《요비니아누스 반박》에서 단식에 대해 언급했다. 그리스도의 구원 사업이 모든 이들에게 똑같은 방식으로 이루어진다고 주장하는 요비니아누스 추종자들을 반박하기 위해서 히에로니무스는 혼인에 비해서 동정과 금욕 생활이 더 우월하다고 설명했다.[88]

### 6) 히포의 아우구스티누스

히포의 아우구스티누스(354~430년)는 단식을 주로 영성적 측면에서 다뤘다. 또한 그는 마니교도를 반박하는 논쟁에서 단식의 본질과 그리스도교의 위대한 가치를 옹호했다.[89]

이전 교부들과 마찬가지로 아우구스티누스도 사순 시기의 전례에서 단식에는 두 가지 측면, 곧 신체적인 측면과 금욕적인 측면이 지켜지고 있다는 사실을 알았다. 그래서 사순 시기에 행한 그의 설교는 주로 단식과 기도와 자선에 대한 끊임없는 초대였다. 단식은 사순 시기에 신자들이 준수

해야 할 첫 번째 사항이었다. 그는 우리에게 사순 시기에 날마다 단식과 극기를 실천해야 한다고 권한다. 하지만 주일과 성목요일에는 단식하지 말라고 했다.[90]

아우구스티누스는 사순 시기 전례에 관한 설교에서, 파스카를 준비하는 사순 시기에 합당한 것들에 대한 욕구를 잘 조절하여 부정한 것들을 완전히 멀리하는 것이 좋다고 말했다.[91]

교회의 가장 위대한 교부이자 영성가인 아우구스티누스

> 겸손함의 스승께서 당신 자신을 낮추셨던 날이 가까이 다가오기 때문에, 우리 모두 단식하며 마음을 낮추도록 합시다. 십자가에서 돌아가신 그분의 죽음을 본받아 단식함으로써 우리 안에 여전히 복종하지 않는 욕망을 십자가에 못 박읍시다.[92]

그는 쾌락을 줄여 나가려 하지 않고 오히려 다른 쾌락으로 바꿔치기 하려는 위험을 경계해야 한다고 말했다. 그렇지 않으면, 사순 시기는 옛 욕망들과 싸우는 기회가 아니라 또 다른 새로운 쾌락을 추구하는 기회가 될 것이라고 했다. 자발적인 단식이 가난한 사람의 양식이 되고, 자발적인 청빈이 가난한 사람의 필수품이 되어야 한다.

> 그리스도인은 단식하여 절약한 금액으로 배고픔을 느끼는 그리스도를 받아들이시오.[93]

아우구스티누스에 따르면, 단식하는 사람은 하루 중 제3시경[94]에 한 끼만 음식을 먹는다. 단식에는 고기와 포도주가 포함된다. 그는 단식과 목욕은 서로 어울리지 않기 때문에 가급적 목욕도 자제했다. 또한 모든 경우에 있어서 악한 본성, 격노와 증오, 논쟁과 언쟁, 해로운 악습을 멀리하는 마음이야말로 참된 단식이라고 강조했다.[95]

> 십자가에 못 박히신 주님의 수난을 거행하는 순간이 가까이 다가올 때, 우리도 자신 안에 십자가를 세우고 육체의 쾌락을 거부하며 예수님께서 유혹과 싸우신 것처럼 단식을 해야 한다.[96]

단식은 영혼을 갈대와 같이 굴복시키는 겸손의 표현이다. 아우구스티누스는 시편 34편 13절[97]을 인용하면서, 금요일 단식을 예수님의 수난과 죽음에 참여하는 적합한 형태라고 보았다.

    성토요일에 제자들은 예수님의 죽음을 슬퍼했고, 신자들은 한데 모여 구원 활동을 기념하는 표지로 단식을 했다.[98] 아우구스티누스는 단식과 금육으로 육체를 다스리고, 자신의 건강 상태에 따라 적당히 먹고 마시라고 권고했다. 단식할 수 없는 사람은 적어도 식사 이외에 어떤 음식도 먹지 말아야 하며, 병자는 단식에서 제외된다.[99]

    아우구스티누스는 자신의 영적 증언에서 맛의 유혹에 대해 언급했다. 날마다 먹고 마시는 음식과 음료가 우리 몸에 활력을 주지만, 언젠가 우리 몸은 모든 필요성이 사라져 불멸의 옷을 입게 될 것이다. 그러니 음식이 필요하다고 해서 음식의 노예가 되어서는 안 된다. 노예 상태에서 벗어나도록 싸워야 한다. 배고픔과 목마름은 음식과 관련된 고통이다. 욕망의 함정은 먹을 것에 대한 걱정에서부터 포만감으로 인한 평화에 이르기까지 도처에 깔려 있다. 건강을 위해 반드시 먹고 마셔야 하지만, 그래도 음식물에 대한 쾌락의 유혹은 항상 경계해야 한다. 그는 건강 유지를 위해 먹어야 한다는 구실로 쾌락의 추구가 합리화될 위험성이 있기 때문에 음식을 현명하게 섭취할 수 있도록 하느님의 도우심을 간청했다.

> 그대는 나에게 음식에 가까이 다가가 음식을 약으로 먹도록 가르쳐 주었다. 배고픔에 대한 걱정에서 포만감의 기쁨으로 건너가는 여정 안에, 욕망의 끈은 함정을 파놓고 나를 기다린다. 내가 비록

건강을 위해 먹고 마신다 하더라도, 위험스러운 만족은 그림자처럼 내게 달라붙어 건강을 위해 먹고 마시려는 나를 유혹하여 만족을 위해 먼저 먹고 마시게 만든다. 건강에 좋은 것은 쾌락에는 별로다. 그렇지만 몸에 꼭 필요한 것인지 아니면 목의 만족을 위한 쾌락의 유혹인지 종종 구분이 되지 않는다.[100]

아우구스티누스는 목의 만족을 억제하기 위해서 철통 같은 경계가 필요하기 때문에 음식과 음료에 대한 욕구를 물리치려는 매일매일의 싸움은 결코 끝이 없다고 말한다.

내가 두려워하는 것은 잔치의 불순함이 아니라 욕구의 불순함이다.[101]

## 7) 대 레오 1세 교황

대大 레오 1세(4세기 후반~461년) 교황은 사순 시기와 성주간에 단식에 관한 주제로 설교했고, 성령 강림 대축일과 9월과 12월의 단식에 관해서도 언급했다.[102]

육체의 감각을 매료시키는 모든 것을 거슬러서 절제의 덕행을 수련하는 법을 배워야 한다. 이러한 덕행은 육체의 만족을 제한시키면서 마음의 지혜는 성숙시킨다. 음식으로 악화될 때와 단식으로 다스려질 때의 영혼의 상태를 비교해 보면 차이가 있다. 배부름과 절제는 결코 동일한 감정을 추구할 수 없다. 영혼의 지배 아래 있을 때에만, 육체는 참으로 건전하고 자유로울 수 있다.[103]

그의 설명처럼 사실 배부름으로 인한 만족과 절제에 의한 만족이 다른 것처럼, 음식으로 부담을 느낄 때의 윤리적인 가치와 단식의 가벼움에서 느끼는 윤리적인 가치는 사뭇 다르다.[104] 단식에는 이러한 일반적이고 의무적인 특징이 포함되어 있다.

성좌의 권위를 굳게 확립한 대 레오 1세 교황

우리는 자선 행위를 늘 열심히 해야 하지만 성스러운 단식을 하도

록 정해진 이날들에는 더 관대하게 합시다.[105]

사실 자유 의지로 하는 단식은 그 효과가 교회 구성원 가운데 단식하는 바로 그 사람에게 돌아가지만, 교회 전체가 하는 단식은 일반적으로 단식에 의한 정화의 효과에서 그 누구도 배제하지 않는다.[106] 레오 교황은 교회의 규범에 12월의 단식도 포함시켰다. 이미 땅의 열매를 거두어들이는 수확 시기가 끝난 뒤, 하느님께 감사를 드리고 그분께 단식의 희생 제물과 함께 자비의 희생 제사를 바치는 것이 합당한 이유는 종교의 덕행과 정의의 덕행이 완전히 일치하기 때문이다.[107]

### 8) 포티카의 디아도쿠스

포티카의 디아도쿠스(400~474?년)는 자신의 저서인 《영적 완성에 관한 단상 100편》에서 맛 좋고 풍성한 음식을 멀리하는 것은 분별력의 바탕이 된다고 주장한다.[108] 단식은 절제의 덕행을 견고하게 하는 수단이다.[109] 절제는 무절제의 피해를 줄여 준다.[110] 과식으로 인해 몸이 나빠지는 것도 묵상에 방해가 되는 것처럼, 지나친 단식으로 인해 몸이 쇠약해지는 것도 묵상에 장애가 된다.[111]

## 9) 라벤나의 페트루스 크리솔로구스

라벤나의 대주교인 페트루스 크리솔로구스(380?~450년)는 사순 시기 단식을 집중적으로 다룬 강론집에서, 단식을 영혼의 양식이라고 강조했다. 단식의 효과는 영혼에 유익이 되기 때문이다. 단식은 인생의 방향키와 같다. 단식은 특히 사순 시기에 몸이라는 배船 전체를 인도해 주는 작은 도구다.[112] 그에 따르면, 신심이라는 음식과 자비라는 음료는 마음가짐에 따라 배부르게도 할 수 있고, 배고프게도 할 수 있다. 가난한 이를 위한 단식을 하지 않는 사람은 하느님을 속이는 자다. 비록 단식은 하지만 자신의 음식을 선물로 내놓지 않는 사람은, 주님을 위해서 단식을 하는 것이 아니라 탐욕 때문에 단식을 하는 자다.[113]

또한 그는 단식을 방해하는 마귀의 유혹에 대해 설명한다. 마귀는 단식하는 사람을 호시탐탐 노린다. 마귀는 인간의 죄로 폭식을 취하고, 음식을 탐식으로, 음료를 만취로 변질시켜 바꿔 놓는다. 또한 마귀는 단식하는 사람을 유혹하여 사치와 쾌락, 야망과 격노, 시기와 탐욕으로 배부르게 함으로써, 몸을 욕망의 장으로 만들어 버린다.[114]

특히 그는 사순 시기에 실천해야 할 영적 단식에 관해 자세하게 다룬다. 사순 시기는 악습의 무리와 욕망의 무질서에 저항하여 싸우는 특별한 시기다. 단식으로 목과 싸우고, 정결로 사치와 싸우며, 믿음으로 악행과 싸운다. 동정심으로 불경과 싸우고, 인내로 격노와 싸우고, 관용으로 탐욕과 싸우며, 자비로 인색함과 싸우고, 겸손으로 교만과 싸우며, 성덕으로 죄와 싸운다.[115] 단식은 죄의 상처를 낫게 하며, 자비는 마음의 상처를 깨끗이 없앤다.[116] 기도와 단식과 자비는 믿음을 뿌리내리게 하는 세 가지 조건이다. 단식은 기도의 영혼이며, 자비는 단식의 생명이다. 따라서 자비가 없는 사람은 아무것도 얻지 못한다.[117]

## 핵심 콕! 콕!

그리스도인의 단식은 그리스도인의 정체성을 드러내는 중요한 표지입니다. 왜냐하면 그리스도인의 단식은 가난한 이들의 양식이며 그리스도인의 청빈은 가난한 이들의 필수품이기 때문입니다. 그러므로 단식하여 생긴 돈을 반드시 가난한 이들에게 되돌려 주어야 합니다. 그렇게 할 때 하느님에 대한 사랑[│]과 인간에 대한 사랑[─]이 만나는 십자가[+]의 삶을 사는 것입니다.

2장에 나온 "그리스도교와 더불어 단식이 기도와 사랑과 밀접한 관계를 맺기 시작했다."는 말의 의미를 이제 이해하시겠지요?

우리도 일주일은 아니더라도 격주에 한 번이라도 단식을 하고, 자녀들에게도 그렇게 하도록 교육한다면 얼마나 좋을까요?

아, 참!
8장 마지막 단락에 나오는 단식의 가치를 여러 번 읽고 묵상해서 꼭 실천하시기 바랍니다.

제9장

# 단식은 내 안에 기도와 사랑을 심는다

# 다시 시작하는 단식

그리스도교의 체험에서 단식이 차지하는 역할은 결코 관례적인 것도 아니고 전통 규정들에 의한 지성적인 선택도 아니다. 사실 오랫동안 서방 그리스도교의 관습에서 단식이 간과되어 오면서, 종교적 영역에서뿐만 아니라 세속적 영역에서도 단식의 가치가 사라지고 말았다. 그런 상황에서 시민권 보호를 위한 비폭력적인 투쟁 수단으로 단식이 널리 이용되어 오다가 최근에 들어서야 많은 의사들이 건강상의 이유로 단식의 가치를 다시 주목하기 시작했다.

그러나 단식은 단지 음식을 포기하는 것으로만 간주될 것이 아니라, 인간의 자유 의지에 따른 선택으로 간주되어야 한다. 우리는 건강을 온갖 남용에서 벗어나 오늘이라는 현재를 충만하게, 또 정신적으로 자유롭게 살도록 하는 자산으로 여겨야 한다. 따라서 정치적 이유나 건강상의 이유로,

또는 물질적 가난이나 정신적 불행 때문에 단식을 하는 경우처럼, 단식의 동기는 아주 다양할 수 있는 것이다.

단식의 육체적 고행은 단식하는 사람의 마음가짐에 따라 천차만별이다. 하지만 육체적·정신적 균형 감각을 이룬 상태에서 하는 단식에는 하느님의 은총이 따른다. 단식은 단식하는 사람의 외적 욕구와 내적 욕구가 구체적으로 조화를 이루도록 도와준다. 서방 교회와 동방 교회의 단식 행위가 서로 다르다 할지라도, 이러한 단식의 의미는 똑같다.

인간은 영의 식별을 통해서 더 좋은 것을 선택한다. 교부들은 제자들에게 많은 영적 권고를 했다. 영적 스승들의 권고에서 나타나는 공통점은 영혼의 평화와 조급해하지 않는 여유와 온순함이다.[1] 그리고 이러한 권고에 빠지지 않고 등장하는 것이 바로 단식이다.

그리스도교 단식에 대해 성서적·역사적으로 살펴볼 때, 개별 단식 또는 공동체 단식, 자유 단식 또는 의무 단식, 유연한 단식 또는 엄격한 단식으로 다양하게 구분할 수 있다. 이러한 구분에 따라 단식의 동기와 정당성이 결코 동일하지 않았다. 또한 단식의 동기에 따라 참회를 위한 단식, 육체적 욕정을 극복하기 위한 단식, 하느님을 만나기 위해 정화를 목적으로 하는 단식, 여러 성사들을 받아들이기 위해 준비하는 단식 등 여러 가지 단식이 있었다. 실제로 이 모든 단식은 인간 역사에서 그 어느 시대에도 결코 사라지지 않고 늘 함께해 왔다.[2]

그러나 단식의 종류가 이렇게 많음에도 불구하고 한 가지 분명한 사실은, 기도와 사랑이 그리스도교 단식과 불변의 관계를 맺고 있다는 점이다. 이런 특징이 빠진 단식은 세속적인 가치를 지닌 하나의 행위에 불과하다. 그리스도교의 단식은 음식의 쾌락을 포기한다는 물질적인 표징을 통해서 성령의 성전인 몸의 품위를 회복하도록 미리 준비시켜 주고, 영혼으로 하여금 하느님을 닮도록 한다. 바오로 6세 교황의 교령, 〈단식과 금육 *Paenitemini*〉에서 교황은 그리스도교 생활의 기본을 언급하면서 기도와 자선과 함께 음식의 고행인 단식을 열거한다.

단식은 모세에게도 그랬던 것처럼 그리스도인에게도 하나의 신학적인 행위다. 모든 참된 참회에는 신체의 고행, 곧 몸에 그 어떤 단죄도 부여하지 않는, 감각들의 고행이 요구된다. 몸은 음식의 단식을 통해 물질의 횡포로부터 벗어나 자유롭게 된다. 그래서 인간은 활력을 되찾고, 무절제가 우리 본성의 품위에 준 상처는 구원에 유익한 단식이라는 약으로 치료받는다.[3]

바오로 6세 교황은 〈단식과 금육〉[4]에서 참회의 신적 계명에 따르기 위해서 꼭 필요한 것은 교회가 정한 전통적인 세 항목에 '기도'와 '자선'과 '금육과 단식'이 포함되어 있다는 점을 신자들에게 상기시켰다.

서방 교회에서 금육은 고기만 해당되지만, 동방 교회의 전통[5]에서는 유제품과 계란, 양념과 동물 기름도 포함된다. 단식재의 법률은 하루 한 끼만 먹는 것을 규정으로 하고 있지만, 아침과 저녁에 적절히 조절하여 음식을 먹는 것을 금하지는 않았다. 만 14세부터 금육을 지킬 수 있지만, 만

21세부터 만 60세까지의 성년은 단식을 지켜야 한다. 사순 시기는 참회를 위한 특별한 시간과 공간이기 때문에, 교회는 이 시기에 단식과 금육을 통해서 자선 활동을 실천하라고 권고한다.[6]

교회는 〈전례 헌장〉에서 사순 시기의 참회가 내적이고 개인적인 참회뿐만 아니라 외적이고 사회적인 참회가 되어야 한다고 권한다. 주님이 수난하시고 돌아가신 성금요일에는 어디서나 파스카 단식을 종교적으로 지켜야 하며, 가능하다면 성토요일까지 단식을 연장하여 드높고 열린 마음으로 주님 부활의 기쁨에 이르러야 한다.[7]

육체적 양식을 인간 노동의 정당한 결실로 이해할 때, 단식에 대한 신학적 토대와 성찰이 마련되고 시작된다. "일꾼이 자기가 먹을 것을 받는 것은 당연"[8]하기 때문이다. 바로 여기에서 인간의 자유 의지로 선택한 단식에 대한 신학적 성찰이 시작된다. 예수님은 제자들에게 육체적 양식은 생존의 마지막 단계가 아니라고 말씀하셨다.

> 그러므로 내가 너희에게 말한다. 목숨을 부지하려고 무엇을 먹을까, 몸을 보호하려고 무엇을 입을까 걱정하지 마라. 목숨은 음식보다 소중하고 몸은 옷보다 소중하다. 너희는 무엇을 먹을까, 무엇을 마실까 하고 찾지 마라. 염려하지 마라. 이런 것들은 모두 이 세상 다른 민족들이 애써 찾는 것이다. 너희의 아버지께서는 이것들이 너희에게 필요함을 아신다. 오히려 너희는 그분의 나라를 찾아라.

그러면 이것들도 곁들여 받게 될 것이다.[9]

물질적인 엄격함인 단식은 종말론을 미리 준비하게 한다. 물질적인 단식에서 영적인 단식까지의 간격 차이는 마음의 지향과 성령의 활동에 대한 순명에 달려 있다.

오늘날 단식을 언급할 때, 단식에 대한 의학적·생물학적 연구 결과도 함께 언급해야 한다. 예를 들어, 몸을 보존하고 회복한다는 기준에 따라 쉘톤Shelton 박사는 장을 해독하여 흔한 질병에서부터 중대한 질병에 이르기까지 모든 질병의 감염원을 치유하겠다는 주된 목적을 갖고 단기 단식이나 장기 단식이 신체에 미치는 효과를 실험했다. 쉘톤 박사의 연구가 단식의 종교적 기원과 윤리적 기원을 밝혀내지는 못했지만 그가 밝혀낸 사실 하나는, 동·식물의 세계에서는 단식을 일반적으로 볼 수 있는데,[10] 생명체는 주로 위생학적 동기에 의해 자발적으로 양분 섭취를 중단하거나 몇몇 음식이나 음료 섭취를 일시적으로 중단한다는 것이다. 나아가 신체적 건강과 심리학적 건강이 서로 다른 별개의 문제가 아니라는 데까지 이른다. 그래서 쉘톤 박사는 고대 치료 방식인 단식의 가치를 주목해야 한다고 제안했다. 고대 사람들은 단식을 통해 질병을 치료하려고 했기 때문이다.[11]

학문적·인문학적 특징을 지닌 단식에 관한 또 다른 연구는, 영혼과 육체가 아주 밀접한 관계를 맺고 있기 때문에 인간을 총체적으로 치유하는 데 단식이 기여한다고 말한다. 왜냐하면 육체의 건강은 영혼의 상태에 달려 있고, 영혼의 건강은 육체의 상태에 달려 있기 때문이다. 잠을 통해 몸의 각 지체들이 휴식을 취하는 것처럼, 단식을 통해 몸에 활력을 불어넣는 기관들이 휴식을 취한다. 단식은 생명 프로그램 차원에 그치지 않고, 더 나은 삶을 살 수 있게 해 준다. 따라서 다양한 시기에 특별한 음식을 규칙적으로 섭취하는 완만한 단식만으로도 신체적·지성적인 기능 장애를 치유하고 예방할 수 있다.[12]

인도의 간디도 자신에게 맞는 식이요법을 선택하면 건강과 위생을 지킬 수 있다고 주장했다. 따라서 자신에게 맞는 식이요법을 무시한 채 몸을 돌보려고 한다면, 그것은 하나의 겉치레로 끝나고 말 것이다. 미각을 만족시키기 위한 단식이 아닌 생명 유지에 꼭 필요한 단식을 우선시할 때, 간디의 말이 지닌 효과가 분명하게 드러난다.[13]

러시아 정교회 신학자 슈메만A. Schmemann은 종교적인 단식이 지닌 영성적인 목적을 이해하는 것이 그리스도인들에게 필요하다고 주장했는데, 이러한 그의 주장은 옳다. 음식 단식과 물질 단식이 결코 총체적이고 절대적인 단식이 아니라는 사실을 실존적으로 보여 주는 증거가 바로 종교적인 단식이다. 신적 은총과 찬미 기도가 결합된 종교적인 단식은 인간의 고유한 신인적 본성을 총체적으로 회복시켜 주는 탁월한 수단이다. 인간에게 빵만 있으면 된다는 그릇된 확신을 반박하고 그런 거짓말을 하는 사람들을 반박하는 것이 바로 종교적인 단식이다. 그러나 육체적 단식에는 반드시 식별과 신중함이 따라야 하며, 영적 노력과 기도와 하느님에 대한 묵상이 동반되어야 한다. 만일 우리가 하느님의 사랑으로 단식을 한다면, 우리 몸이 하느님 현존의 성전이라는 사실을 깨달을 수 있다. 단식을 하다 보면, 여러 유혹, 곧 의심과 나약함, 성급함, 장기간 단식하다가 굶어 죽겠다거나 음식을 먹으니 이제 살 것 같다는 유혹들과 직면하게 된다. 그러나 단식을 통해서 인간은 하느님에 의해 양육되고 하느님께 온전히 의탁하는 존재라는 사실을 깨달을 수 있다. 그렇게 될 때 인간은 선의 완성을 가로막는 장애물이 바로 세상이라는 인식에서 벗어날 수 있을 것이다.[14]

하느님은 아담과 하와에게 음식을 먹지 말라고 하신 것이 아니라, 특정 열매를 따 먹지 말라고 하셨다. 하느님이 명하신 이 단식은 모든 예언자들과 현자들과 몸을 다스리고 마음의 해방을 목적으로 삼는 종교들에게 공통된 의식이 되었고, 그리스도교 안에서는 낭비에 대한 엄중한 심판이 되었으며, 필요한 것을 많은 이들이 함께 나누는 자비의 행동이 되었다.

따라서 단식은 자신의 경솔함을 다스리고 종교 행위에 마음을 열며 자신의 구원을 준비하는 중요한 행위다. 단식하기에 좋은 시기인 사순 시기의 단식은 주로 영성적인 단식이다. 관능주의에 대한 눈의 단식, 수많은 소음을 거슬러서 침묵 공간을 특별히 마련하는 귀의 단식, 무례한 말을 교정하는 혀의 단식, 영성 생활의 투명성을 흐려 놓을 수 있는 아첨과 인간적인 성공을 거부하는 성공에 대한 단식, 끝으로 노동이나 직업에서 출세주의, 경제적 불안, 장래 걱정, 온갖 형태의 남용과 같은 엄청난 양의 '마약과 실존적인 '우상 숭배'를 거부하는 단식을 권장해야 한다.

단식의 목적은 인간의 몸을 타락시키기 위한 것이 아니라 몸을 영성화하기 위한 것이다. 단식은 그리스도인들에게 음식에 대해 새롭고 조화로운 관계를 맺도록 이끌어 준다. 단식을 통해 가난한 이들과 함께 나누는 인간적인 연대성이 구체적으로 드러날 때, 일상적인 단식은 그리스도교의 단식과 결합된다. 따라서 그리스도인은 사순 시기에만 단식을 할 것이 아니라, 종말론과 상관없이 모든 상황 안에서 단식을 실천해야 한다.

우리는 주님의 다시 오심을 기다리며 단식할 것이다!

부록

# 1. 주석

### 제1장 온몸으로 드리는 기도의 시작

1. Remotti E., "Digiuno", *EC*, vol. IV, 1598
2. Remotti, 같은 책, 1599, "Corporali ieiunio vitia comprimis, mentem elevas, virtutem largiris et praemia."
3. Festugière, A.J., *Contemplation et vie contemplative selon Platon*, Ed. J. Vrin, Paris 1950 (2ᵉ éd.), 31
4. Ippocrate, *Opere*, a cura di M. Vegetti, UTET, Torino 1965 참조
5. Galeno, *Opere scelte*, a cura di I. Garofalo e M. Vegetti, UTET, Torino 1978 참조
6. Reale G. - Antiseri D., *Il pensiero occidentale dalle origini ad oggi*, vol. I, La Scuola, Brescia 1983, 112~113 참조
7. Špidlik T., "La spiritualité de l'Orient chrétien", *OCA* 206 (1978) 111 참조
8. Špidlik, 같은 책, 90~93
9. 1코린 6,19-20
10. Špidlik, 같은 책, 112~113
11. 창세 1,27
12. 창세 2,7
13. Bianchi U., *La ⟨doppia creazione⟩ dell'uomo, negli Alessandrini, nei Cappadoci e nella gnosi*, Ed. dell'Ateneo & Bizzarri, Roma 1978
14. Reale.- Antiseri, 앞의 책, 307~309

| | |
|---|---|
| 15 | 오리게네스, 《원리론》, MPG XI, 115 이하 |
| 16 | 오리게네스, 같은 책, 541 이하 |
| 17 | 오리게네스, 같은 책, 542 이하 |
| 18 | 오리게네스, 《창세기 강해》, MPG XII, 145 |
| 19 | 오리게네스, 《원리론》, MPG XI, 249 이하 |
| 20 | 그레고리우스, 《세상 만듦》, MPG XLIV, 123 이하 |
| 21 | Hausser I., "Les grands courants de la spiritualité orientale", *OCP* 1 (1935) 114 이하 |
| 22 | 바실리우스, 《6일 창조에 관한 강해》, IX,6, *MPG* XXIX, 203~204 |
| 23 | 바실리우스, 같은 책, 204~207 |
| 24 | 바실리우스, 같은 책, 204~207 |
| 25 | Clément O., *L'Église orthodoxe*, Presses Universitaires de France, Paris 1961, 61 |
| 26 | Hausser I., "Philautie", *OCA* 137 (1952) 134 이하 |
| 27 | 바실리우스, 《청년들에게》, *MPG* XXXI, 563~590 |
| 28 | Aa.Vv., *Guida alle religioni. Ideologia e vita delle più grandi fedi del mondo*, a cura di F. Pierini, Ed. Paoline, Roma 1983, 83 이하 참조 |
| 29 | Cabrol F., "Jeûne", *DAL*, vol. VII, 2481; Galieti A., "Digiuno", EC, vol. IV, 1596 |
| 30 | 오르페우스 사람들이 준수한 정화를 위한 도덕규범을 살펴보면, 동물의 영혼이 윤회할 수 있기 때문에 동물을 죽이거나 먹지 않았다. 죽은 이들에게 제물로 바치는 부드러운 콩류도 먹지 않았다. 그들은 계란이 여러 세대를 통해 하늘에 스며든 영혼과 관련이 있다고 생각했기 때문에 계란도 먹지 않았다(Di Nola A.M., "Orfismo", *ER*, vol. IV, 1203~1204). |
| 31 | 엘레우시스 사람들은 입문 예식 이전 기간에 엄격한 단식을 했다. 소小 신비들보다 여섯 달 간격을 두고 거행된 대大 신비는 7일간의 준비 기간이 있었다. 입문 예식을 따르는 입문자들은 단식과 극기의 규칙을 준수했고, 예식이 거행되는 동안 가금류, 몇몇 생선, 콩류, 사과를 먹지 않았다(Di Nola A.M., "Eleusi", *ER*, vol. II, 1123~1124). |
| 32 | 미트라의 신비 예식에서는 성사 예식과 신비 음식은 단식한 사람들과 다양한 수련 기간을 거친 사람들에게만 허락되었다. 신비 음식을 먹음으로써 육체의 활력과 신체적 행운, 영적 지혜와 악마와 싸우는 힘을 얻었다(Di Nola A.M., "Mithraismo", *ER*, vol. IV, 548). |
| 33 | 아티스와 키벨레의 신비 예식 중 제의식에서는 항상 입문자들이 신들의 마음에 들게 하는 번제물을 바치고 육체적인 고행인 단식을 했다. 가나안 땅에 들어간 날을 |

기리는 축제일과 일치하는 3월 15일에 아티스와 요정의 사랑을 기념하는 표지로 오랜 고행과 단식 기간이 시작되었다. 3월 24일은 피와 죽음의 날이었고 아티스의 귀환을 맞이하는 위대한 전야가 시작되는 그날 밤에 신도들은 우유와 꿀만 먹는 엄격한 단식을 했다. 우유와 꿀은 신들의 양식이며, 새 생명으로 갓 태어난 새 신도들의 양식을 상징한다. 키벨레의 신비 예식에도 특별한 음식을 먹지 않는 단식이 있었다. 즉 곡류는 먹는 것이 금지되었다(Di Nola A.M., "Attis", *ER*, vol. II, 150~153).

34 이집트 종교 예식에서 다양한 목욕과 도유를 행한 후에 특별한 음식에 대한 단식이 있었고, 마귀를 쫓아내기 위한 희생 제물을 바친다는 의미에서 일정 기간 동안 단식을 했다(De Guibert J., "Ascèse", *DS*, vol. I, 946 이하).

35 Cabrol, "Jeûne", *DAL*, vol. VII, 2482
36 Behm J., "Nistis", *GLNT*, vol. VII, 970~974 참조
37 Gerlitz P., "Fasten", *TR*, vol. XI, 42 이하
38 플라톤, 《대화》;《국가》, VI (498B), a cura di F. Sartori, Laterza, Bari 1956, 270~271
39 플라톤, 《국가》, VII, 301
40 플라톤, 같은 책, IX, 407~408
41 Schmemann A., *La Grande Quaresima*, Marietti, Torino 1986, 102
42 1코린 2,12
43 창세 3,1
44 창세 3,4-5
45 창세 2,17
46 창세 3,6.
47 니사의 그레고리우스,《세상 만듦》, 123 이하 — 객관적인 실재를 감각적으로 더 잘 알 수 있게 해 주는 태도는, 입을 통해 외부와의 직접 관계를 맺는 어린이의 행동에서 입증될 수 있다. 심리학적 특징을 지닌 변수는 관찰 즉 어린이가 주변 세상과 친숙해지려고 표현하는 욕구를 바탕으로 이루어진다. 본능은 어린이에게 육체적인 감정을 불러일으키게 만든다. 즉 지배와 소유욕은 손에 닿는 모든 물건을 즉시 입으로 가져가는 태도로 드러난다. 따라서 육체의 음식이라는 관점에서 볼 때, 식사 행위는 무분별한 용어로 말하면 어떤 외부 물건이든 자기의 소유로 간주하는 수단이 된다. 그 "맛"은 관심을 끄는 물건을 더 깊이 있게 알 수 있게 하는 형태라고 정의할 수 있다. 아주 특별한 어린이의 경우 모든 것을 구강의 촉감을 통해 인지한다. 이런 행위를 절제하게 하는 것은 어떤 것을 알 수 있는 기회를 희생, 강제

또는 자발적으로 포기하게 하는 것이 된다.

48　Schmemann A., *Le Grande Carême. Ascèse et liturgie dans l'Église orthodoxe* (Spiritualité orientale, 13, Abbaye de Bellefontaine 1977, 132~133)

49　창세 4,1 이하 참조 — 어쩌면 인간은 초자연적인 상태에서 동물의 본능적인 기준과는 전혀 다른 기준에 따라 생겨났을 것이다. 니사의 그레고리우스는 다음과 같이 말한다. "죄를 범한 후 낙원에서 쫓겨나면서 여인은 고통의 형벌을 받았고, 아담은 혼인을 통해 그 배우자를 알게 되었다. 그리하여 출산이 시작되었다. 만일 낙원에 혼인도 없고 출산도 없고 고통도 없었다면, 만일 죽지 않을 운명이 죽을 운명으로 변하지 않았다면, 인간의 수가 많아지지 않았을지도 모른다고 결론을 내려야 할 것이다. 인간은 죽음의 두려움을 계속 느끼지 않으면서 원조의 세대로만 머물러 있었을 것이다. 하지만 주님으로부터 부활 때에는 더 이상 장가드는 일도 시집가는 일도 없을 것이고, 천사들과 같아져서 더 이상 죽는 일도 없다는 것을 알게 되었다(루카 20,35-36 참조). 죽은 후에 우리가 맞이하는 은총은 다시 낙원으로 가는 초대이자, 첫 번째 생명으로 돌아가는 것이라는 사실을 염두에 둔다면 '타락' 이전의 인간은 영적인 형태에 속한 존재였다고 할 수 있다. 따라서 우리가 원초적인 상태로 돌아가면 천사들과 같아질 것이다."(니사의 그레고리우스, 《세상 만듦》, col. 119ss)

50　Schmemann, *La Grande Quaresima*, 같은 책, 128

51　Mugnier F., "Abstinence", *DS*, vol. I, 112 이하


# 제2장 구원을 부르짖는 자들

1　Behm, "Nistis", *GLNT*, 975
2　1사무 31,13
3　2사무 1,12
4　유딧 8,5-6
5　예레 16,7
6　De Vaux R., *Le istituzioni dell'Antico Testamento*, vol. II: *Il periodo dei Giudici*, Marietti, Torino 1964, 68~69 참조
7　Cabrol, "Jeûne", *DAL*, 2482 이하
8　Cremer, F.G., *Die Fastenusage Jesu*, Bonn 1965, 11
9　탈출 34,28

10  Behm, "Nistis", *GLNT*, 975
11  다니 9,3
12  Deseille P., "Jeûne", *DS*, vol. VIII, 1166
13  참고: *I Manoscritti di Qumran, a cura di L. Moraldi*, UTET, Torino 1971, 567
14  레위 16,29
15  Bonsirvern P., *Il giudaismo palestinese al tempo di Gesù*, Marietti, Torino 1950, 81
16  De Vaux, 앞의 책, 486
17  Deseille, "Jeûne", *DS*, 1164
18  역자 주 — 일곱째 달 초하루부터 열흘까지가 이스라엘의 '거룩한 날들'이다. 이 기간에 7일 간의 축제를 지냈다. 열흘째 되는 날이 '속죄일'이다.
19  역자 주 — '키푸르'는 '욤 키푸르'라고도 한다.
20  "일곱째 달 초하룻날에 너희는 거룩한 모임을 열고, 생업으로 하는 일은 아무것도 해서는 안 된다. 이날은 나팔을 부는 날이다"(민수 29,1)
21  Aron R., *Così pregava l'ebreo Gesù*, Marietti, Torino 1982, 161~168
22  Kopciowski E., *Ascolta, Israele!*, Ed. Paoline, Roma 1983, 150
23  Deseille, "Jeûne", *DS*, 1164~1165
24  즈카 8,19
25  Van Goudoever, G., *Fête et calendriers bibliques*, Beauchesne, Paris 1961, 67 이하
26  "넷째 달 초아흐렛날 도성에 굶주림이 심해지고 나라 백성에게 양식이 떨어졌다. 드디어 성벽이 뚫렸다."(예레 52,6-7; 참고: 2열왕 25,3-4)
27  "다섯째 달 초열흘날, 바빌론 임금 네부카드네자르 제십구년에, 바빌론 임금을 면전에서 섬기던 느부자르아단 친위대장이 예루살렘에 들어왔다."(예레 52,12; 2열왕 25,8 참조)
28  이사 1,1-27; 예레 1,1-19; 2,29 참조
29  이사 40,1 이하 참조
30  Van Goudoever, 같은 책, 70
31  "그래서 바빌론 임금 네부카드네자르는 치드키야 통치 제구년 열째 달 초열흘날에, 전군을 이끌고 예루살렘에 왔다. 그들은 그곳을 향하여 진을 치고 사방으로 공격 축대를 쌓았다."(예레 52,4; 참고: 2열왕 25,1)
32  Bonsirvern P.G., 앞의 책, 97~99
33  De Vaux, 앞의 책, 260
34  판관 20,26

| | |
|---|---|
| 35 | 2마카 13,12 |
| 36 | 1사무 14,24; 참고: 1사무 14,6-7.10.12.14 |
| 37 | 바룩 1,5 |
| 38 | 에스 4,3 |
| 39 | 에스테르의 기도(에스 4,17 이하 참조) |
| 40 | 에즈 10,6 |
| 41 | 느헤 9,1 이하 참조 |
| 42 | 시편 69,11 |
| 43 | Behm,, "Nistis", *GLNT*, 977 참조 |
| 44 | 1사무 7,6 |
| 45 | 느헤 1,4 |
| 46 | 느헤 9,1-3 |
| 47 | 2사무 12,15-16 |
| 48 | 유딧 4,9-13 |
| 49 | 판관 20,26 참조 |
| 50 | 에스 4,16 |
| 51 | Behm, "Nistis", *GLNT*, 975 참조 |
| 52 | 탈출 19,12 |
| 53 | 탈출 19,15 |
| 54 | 탈출 3,5-6 |
| 55 | Palazzini P., "Digiuno", *EC*, 1529 참조 |
| 56 | Deseille, "Jeûne", *DS*, 1165~1166 참조 |
| 57 | 신명 8,3 |
| 58 | Deseille, 같은 책, 1166 참조 |
| 59 | 이사 58,3-7 |
| 60 | Behm, "Nistis", *GLNT*, 977 |
| 61 | 즈카 7,9 |
| 62 | 즈카 8,16 |
| 63 | 요엘 1,14; 참고: 요엘 2,12-17 |
| 64 | 요나 3,5.7 |
| 65 | Bonsirvern, 앞의 책, 109~110 |
| 66 | 토빗 12,8 |

67  Schmemann, *La Grande Quaresima*, 101

## 제3장 다시 오심을 준비하는 자들

1   Deseille, P., "Jeûne", *DS*, 1167 참조
2   Behm, J., "Nistis", *GLNT*, 983 참조
3   Behm, J., 같은 책, 966~970 참조
4   언어 단식과 부부 관계의 단식을 말한다.
5   Thouventin A., "Jeûne", *DTC*, 1411~1412
6   Deseille, "Jeûne", *DS*, 1164 — 동방 교회에는 일반적으로 제9시에 하루 한 끼니만 먹는 식사 규정이 있다. 사순 첫날과 성금요일에는 절대 단식을 한다. 성금요일과 성토요일, 사순 첫 이틀 동안 연속 단식을 한다. 고기와 계란과 유제품과 생선과 (올리브) 기름과 포도주는 절대 먹지 못한다. 소금에 절인 빵과 물과 채소와 부드러운 콩과 과일을 먹을 수 있다. 사순 시기에 건조한 음식을 먹는 식사는 라오디케이아 교회 회의 제50조에 규정되어 있다. 이보다 더 가벼운 단식은 주님 탄생 예고 축일과 성지 주일에 하는 단식이다. 이 기간에는 (올리브) 기름과 포도주와 생선을 먹을 수 있고, 사순 시기 이전 수요일과 금요일에는 유제품과 계란을 먹을 수 있다 (Rezac J., "Digiuno", *DIP*, vol. III, 498~499 참조). 이와 관련된 내용은 4~6장에서 다시 다룰 것이다.
7   Wimmer J.F., *The Meaning and Motivation of Fasting according to the Synoptic Gospels* (dissert. Pont. Univ. Gregoriana), Roma 1980 참조
8   율법을 선포한 모세와 율법을 복구한 엘리야의 절대 단식은 초자연적인 행위였다. 이 단식으로 두 사람은 타볼산에서 예수님과 함께 다시 발현할 수 있는 보상을 받았다(Walls A., *Il digiuno voluto da Dio*, Firenze 1985, 19 참조).
9   마태 4,4 — 마태오 복음사가와 루카 복음사가는 예수님을 세리와 죄인들과 식사를 하는 신랑으로 소개할 뿐만 아니라, 성령에 이끌려 광야에 나가 성부를 향한 충실함으로써 악마의 유혹을 이겨 내신 분으로 소개한다(Wimmer, 앞의 책, 17).
10  하느님이 당신의 영을 통해 이스라엘 백성을 이집트에서 탈출시킬 때에 이스라엘 백성을 광야로 인도하여 시련을 겪게 하신 것처럼 하느님의 아드님이신 예수님도 영에 이끌려 광야로 인도되어 유혹을 받으셨다. 이스라엘 백성은 하느님의 시험을 받은 반면, 예수님은 악마의 유혹을 받으셨다. 예수님은 광야에서 이스라엘 백성

이 받았던 그 어려움을 다시 겪으셨다. 이스라엘 백성은 그 어려움에 굴복했지만 예수님은 이스라엘의 가르침을 당신의 것으로 삼으시면서 승리를 다시 가져오신다. 광야의 40년은 이스라엘 백성에게 모욕과 '단식'으로 표현되는 고통스러운 배고픔의 기간이었다. 이스라엘 백성에게 그 기간은 참된 단식의 기간이 아닌 엄한 시련의 기간이었다(Dupont J., *Le tentazioni di Gesù nel deserto*, Paideia Brescia 1970, 14 이하 참조).

11 Wimmer, 앞의 책, 22
12 로마 14,17
13 이사 40,3; 마르 1,3; 요한 1,23 참조
14 은수 생활은 광야의 고독과 냉혹함에서 성숙된 그리스도교 생활의 가장 명백한 결실이다. Muddiman J.B., *Jesus and Fasting. Mark 2,21-22*, Ed. by J. Dupont Leuven, Leuven Univ. Press. 1975, 271~281; Fanin L., "L'interrogazione sul digiuno: Mc. 2,18~22", *Miscellanea Francescana* 76 (1976) 93~107 참조
15 "그러나 이제 나는 그 여자를 달래어 광야로 데리고 가서 다정히 말하리라."(호세 2,16)
16 Hamman A., *La prière*, vol. I: *Le Nouveau Testament*, Desclee, Tournai-Paris 1959, 79; 수난 전에 인적이 없는 겟세마니에서 성부께 바치신 예수님의 기도(마태 26,36-39 참조)
17 마태 6,2
18 마태 6,5
19 마태 6,16
20 마태 5,3-12 참조
21 Hamman A., 같은 책, 95 이하
22 마태 6,3-4
23 마태 6,6
24 마태 6,17-18
25 신명 8,3 참조
26 Behm, "Nistis", *GLNT*, 984
27 레위 16장에서 19장에 나오는 내용 참조
28 Lagrange M.J., *Évangile selon saint Marc*, Gabalda, Paris 1966, 46
29 Behm, "Nistis", *GLNT*, 984; Lpwy S., "The Motivation of Fasting Talmud Literature", *Journal of Jewish Studies* 9 (1958), 19~38 참조; "저는 일주일에 두 번 단식하고 모든 소득의 십일조를 바칩니다"(루카 18,12)라는 바리사이의 기도 참조

30  마태 3,4

31  즈카 8,19

32  Lagrange, 앞의 책, 46 참조

33  마태 11,18-19; 참고: 루카 7,33-35

34  이사 25,6

35  Schmemann A., "Jeûne et liturgie", *Irénikon*, 27 (1954) 294

36  마태 14,19-20

37  루카 5,29; 마태 9,10; 마르 2,15; Feuillet A., "La controverse sur le jeûne(Mc. 2,18-20; Mt. 9,14-15; Lc. 5,33-35)", *Nouvelle Revue Theologique* 90 (1968) 113~136 참조

38  요한 2,1-2

39  Hamman, 앞의 책, 198

40  Behm, "Nistis", *GLNT*, 984

41  O'hara J., "Christian Fasting (Mt. 6,16-18)", *Scripture* 19 (1967) 3~18; O'hara J., "Christian Fasting (Mt. 2,18-22)", *Scripture* 19 (1967) 82~95 참조

42  루카 22,28-30

43  루카 14,12-13

44  Hamman, 앞의 책, 198~199

45  루카 14,16-24; 마태 22,1-14; 8,11; Leonardi F., "Shared Fasting", *Clergy Review* 57 (1972) 210~213 참조

46  Lagrange, 앞의 책, 47~48 참조

47  루카 12,37

48  마르 2,19; 참고: Giade G., "Question sur le jeûne. Mc. 2,18-22", *Assemblées du Seigneur* 39 (1972) 44~54

49  마르 2,20

50  Schmemann, *Jeûne et liturgie*, 294 참조

51  마태 6,1-8.16-18; Kee A., "The Question about Fasting", *Novum Testamentum* 11 (1969) 161~173 참조

52  Schmemann A., *Jeûne et liturgie*, 297 참조

53  역자 주 — 이 책의 각주에는 마태 17,21이라고 되어 있다. 오늘날 우리가 사용하는 성경에는 17장 21절이 없다. 하지만 다른 사본에는 이 내용이 들어 있다.

54  Bouyer L., "La première eucharistie dans la dernière Cène", *La Maison-Dieu* 18 (1949) 36~38

55 Delorme J., "À propos de la dernière Cène", *Ami du Clergé* (1955) 660
56 Bouyer, 앞의 책, 39 참조
57 성찬 단식이 하나의 전통으로 정착되기까지는 사도 이후 교회의 시대를 기다려야 한다. 제2차 바티칸 공의회 전에는, 서방 교회에서 주일 성찬례에 참여하기 위해서 자정부터 단식을 해야 했다. 그다음 간소해져서 단식이 세 시간으로 단축되었고, 오늘날에는 영성체 전 한 시간으로 단축되었다. 하지만 실제로 성찬 단식의 중요성에 대한 사목적인 권고가 빈약하다. 사정이 그렇게 된 것은 단식재에 관한 그릇된 법적 개념의 결과 때문이었다. 새 《교회 법전》은 성찬 단식에 관해 규정하지 않고, 특별한 날에 하는 금육재와 단식재만 규정한다. 참회의 날들에 관해 연중 모든 금요일에는 금육재를 지키고 재의 수요일과 성금요일은 단식재를 지켜야 한다고 강조한다(제1251조). 만 14세부터 만 60세까지의 모든 성년자들은 금식재의 법률을 지켜야 한다(제1253조). 이런 준수 방식이 다른 형태의 참회, 특히 애덕 사업과 신심 수련으로 대체될 수 있다고 할지라도(제1253조), 참회의 참된 의미를 깨닫도록 해야 한다(제1252조). 하지만 동방 정교회의 상황은 다르다. 성찬 단식, 대大 사순 시기 단식과 소소 사순 시기 단식(성령 강림 대축일 이후 성인, 사도들의 축일과 마리아 축일 특히 마리아 안식 축일을 준비하는 대림 시기), 몇몇 음식을 엄격하게 멀리하는 주간 단식, 부부 관계와 세속적인 것에 얽매일 수 있는 모든 활동의 금지를 아주 엄격하게 준수한다. 성찬례 준비는 지상에 하늘 나라를 미리 선취하고 완성한다는 사실에서 그 정당성이 입증된다(Bran F., *De jejunio ecclesiastico in genere deque jejuniis Ecclesiae Orientalis in specie* [diss. Univ. Hung. Budapest], Magno-Varadini, 1889 참조).
58 Behm, "Nistis", *GLNT*, 988
59 마태 9,14-15 참조
60 Palazzini P., "Digiuno", *EC*, 1590c
61 Schmemann A., *Jeûne et liturgie*, 294~295 참조
62 Schmemann, 같은 책, 297~298; Maloney G.A., *A Return to Fasting*, Pecos. N.M. 87552, Dove Publ. 1974, 1~27 참조
63 마태 6,16-17 참조
64 Wimmer, 앞의 책, 22~23; Prince D., *How to Fast Successfully*, Lauderale Publishing, 1976 참조
65 Cremer, 앞의 책, 7 참조
66 Cullmann O., "La signification de la Sainte-Cène dans le christianisme primitif", *RHPR* 1 (1936) 2~3

| | 역자 주 — 일반적으로 아가페는 성찬례에 참여하러 온 신자들이 각자 집에서 가져온 음식을 함께 나누어 먹는 예식이다. |
|---:|:---|
| 67 | Behm, "Nistis", *GLNT*, 989 참조 |
| 68 | 다니 9,3-4 |
| 69 | 사도 13,2 |
| 70 | 사도 13,3 |
| 71 | Hamman, 앞의 책, 207~247 참조 |
| 72 | 사도 14,23 |
| 73 | 사도 27,9-23은 바오로 사도가 로마로 가는 여행 도중 폭풍을 만나 바다에 표류한 이야기를 전해 준다. |
| 74 | Hamman, 같은 책, 142 참조 |
| 75 | 2코린 6,4-5 참조; 참고: 2코린 11,27 |
| 76 | 1코린 7,5-6 |
| 77 | "육의 행실은 자명합니다. 그것은 곧 불륜, 더러움, 방탕, 우상숭배, 마술, 적개심, 분쟁, 시기, 격분, 이기심, 분열, 분파, 질투, 만취, 흥청대는 술판, 그 밖에 이와 비슷한 것들입니다. 내가 여러분에게 이미 경고한 그대로 이제 다시 경고합니다. 이런 짓을 저지르는 자들은 하느님 나라를 차지하지 못할 것입니다."(갈라 5,19-21) |
| 78 | 로마 14,14-23; 1코린 10,25-31; 콜로 2,16-23; 티토 1,13-15; 1티모 4,1-5 참조 |
| 79 | 1코린 10,31 |
| 80 | Musurillo H., "The Problem of Ascetical Fasting in the Greek Patristic Writers", *Traditio* XII (1956) 46~47 |

## 제4장 그분의 뜻을 어떻게 이을 것인가

| | |
|---:|:---|
| 1 | Aa.Vv., *Redécouverte du jeûne: sagesse du corps*, Paris 1959 |
| 2 | Jeremias J., *La dernière Cène: les paroles de Jésus*, Du Cerf, Paris 1973; Gerken A., *Teologia dell'Eucarestia*, Ed. Paoline, Roma 1977 참조 |
| 3 | Cullmann O., 앞의 책, 9~13 |
| 4 | Cabrol, "Jeûne", *DAL*, 2486 |
| 5 | 루카 24,42-43 |
| 6 | Cullmann, 앞의 책, 6~7 참조 |

7     1코린 11,21

8     Bouyer, 앞의 글, 40; Herbut J., *De ieiunio et abstinentia in Ecclesia byzantina ab initiis usuque ad saec.* XI (Corona Lateranensis 12), Roma 1968 참조.

성찬례 거행 전에 하는 식사는 성체성사의 준비를 상징하는 하나의 예식이었다. 사실 이 예식은 아직도 비잔틴 전통에 남아 있다. 그러나 시간이 지나면서 한동안 사라져 버렸던 이 예식은 성찬례 이전 옛 아가페와 일치하는 "아르토클라시아 artoclasia" 혹은 "쪼갠 빵" 예식의 근거가 된다. 이 예식이 언제 제정되었는지는 알 수 없지만, 아주 오래된 저녁 일과의 예식 때 사용되었을 것이다. 성당 중앙에 차려 놓은 식탁에 빵 다섯 개와 포도주와 기름을 올려놓고, 집전자와 회중이 모여 간구 기도를 바칠 때 예물을 분향한다. 그다음 사제는 성호를 그은 빵을 들고 주님께 식탁의 음식을 축복해 주시고 사람들의 배고픔을 채워 주는 기적을 이루어 달라고 기도한다. 집전자들은 빵에 인사하고 축복한 후에 성소에 다시 들어간다. 그리하여 그 빵을 쪼개어 예식에 참여한 모든 신자들이 나누어 먹는다. 비잔틴 교회는 새벽 일과 후, 오순절에 성령이 내려오신 시간인 제3시부터 제6시까지의 아침에 거룩한 전례를 거행한다. 이 시간에 사제와 신자들은 성체를 모신다("Rito dell'Artoclasia", *Ufficio Vespertino della Chiesa bizantina*, Ed., 《Vivere in》, Trani 1982, 21 이하 참조). 이런 점에 관해, 평소 제단에 예물을 봉헌하는 이들과 관련된 사도 규정 제3조(4세기)를 살펴볼 필요가 있다. 제3조는 "만일 희생 제물과 관련된 주님의 명령에도 불구하고, 주교나 사제가 제단에 꿀과 우유 또는 잘 준비된 포도주와 술 대신에 새로 추수한 밀과 신선한 달걀과 적합한 상황에 따른 예물은 제외하고 등록된 새들이나 다른 짐승들이나 부드러운 콩류와 같은 다른 예물을 바친다면"(이 문장에서 '적합한 상황'이란 오늘날 단성론파인 에티오피아의 알렉산드리아 교회의 경우를 가리킨다)이라고 선언한다. "거룩한 예물을 봉헌할 때, 등불 기름과 향 기름 이외에 다른 것을 제단에 바치는 것은 허용되지 않는다." 계속해서 제4조는 예물 준비 방법을 중점적으로 다루고 "남은 열매는 제단이 아니라 주교와 사제들에게 만물을 봉헌하는 것처럼 사제관에 보내야 한다."(이는 초자연적인 것을 물질적인 것과 구분하기 위한 것이다)라고 되어 있다. "주교와 사제들이 모든 성직자들에게 일부분을 나누어 주는 것은 확실하다."(Joannou P.P., Fonti, fasc. IX: *Discipline générale antique* [IV$^e$~IX$^e$ s.]: *Les canons des Synodes particuliers*, T. 12, Typis Polyglottis Vaticanis, Roma 1962, 9~10 참조)

9     Cabrol, "Jeûne", *DAL*, 2483

10    Behm, "Nistis", *GLNT*, 993

11    Pierret R., "Carême", *DS*, vol. II, 136

12  성찬례를 거행하는 시기와 장소가 곧바로 정해지지 않았고, 차츰 시간이 지나면서 정해졌다. 그리스도교 초기와 박해 시기에는 성찬례가 저녁이나 밤에 거행되었다. 왜냐하면 예수님의 최후의 만찬을 더 닮기 위해서 혹은 죽음의 위험이나 신성 모독을 피하기 위해서였다. 박해 시기가 아닌 경우에는 아침에 성찬례가 거행되었다. 현행 상태의 성찬례 거행은 토마스 성인에 의해서 고정된 것은 아니다(Duchesne L., *Origines du culte chrétien: la liturgie latine avant Charlemagne*, Paris 1908. Trad. consultata: *Christian Worship. Its Origin and Evolution. A Study of the Latin Liturgy up to the Time of Charlemagne*, London 1912, 248 이하 참조).

13  Piekoszewski J., *Le jeûne eucharistique*, Paris 1952, 27

14  Mara M.G., *Èvangile de Pierre*, SC 201, Du Cerf, Paris 1973, 157~158

15  Cremer, 앞의 책, 7~21

16  Palazzini, "Digiuno", *EC*, 1532

17  Galieti, 앞의 책, 1591

18  Schummer J., *Die Altchristliche Fastenpraxis*, Aschendorff, Münster-Westf. 1933, 201 이하

19  Schummer J., 같은 책, 205 이하 참조

20  Schummer J., 같은 책, 95 이하 참조

21  Palazzini, "Digiuno", *EC*, 1532

22  묵시 1,10 참조

23  "주간 첫날에 우리는 빵을 떼어 나누려고 모였다."(사도 20,7)

24  Schummer, 앞의 책, 96 이하 참조

25  Jaubert A., "La date de la dernière Cène", *RHR*: CXLVI (1954) 168 이하; Moda A., "La date de la dernière Cène: sur la thèse de M.lle A. Jaubert", *Nicolaus* 1/1975, 53~116

26  Jaubert A., *La date de la Cène: calendrier biblique et liturgique chrétienne*, Gabalda, Paris 1957, 60~62

27  Jaubert, 같은 책, 107 참조

28  마태 9,15. Rief J., "Das Fasten in christlicher Sicht", *Theologischpraktische Quartalschrift* 113 (1965) 119~132 참조

29  Deseille, "Jeûne", *DS*, 1170

30  Deseille, 같은 책, 1168 참조

31  Schummer, 앞의 책, 54 참조

32 Deseille, "Jeûne", *DS*, 1172 이하
33 Musurillo, 앞의 책, 35
34 Schummer, *Jeûne et liturgie*, 298;
역자 주 ― 성찬 단식은 영성체 전에 하는 단식을 의미하며, 금욕 단식은 성찬 단식이 목적이 아닌 그리스도인의 모든 단식을 의미한다.
35 Reale G., -Antiseri D., 앞의 책, 305 이하
36 《디다케》, 《바르나바의 편지》, 헤르마스의 《목자》는 유대계 그리스도교 시대의 가장 오래된 문헌으로서 존경받을 만한 작품이다. 《디다케》에는 전례의 몇몇 측면이 제시되어 있다. 《바르나바의 편지》는 초기 공동체의 생활을 증언하고, 헤르마스의 《목자》는 고대 교회의 영지와 영지에 대한 그리스의 영향을 비교한다(Daniéolu J., *La teologia del giudeo-cristianesimo*, Il Mulino, Bologna 1974, 47 이하 참조).
37 Linsenmayer A., *Entwicklung der Kirchlichen Fastendisziplin bis zum Konzil von Nicäa*, München 1877
38 《디다케》
39 헤르마스의 《목자》
40 《로마의 클레멘스가 코린토 신자들에게 보낸 편지》
41 《바르나바의 편지》
42 헤르마스의 《목자》
43 《디다케》
44 《바르나바의 편지》
45 헤르마스의 《목자》
46 《디다케》와 순교자 유스티누스
47 《디다케》와 헤르마스의 《목자》; Arbesmann R., *Das Fasten bei den Griechen und Römern*, Giessen 1929 참조
48 《디다케》가 처음 작성된 것은 예루살렘 공동체로 거슬러 올라간다. 유대 문화와 초기 그리스도교 사이에 있는 시리아 ― 팔레스티나에서 집필되었다. 70년 이후 시리아 지역에서 일부 수정 편집되었다고 하더라도(Daniéolu, 앞의 책, 47 참조), 수정된 시기는 2세기 초반으로 추정된다. 이런 이유 때문에 언어 사용과 내용은 복음서에 가깝고 메시지는 이방인 청중을 향하고 있다(Altaner B., *Patrologia*, Marietti, Torino 1977, 83 참조).
49 Quasten J., *Patrologia*, vol. I, Marietti, Casale Monferrato 1983 (2e ed.), 35 참조
50 Funk X.F., *Doctrina duodecim apostolorum*, Tubinga 1887
51 Batiffol P., *La Chiesa nascente e il cattolicesimo*, Vallecchi, Firenze 1971, 118 참조

52  《디다케》와 《열두 사도들의 가르침》은 같은 책이다(정양모 옮김, 같은 책, I,3, 분도출판사, 1993, 23).
53  I Padri apostolici (Introduzione), Ed. Paoline, Alba 1965, 93 참조
54  "사람아, 무엇이 착한 일이고 주님께서 너에게 요구하시는 것이 무엇인지 그분께서 너에게 이미 말씀하셨다. 공정을 실천하고 신의를 사랑하며 겸손하게 네 하느님과 함께 걷는 것이 아니냐?"(미카 6,8)
55  Audet J.P., *La Didachè: instructions des Apôtres*, Gabalda, Paris 1958, 265 참조
56  《디다케》 VI,3, 정양모 옮김, 53
57  사도 15,13-21 참조
58  *I Padri apostolici*, 25 참조
59  *I Padri apostolici*, 51 참조
60  《디다케》, VIII,1, 정양모 옮김, 59~61
61  마태 6,16
62  Audet, 앞의 책, 170~171 참조
63  Jaubert, La date de la dernière Cène, 앞의 책, 168 이하
64  *I Padri apostolici*, 92 참조
65  창세 3,8 참조
66  마태 27,45
67  마태 6,5.9.13
68  《디다케》, VIII,2
69  Hamman A., *La preghiera, vol. II: I primi tre secoli*, Città Nuova, Roma 1967, 18 참조
70  Audet, 앞의 책, 171 참조
71  《디다케》, VIII,1~3 참조
72  Audet, 같은 책, 209 참조
73  《디다케》, VII,4, 정양모 옮김, 57
74  《디다케》, VII,1~3 참조
75  Daniéolu, 앞의 책, 485 참조
76  마태 3,1-12 참조
77  마태 4,1 이하 참조
78  "코르넬리우스야, 하느님께서 너의 기도를 들어 주셨고 너의 자선을 기억하고 계시다."(사도 10,31)

79 Audet, 앞의 책, 366~367 참조
80 *I Padri apostolici*, La Didachè, 90~91 참조
81 마태 17,21; 마르 9,39 참조
82 Benoît A., *Le baptême chrétien au second siècle: La théologie des Pères*, vol. I, Ed. Univers. de France, Paris 1953, 11
83 Knopf H., *Handbuch zum Neuen Testament. Ergänzung Band I. Die Apostolischen Väter*, Tübingen 1920, 22 이하
84 Benoît, 앞의 책, 11 참조
85 *I Padri apostolici*, La Didachè, 90 참조
86 *I Padri apostolici*, La Didachè, 91 참조
87 Audet, 앞의 책, 366 참조
88 "그러니 임금님, 저의 조언이 임금님께 받아들여지기를 바랍니다. 의로운 일을 하시어 죄를 벗으시고, 가난한 이들에게 자비를 베푸시어 불의를 벗으십시오. 그리하시면 임금님의 번영이 지속될지도 모릅니다."(다니 4,24)
89 Seeberg A., *Das Evangelium Christi*, Leipzig 1905 참조
90 Daniéolu, 앞의 책, 463 참조
91 Hamman, *La preghiera*, vol. II, 127 참조
92 Benoît, 앞의 책, 146 참조
93 서간체는 흔히 메시지를 더 효과적으로 가르치고 이를 지식과 믿음으로 관통할 수 있도록 하는 유일한 양식이었다(Quasten, 앞의 책, 83 참조). 그러나 제목이나 사람들에 대한 언급이 없기 때문에 이런 책은 서간의 특성이 아닌 형식을 띠고 있지 않다고 추정할 수 있다(《바르나바의 편지》, a cura di F. Scorza Barcellona, SEI, Torino 1975, 27 참조). 교의적인 부분과 도덕적인 부분으로 작성된(Daniéolu, 앞의 책, 50 이하 참조) 이런 고대 교리 교육 지침서는 성경을 많이 인용한다. 곧 비공식적인 저자들의 저서로 간주된 구약성경 구절들이 많이 들어 있다. 그 문체는 그리스도교와 유사함을 강조할 목적으로 레위기와 민수기 그리고 몇몇 다른 책, 곧 에즈라와 예레미야와 에제키엘의 몇몇 미드라쉬를 상기시킨다(Daniéolu, 앞의 책, 148 참조).
94 레위 23,29; 민수 29,11
95 Le Déaut R., "La nuit pascale", *OCP*, vol. I, Roma 1963, 133 이하
96 《바르나바의 편지》, 31 참조
97 《바르나바의 편지》, 32 참조
98 《바르나바의 편지》와 《히브리서》는 주제가 비슷하고 성경의 내용을 우의적으로

해석하고 있기 때문에, 《바르나바의 편지》의 배경이 알렉산드리아로 추정된다(Daniéolu, 앞의 책, 148~149 이하). 하지만 《바르나바의 편지》는 시리아에서 작성된 책들과도 공통점이 많다. 또한 《바르나바의 편지》는 이집트 영토와는 거리가 먼 시리아 ─ 팔레스타인 배경에서 시작된 묵시록 작품들을 활용한다(바르나바의 《서간》, 62 참조). 도덕적이고 신학적으로 번갈아가면서 바오로 신학의 전형적인 이중 가르침의 형태를 취하고 있다는 점에서 볼 때, 그리스도교와 그 기원이 가깝다고 할 수 있다. 곧 바르나바는 랍비 전통들과 영지와 마음의 할례, 종말론을 알고 있었다. 윤리 가르침과 십계명과 금지 사항에 관한 세부 사항을 전해 주는 내용들은 《디다케》에도 나온다. 《바르나바의 편지》는 이제 구원에서 제외된 유대인들과 거리가 먼 이방계 그리스도인들을 그 수신자로 삼고 있다(Prigent P., *Épître de Barnabé*, SC 172, Du Cerf, Paris 1961, 11~28 참조). 저자는 유대교에 대한 개별적인 혐오감(고대 율법에 악마의 간계가 들어 있다고 봤다. Quasten, 앞의 책, 87 참조)과 우의적, 예형학적 성경 주석에 과도하게 의존하고 있기 때문에 바오로 사도의 동료일 수는 없다고 추정된다. 이와 반대로 저자는 이방계 기원에 속하는 그리스도교의 스승이었을 것이다(Altaner, 앞의 책, 56 참조). 오리게네스는 "가톨릭 서간"이라고 부르면서 《바르나바의 편지》를 포함시켰지만, 에우세비우스는 가톨릭 서간으로 간주하지 않았고, 히에로니무스는 외경으로 분류했다.

99   Prigent, 앞의 책, 90 참조

100  Kraft R.A., *The Epistle of Barnabas. Its Quotations and Their Sources* (diss.), Harvard 1961, 115 이하

101  《바르나바의 편지》, III,1~6

102  이사 58,4-10 참조

103  Prigent, 앞의 책, 46~49 참조, 첫 구절에서는 단죄가 유대인을 향하고 있는 반면, 셋째 구절의 권고는 그리스도인들을 향하고 있다(《바르나바의 편지》, 130 참조).

104  Hamman, *La preghiera*, vol. II, 63 참조

105  헤르마스의 《목자》가 사도 교부들의 저서에 속하지만, 오리게네스와 아직 몬타누스주의에 빠지지 않았던 테르툴리아누스는 헤르마스의 《목자》를 영감을 받은 예언자의 저서로 간주했다. 그래서 성경 정경 목록에 포함되어 있었다(Quasten, 앞의 책, 98). 이러한 참회에 관한 설교는 외경 묵시록의 문학 양식에 속한다(Quasten, 같은 책, 89~90 참조). 이런 책은 그리스 문학의 영향을 받은 유대계 그리스도교를 기원으로 한다. 헤르마스의 《목자》에 대한 편집 과정이 다양하게 이루어졌고 그런 과정 가운데에서 첫 번째 편집 과정은 약 90년으로 거슬러 올라갈 것이다(Daniéolu, 앞의 책, 54 이하 참조). 부차적으로 보이는 것이 중심 주제, 곧 참회에 관한 내용이므로 내용면에

서는 볼 때에는 동일하다.
106 Altaner, 앞의 책, 57 참조
107 헤르마스의 《목자》, 두 번째 환시, VI, 2, 하성수 옮김, 분도출판사, 2002, 107
108 같은 책, 세 번째 환시, IX, 1, 117
109 《제4에즈라》 5,19-21; 6,35; 9,27; 13,1
110 《제4에즈라》 11,1
111 《바룩 묵시록》 10,1; 12,5; 21,1; 47,2
112 Van Goudoever, 앞의 책, 147 이하 참조
113 헤르마스의 《목자》, 세 번째 환시, XVIII,6, 143
114 Jaubert, 앞의 책, 61 참조
115 Hamman, *La preghiera*, vol. II, 81 참조
116 Quasten, 앞의 책, 92 참조
117 Joly R., *Le Pasteur*, SC 52 bis, Du Cerf, Paris 1968, 43 참조
118 Hamman, *La preghiera*, vol. II, 82 참조
119 헤르마스의 《목자》, 다섯 번째 비유, 56,5~6, 257
120 Joly R., 앞의 책, 225 참조
121 헤르마스의 《목자》, 다섯 번째 비유, 56,7~9, 257~259
122 Hamman, *La preghiera*, vol. II, 312 참조
123 Qasten J., 앞의 책, 92 참조
124 Qasten J., 같은 책, 94~95 참조
125 구약 성경의 모든 외경 본문은 다음 저서에서 찾아볼 수 있다. *The Apocrypha and Pseudoepigrapha of the Old Testament*, a cura di R.H. Charles, voll. I~II, Clarendon Press, Oxford 1913
126 인용된 신약 성경의 모든 외경 본문은 다음 저서에서 찾아볼 수 있다. *Apocrifi del Nuovo Testamento*, voll. I~II, a cura di L. Morali, UTET, Torino 1971; *Gli evangeli apocrifi*, a cura di F. Amiot, Ed. Massimo, Milano 1964
127 폴리카르푸스, 《필리피 신자들에게 보낸 두 번째 편지》, VII,2, in: *I Padri Apostolici*, a cura di A. Quacquarelli, Città Nuova, Roma 1976
128 Jaubert A., "La date de la dernière Cène", *RHR* CXLVI (1954) 523 참조
 마태 12,43-45 참조
129 Von Campenhausen H., *I Padri greci*, Paideia, Brescia 1967, 29 참조
130 유스티누스, 《첫 번째 호교론》, LXI, *MPG* VI, 419~420

131 일반적으로 신학 분야에서 널리 쓰는 용어다. 유명한 사람의 이름을 빌려 마치 그 사람이 쓴 책인 것처럼 알려졌지만, 비평 방법론이 발달하면서 위작이라는 사실이 나중에 밝혀져 그 책의 저자라고 알려진 사람 앞에 僞라고 붙인다. 그러므로 위僞 클레멘스란, 클레멘스가 쓴 책이 아닌데 클레멘스가 쓴 책으로 오랫 동안 전해져 온 책의 저자를 의미한다.

132 사도 10,28

133 Molland E., "La circoncision, le baptême et l'autorité du décret apostolique (Actes XV, 28ss) dans le milieu judéo-chrétiens des Pseudo-Clémentines", *Opuscula Patristica*, Stoccolma 1970, 34 이하

134 위 클레멘스, 《강해》, IX,10, *MPG* II, 248c~249a

135 위 클레멘스, 《재인식》, IV,16, *MPG* I, 1321

136 단식으로 시작하고 밤샘이 뒤따랐다. 탈출기 12장을 봉독한 후에 강론을 했다. 재림이 가까워짐에 따라 파스카 예식 거행에 종말론적 특징이 부여되었다. 예비 신자들은 세례를 받고, 새벽닭이 울 때, 성찬례 전에 아가페를 가졌기 때문에 아가페 전에 단식을 끝냈다. 이런 은수 제도를 단식으로 간주되지 않았다. 이 단식재는 부활 기념제를 준비하는 행사에 포함되어 있었기 때문이다. 따라서 참되고 고유한 단식재의 의무는 성주간 기간과 관계가 있었다(Pierret R., "Carême", DS, 137).

137 Schummer, 앞의 책, 58 참조

138 Schummer, 같은 책, 59 참조

139 에우세비우스, 《교회사》, V, 24, *MPG* XX, 494~507

140 에우세비우스, 《교회사》, V, 22~24, *MPG* XX, 499~508

## 제5장 하나 되어 그리스도를 섬기다

1 역자 주 — 성찬 단식은 영성체를 하기 전에 아무것도 먹거나 마시지 않는 공복재를 말한다.

2 《사도 전승》이 작성된 시기는 약 215년으로 거슬러 올라간다. 그리스어로 기록되었지만 원문은 유실되었다. 기존 역본에는 콥트어역, 아랍어역, 시리아어역, 에티오피아어역, 라틴어역이 있다. 현대 역사가들은 두 개의 결론을 내렸다. 첫 번째는 《이집트 교회의 헌장》은 《사도 규정》과 《사도 헌장》 제8권이나 《히폴리투스의 헌장》에서 기원하는 문서이며 또한 그러한 헌장은 사도 전승일 따름이라는 결론

이고, 두 번째는 《사도 전승》의 양식은 3세기 로마에서 작성된 모델에 불과하다는 것이다(Hippolyte de Rome, *La Tradition Apostolique d'après les anciennes versions*, SC 11bis, Du Cerf, Paris 1968, 11~30: B. Botte의 머리말 참조).

3   Funk X.F., *Didascalia et Constitutiones Apostolorum*, vol. II: *Testimonia et scripturae propinquae*, Paderbon 1905, 97~119
4   Hall S.G.,- Crehan J.H., "Das Fasten", *TR*, vol. IX, Berlin-New York 1980, 50
5   히폴리투스 지음, 이형우 옮김, 《사도 전승》 33, 분도출판사, 1992, 171.
6   히폴리투스, 같은 책, 23, 145.
7   1코린 11,21
8   히폴리투스, 같은 책, 28, 159 참조
9   Altaner, 앞의 책, 195~196; Quasten, 앞의 책, vol. I, 291
10  클레멘스, 《교육자》, II,1, *MPG* VIII, 378~410
11  클레멘스, 같은 책, 383~386 참조
12  "음식은 배를 위하여 있고 배는 음식을 위하여 있다."(1코린 6,13)
13  "사람들이 바치는 제물은 하느님이 아니라 마귀들에게 바치는 것이라는 말입니다. 나는 여러분이 마귀들과 상종하는 자가 되지 않기를 바랍니다."(1코린 10,20)
14  "그렇지만 누구나 다 지식이 있는 것은 아닙니다. 어떤 이들은 아직까지도 우상에 익숙해져 있기 때문에, 우상에게 바쳤던 제물을 정말로 그렇게 알고 먹습니다. 그리고 그들의 약한 양심이 더럽혀집니다. 음식이 우리를 하느님께 가까이 데려다 주지 않습니다. 그것을 먹지 않는다고 우리의 형편이 나빠지는 것도 아니고, 그것을 먹는다고 우리의 형편이 나아지는 것도 아닙니다."(1코린 8,7-8)
15  클레멘스, 《교육자》, 385 이하 참조
16  "목숨을 부지하려고 무엇을 먹을까, 무엇을 마실까, 또 몸을 보호하려고 무엇을 입을까 걱정하지 마라. 목숨이 음식보다 소중하고 몸이 옷보다 소중하지 않으냐? 그러므로 너희는 '무엇을 먹을까?', '무엇을 마실까?', '무엇을 차려입을까?' 하며 걱정하지 마라. 이런 것들은 모두 다른 민족들이 애써 찾는 것이다. 하늘의 너희 아버지께서는 이 모든 것이 너희에게 필요함을 아신다."(마태 6,25.31-32)
17  마태 15,17
18  클레멘스, 《교육자》, 391 이하 참조
19  집회 31,27-28 참조
20  클레멘스, 같은 책, II,II, 410 이하 참조
21  클레멘스, 같은 책, 415~432 참조

22  은수 생활의 스승인 오리게네스는 영적 가르침을 완성시키면서, 은수 생활을 그리스도의 추종과 연결시킨다. 곧 하느님의 은총과 인간의 노력을 통해 "신화theosis"라고 부르는 상태, 다시 말하면 최고선의 유사함에 도달할 수 있다. 영적 여정의 과정은 자기 자신을 먼저 알고 그다음 해야 할 일과 멀리해야 할 일과 개선해야 할 것을 아는 것이다. 완덕의 추구를 지연시키는 죄의 방해 앞에서 덕행으로 무장하여 세속의 욕망과 악마의 간계에 맞서 싸워야 한다. 오리게네스는 그리스도를 닮는 데 탁월한 효과가 있는 독신과 동정을 물론이고 육체의 고행도 신화의 계획에 포함시켰다(Quasten, 앞의 책, 363 이하 참조).
23  Musurillo, 앞의 책, 51 참조
24  오리게네스, 《탈출기 강해》, VIII,4, *MPG* XII, 354~356; 《탈출기 강해》, XIII,5, *MPG* XII, 389 참조; 《창세기 강해》, X,3, *MPG* XII, 217~218 참조
25  오리게네스, 《잠언 단편》, *MPG* XII, 196B
26  오리게네스, 《민수기 강해》, XXV,4, *MPG* XII, 767~768
27  Schmemann A., *La Grande Quaresima*, 105 참조
28  오리게네스, 《민수기 강해》, XXV,4, 767 참조
29  오리게네스, 같은 책, XXVII,1, 780~782 참조
30  오리게네스, 《예레미아 강해》, XII,13, *MPG* XIII, 395~398 참조
31  오리게네스, 《민수기 강해》, XXVII,1, *MPG* XII, 780~782 참조
32  오리게네스, 《예레미아 강해》, XVIII,9, *MPG* XIII, 479~483 참조
33  오리게네스, 같은 책, XIX,7, 514~518 참조
34  오리게네스, 《레위기 강해》, X,2, *MPG* XII, 526~528 참조
    율법은 연중 세 번 예루살렘으로 올라가서 주님 앞에 나아가 찬미를 드리고 사제에게 예물을 바치도록 했다. 단식할 때에 백성은 운명을 맡기는 염소 두 마리를 제물로 바쳤다. 곧 염소 한 마리는 주님께 제물로 바치는 번제물이고, 다른 한 마리는 백성의 죄를 없애기 위해 광야에 산 채로 보냈다.
35  "예수님께서는 이렇게 대답하셨다. '그러한 것은 기도가 아니면 다른 어떤 방법으로도 나가게 할 수 없다.'"(마르 9,29)
36  Steiner M., *La tentation de Jésus dans l'interprétation patristique de saint Justin à Origène*, Paris 1962, 146
37  오리게네스, 《켈수스 반박》, VIII, 29, *MPG* XI, 1559~1562 참조
38  오리게네스, 같은 책, 1558~1560 참조
39  오리게네스, 같은 책, VIII,31, 1562~1563

| | | |
|---|---|---|
| 40 | 노바티아누스, 《유대인의 음식》, *MPL* III, 981~982 참조 | |
| 41 | 오리게네스, 《켈수스 반박》, VIII,32, 1563~1566 참조 | |
| 42 | 오리게네스, 《레위기 강해》, X, *MPG* XII, 525~528 참조 | |
| 43 | 티토 1,15 | |
| 44 | 테르툴리아누스, *CCL* II, 1257~1277; 《단식》, *MPL* II, 1003~1030, Schummer, J., *Die altchristliche Fastenpraxis mit besonderer Berüsichtigung der Schriften Tertullians*, Münster 1933, 95~99 참조 | |
| 45 | 몬타누스주의에서 '건조한 음식Xerofagia'이란 건조한 음식을 기본으로 한 일부 음식을 지칭하는 기술적, 종교적 용어이다. 따라서 과즙으로 만든 모든 음식과 과일과 포도주는 먹지 않았다(Schummer, 앞의 책, 35 이하 참조). | |
| 46 | Cremer, 앞의 책, 13 이하 참조 | |
| 47 | Schummer, 앞의 책, 32 참조 | |
| 48 | 역자 주 — 고대 교회에서는 세례성사 이후에 지은 대죄(살인, 배교, 간음)에 관해서는 일생에 단 한 번만 공적 혹은 공개 참회(고해성사)를 받을 수 있었다. 달리 말하면 고대 교회에서는 고해성사가 단 한 차례만 있었다. 이 참회 성사가 두 번째 참회이고 첫 번째 참회는 세례성사다. 공적 참회자는 공동체 앞에서 자신의 죄를 고백하고 보속 기간 동안 참회복을 입고 회개의 삶을 살았다. | |
| 49 | 테르툴리아누스, 《참회론》, *MPL* I, 1333~1360 참조 | |
| 50 | 테르툴리아누스, 같은 책, 1351~1352 참조 | |
| 51 | 테르툴리아누스, 같은 책, 1354~1355 참조 | |
| 52 | 테르툴리아누스, 《기도론》, XVIII, *MPL* I, 1281~1285 | |
| 53 | 테르툴리아누스, 같은 책, XIX, 1286~1288 | |
| 54 | 테르툴리아누스, 《육의 부활》, VIII, *MPL* II, 852~853 | |
| 55 | 키프리아누스, 《주님의 기도》, XXXII~XXXIII, *MPL* IV, 558~559 참조 | |
| 56 | WILMART A., "Un réglement ecclésiastique au début du IIIe siècle", *Revue du Clergé Franciscain* XCVI (1918) 99 이하 참조 | |

## 제6장 그 정도로 중요한 것인가

| | |
|---|---|
| 1 | Quasten, 앞의 책, 381 참조 |
| 2 | Fonti: Fasc. IX, *Discipline générale antique* (IVᵉ~IXᵉ s.), a cura di P.P. Joannou; T. |

II: *Les canons des Pères Grecs*, Typis Polyglottis Vaticanis, Roma 1962, 57 참조

3 Cremer, 앞의 책, 16~17 참조
4 "당신 적들이 당신의 성소 한가운데에서 소리소리 지르고 자기네 깃발을 성소의 표지로 세웠습니다."(시편 74,4)
5 Cremer, 같은 책, 14~15 참조
6 역자 주 — 엄격주의자들은 간음, 배교, 살인 같은 중죄는 교회도 사해 줄 수 없다고 주장했다.
7 D'ercole G., "Penitenza canonico-sacramentale: dalle origini alla pace costantiniana", *Communio* 4 (1963) 참조
8 Klein S., *Dissertatio de ieiunio Graecae Orientalis Ecclesiae*, Vienna 1782 참조
9 에우세비우스, 《교회사》, V,24, MPG XX, 494 이하
10 Fonti, 앞의 책, 4~14 참조
11 에우세비우스는 《부활 대축일》이라는 저서를 콘스탄티누스 황제에게 헌정했다. 이 저서에서 그는 그리스도인교 부활 축일에 히브리인들의 파스카의 신비가 들어 있다고 설명했다.
12 역자 주 — 로마 교회와 동방 교회(아시아 교회) 사이에는 파스카 축제일(부활절) 날짜가 서로 달랐다. 동방 교회는 유대인의 전통에 따라 니산 달 14일에 파스카 축제를 지냈다. 따라서 어느 요일이라도 부활절이 될 수 있었다. 하지만 로마 교회는 반드시 주일에 파스카 축제를 지냈다. 오늘날 교회는 춘분 이후 만월이 지난 첫 주일을 부활절로 지낸다.
13 역자 주 — 로마 제국의 건국 기념일(4월 21일)은 커다란 축제일인데, 파스카 이전 단식일과 겹치는 경우가 발생했다. 어떤 이들은 로마 제국의 건국 기념일 축제에 참여해 신나게 먹고 마시는데, 어떤 이들은 파스카 이전 단식 기간이어서 축제에 참석하지 않고 단식을 했다. 한쪽에서는 단식을 하고, 다른 한쪽에서는 축제에 참여하는 기이한 현상이 발생한 것이다. 황제의 입장에서 보면, 이것은 로마 제국의 국력이 분열되는 것이었다. 그래서 황제가 파스카 날짜에 대해 이의를 제기했다.
14 에우세비우스, 《콘스탄티누스의 생애》, IV,34, MPG XX, 1182~1183; II,18, 1074~1078 참조
역자 주 — 참고로 오늘날에도 가톨릭교회와 동방 정교회가 부활 대축일을 서로 다른 날짜에 거행한다. 그 이유는 가톨릭교회와 동방 정교회가 서로 다른 달력을 사용하고 있기 때문이다. 기원전 46년에 율리우스 카이사르 황제가 율리우스 달력을 만들었다. 16세기까지 동·서방 교회가 모두 율리우스 달력을 사용했다. 율리우스

달력은 천문학적으로 13일이 늦었다. 그래서 1582년에 그레고리우스 13세 교황이 오늘날까지도 상용하는 달력인 그레고리우스 달력을 만들어 13일의 차이를 없앴다. 그때부터 가톨릭교회는 그레고리우스 달력을 사용하고 있지만, 동방 정교회는 여전히 율리우스 달력을 사용하고 있다. 그래서 두 교회 사이에는 약 500년 동안 부활 대축일 날짜가 서로 달랐다. 동방 정교회는 가톨릭교회에 비해 13일 늦게 지낸다. 춘분 이후 첫 만월(보름달)이 지난 다음에 오는 주일이 언제나 동방 정교회의 부활 대축일이다.

15  Russnak N., *Disciplina ieiunandi Ecclesiae Catholicae secundum ritum orientalem*, Fragopoli 1929 참조

16  교회 회의가 파스카 날짜를 정한 것은 4세기 중반과 5세기다. 대체로 이를 다루는 원전들 중에서 더 오래된 원전에는 프리기아의 법적 전통으로 검증된 법 조항들의 요약을 다루고 있다. 제50조와 제51조는 사순 시기의 단식에 대한 내용이다 (Palazzini, P., *Dizionario dei concili*, vol. II, Pont. Univ. Lateranense, Città Nuova, Roma 1965, 226~228).

17  Fliche A., - Martin V., *Storia della Chiesa*, vol. III/1, Marietti, Torino 1972, 114 참조

18  인용 본문은 다음 저서에서 뽑았다. *Decisioni dei concili ecumenici*, a cura di G. Alberigo, UTET, Torino 1978, 107

19  역자 주 ― 알렉산드리아 교회에는 파스카 축제일 날짜를 계산해서 알아내는 계산자가 있었다. 그렇게 해서 알아낸 파스카 날짜를 알렉산드리아 총대주교는 매년 사순 시기 이전에 자신의 관할 하에 있는 모든 지역 교회에 공적으로 알려주었다.

20  아타나시우스, (세 번째)《편지》, *MPG*, 1376B

21  아타나시우스, 《동정》, *MPG*, XXVIII, 259

22  알렉산드리아의 주교 키릴루스는 자신의 부활절 강론에서 단식과 금식, 깨어 있음과 기도, 자선과 애덕 행위를 권고했다(《부활절 강해》, *MPG*, LXXVII, 401 이하).

23  다섯 개의 신비 교육은 때로는 예루살렘의 키릴루스의 저서로, 때로는 키릴루스의 후임 주교인 요한의 저서로 간주되었다(Cirillo e Giovanni di Gerusalemme, *Le catechesi battesimali*, Introduzione di A. Quacquarelli, Città Nuova, Roma 1977, 7 이하 참조).

24  키릴루스, 《교리 교육》, IV, *MPG* XXXIII, 490~491

25  역자 주 ― 고기

26  키릴루스, 같은 책, 490 참조

27  키릴루스, 같은 책, 491 참조

28  Arbesmann R., "Fasting and Prophecy in Pagan and Christian Antiquity", *Traditio*

7 (1949) 44 참조

29   Funk F.X., *Costituzioni Apostoliche*, *Opera Patrum Apostolorum*, voll. I~II, Ed. Laupp. Tubinga 1881/1887 참조
30   Fonti, Fasc. IX, T. II: *Discipline generale antique* (IV$^e$~IX$^e$ s.); a cura di P.P. Joannou, T. I.1: *Les canons des Synodes Particuliers*, Typis Polyglottis Vaticanis, Roma 1962, 41 참조
31   Fonti, 같은 책, T. I.2, 97 참조
32   Fonti, 같은 책, T. I.2, 43 참조
33   Fonti, 같은 책, T. I.2, 97 참조
34   Fonti, 같은 책, T. I.2, 43~44 참조
35   역자 주 — 미사
36   Fonti, 같은 책, 259 참조
37   Fonti, Fasc. IX, T. II: *Les canons des Pères Grecs*, 251 참조
38   Fonti, 같은 책, 254 참조
39   Fonti, 같은 책, 참조

## 제7장 단식은 고행일까

1   Musurillo, 앞의 책, 29~59 참조
2   Meredith A., "Ascetism, Christian and Greek, in Journal of Theological Studies", *N.S.* 27 (1976) 313~332 참조
3   Festugière A.J., *Les moines et le jeûne*, in *Les moines d'orient*, T. I: *Culture ou sainteté*, Du Cerf, Paris 1961, 62 참조
4   Festugière, 같은 책 64~65 참조
5   Festugière, 같은 책, 67 참조
6   Festugière, 같은 책, 69 참조
7   역자 주 — 초기 그리스도교의 수덕 생활은 은수 수도 생활이었다. 은수자들은 집과 가족과 교회 공동체로부터 멀리 떨어져 홀로 살았다. 세속화의 위험으로부터 벗어나기 위해 시작된 은수 수도원 운동은 4세기에 더 독창적인 형태인 공주 수도원의 형태로 발전했다. 공주 수도 생활은 함께 모여 사는 수도 생활이다.
8   아타나시우스의 전기를 통해서 알려진 안토니우스는 은수 수도원 운동의 창설자로

여겨졌다. 그는 은수 성소에 항상 충실하게 머물렀다(Quasten, 같은 책, 150).
9   아타나시우스, 《성 안토니우스의 생애》, 39~45, *MPG* XXVI, 899~910
10  Musurillo, 앞의 글, 34~35 참조
11  파코미우스, 《규칙서》, *MPG* XL, 947~952
12  파코미우스, 같은 책, 948
13  파코미우스, 같은 책, 948~949
14  파코미우스, 같은 책, 950~951
15  카시아누스, 《공주 수도승 규정집》, I, II, *MPL*, 59~64
16  에바그리우스, 《수도 생활의 토대》, IV, *MPG* XL, 1255
17  에바그리우스, 같은 책, V, 1255~1258
18  Pichler T., "Fasten", *RACH*, Leipzig 1956 참조
19  에바그리우스, 《프락티코스》, XLIII, *MPG* XL, 1231; VI, 1223
    에바그리우스는 개별적으로 여덟 가지 악습을 《여덟 악한 생각》(I~II, *MPG* XL, 1271~1278)에서 분석하는데, 이러한 악습 목록은 그가 여호수아에 의한 가나안 땅 정복에 관해서 설명할 때 오리게네스의 상징에서 뽑아낸 내용이다(Hausser I., "L'origine de la théorie orientale des huit péchés capitaux, in Études de la spiritualité orientale", *OCA* 183 [1969] 11 이하).
20  에바그리우스, 《수도 생활의 토대》, XLVI~XLVIII, 1234 참조
21  에바그리우스, 《수도 생활의 토대》, XCI, 1250
22  1코린 9,27
23  Canivet P., *Le monachisme syrien selon Théodoret de Cyr* (Théologie historique 420, Beauchesne, Paris 1977, 249 이하 참조
24  Fraccalvieri I., *Il monachesimo orientale siriaco* (disp.), presso l'Istituto di Teologia Ecumenico-Patristica Greco-Bizantina 《S. Nicola》, Bari anno accademico 1980/81, 32 참조
25  Fraccalvieri I., 같은 책, 39~40 참조
26  Fraccalvieri I., *Il monachesimo orientale palestinese* (disp.), presso l'Istituto di Teologia Ecumenico-Patristica Greco-Bizantina 《S. Nicola》, Bari anno accademico 1981/82 참조
27  히에로니무스, 《성 힐라리온의 생애》, *MPL* XXIII, 29~54 참조
28  카시아누스, 《공주 수도승 규정집》, V, *MPL* XLIX, 201 이하
29  Turbessi G., *Regole monastiche antiche*, Ed. Studium, Roma 1984, 89 참조
30  카시아누스, 《공주 수도승 규정집》, 202 참조

31  카시아누스, 같은 책, 203 이하
32  카시아누스, 같은 책, 238 이하 참조
33  카시아누스, 같은 책, 241 이하 참조
34  카시아누스, 같은 책, 253 이하 참조
35  카시아누스, 《담화집》, XXI, 13, *MPL* XLIX, 1187~1188 참조
36  같은 책, XXI, 16~17, 1191~1192 참조
37  카시아누스, 《공주 수도승 규정집》, III, *MPL* XLIX, 119
38  카시아누스, 《담화집》, coll. II, 16, *MPL* XLIX, 549~550 참조
39  카시아누스, 《공주 수도승 규정집》, III, *MPL* XLIX, 116~122 참조
40  카시아누스, 같은 책, 123~126 참조
41  카시아누스, 《담화집》, II,22, *MPL* XLIX, 553~554 참조
42  카시아누스, 같은 책, II,22~23, 554~555 참조
43  카시아누스, 같은 책, XXI,14~15, 1188~1191 참조
44  Turbessi, 앞의 책, 105 참조
45  카시아누스, 《공주 수도승 규정집》, V, 21, *MPL* XLIX, 237~239 참조
46  카시아누스, 같은 책, 239 참조
47  Turbessi, 앞의 책, 106 참조
48  카시아누스, 《담화집》, II,2, *MPL* XLIX, 525~527 참조
49  Turbessi, 앞의 책, 104~110 참조
50  카시아누스, 《담화집》, XXI,18, MPL XLIX, 1192~1193 참조
51  카시아누스, 같은 책, II,26, 556~558 참조
52  Penco G., "S. Benedetto può essere autore anche della 《Regula Magistri》?", *Benedictina* 34 (1987) 521~528.
    펜코는 《스승의 규칙서》가 베네딕투스의 저서라고 전제한다. 《성 베네딕투스 규칙서》가 몬테카시노 기간에 작성된 것이 확실한 것처럼 《스승의 규칙서》는 수비아코 기간에 작성된 것으로 보아야 한다. 젊은 시절에 베네딕투스가 《스승의 규칙서》를 저술했을 것이라는 가설이 성립되는 근거는 수도 규칙들을 누가 작성했는지 모른다는 절대적인 익명성 때문에도 그렇고, 그 규칙들이 약간 추상적이고 이상적이며 엄격하고 도식적이지만 체험으로 검증되지 않는 것들이라는 점에서 볼 때 더욱 그렇다. 그래서 이 규칙서는 수도원 공동체의 장상으로 생활한 베네딕투스 성인의 초기 생애를 언급하는 저서일 것이다.
53  역자 주 ─ 육순절은 부활절로부터 약 60일 전 주일이다. 육순절뿐만 아니라 칠순

54 역자 주 — 사순 시기라고 부르는 것은 단식일이 40일이기 때문이기도 하다. 40일 단식일에서 주일을 빼면 한 주간 6일만 단식한다. 주간 단식일 6일에 6주를 곱하면 36일 단식하게 된다. 그래서 재의 수요일, 성목요일, 성금요일, 성토요일을 포함시켜서 서방 교회는 40일의 단식일을 맞추었다. 이 책의 저자는 단식일에 목요일이 포함되지 않았다고 하면서, "목요일이 주님 승천과 일치하는 날이기에 연중 모든 목요일에는 단식 행위가 금지되었다."라고 말한다. 하지만 여기서의 목요일은 사순 시기가 아닌 다른 시기의 모든 목요일을 의미한다. 저자의 주장대로 연중 모든 목요일에 단식을 하지 않았다고 한다면, 사순 시기의 목요일도 단식일에서 제외해야 하므로 일주일에 5일 단식하는 것이 된다.

위 내용 앞에 다음 문장이 있다: 절도 있었다. 4세기에 오순절 주일에 카니발이 시작되었다. 사순 시기의 금욕과 단식을 보상하고 위로하기 위해서 카니발이 생겨났다.

55 역자 주 — 부활 시기는 부활 주일부터 성령 강림 대축일까지다.
56 *La Règle du Maître*, vol. II, SC 106, Du Cerf, Paris 1964, 151 이하 참조
57 *La Regola di san Benedetto*, XL,5 ; XLI,1~6 참조 ; Benedetto, *La Règle de saint Benoît*, XL,5, SC 182, Du Cerf, Paris 1971, 581 ; XLI,1~6, 581~583 참조
58 같은 책, XLIX, 605~607 참조

# 제8장 마음을 단식하다

1 바실리우스, *Opere ascetiche*, a cura di U. Neri, UTET, Torino 1980, 403 이하 참조
2 바실리우스, 《수덕 설교와 세상 포기 권면》, VI, *MPG* XXXI, 640B 참조
3 바실리우스, 《단식 강해》, II,7, *MPG*, XXXI, 193C 참조
4 바실리우스, 같은 책, I,4, 168C 참조
5 바실리우스, 같은 책, I,8, 176C 참조
6 바실리우스, 《청년들에게》, *MPG* XXXI, 587 참조
7 바실리우스, 《단식 강해》, I,6, 172B
8 바실리우스, 같은 책, I,7~8, 173C~176A
9 바실리우스, 같은 책, I,8~9, 176A~177B 참조
10 바실리우스, 같은 책, I,1~2, 165A 참조
11 바실리우스, 《세상 포기》, VI, *MPG* XXXI, 640AC 참조

| | |
|---|---|
| 12 | Amand D., *L'ascèse monastique de saint Basile*, vol. I, Maredsous 1948, 222~233 참조 |
| 13 | 역자 주 — 극단적인 엄격주의 |
| 14 | Pichler T., *Das Fasten bei Basileios dem Grossen und im antiken Christentum*, Innsbruck, 1955 참조 |
| 15 | Amand D., 앞의 책, 230 이하 참조 |
| 16 | Baile, *Les règles monastiques*, par L. LÈBE, Éd. Maredsous 1969, 89~90 참조 |
| 17 | Baile, 같은 책, 92~96 참조 |
| 18 | 바실리우스, 《짧은 규칙서》, 128, *MPG* XXXI, 1063 참조 |
| 19 | 바실리우스, 같은 책, 126, 1062 참조 |
| 20 | 바실리우스, 같은 책, 129, 1063 참조 |
| 21 | 바실리우스, 같은 책, 130, 1063 참조 |
| 22 | 바실리우스, 같은 책, 132, 1063 참조 |
| 23 | 바실리우스, 같은 책, 135, 1063 참조 |
| 24 | 바실리우스, 같은 책, 137, 1063 참조 |
| 25 | 역자 주 — 엄격한 단식 |
| 26 | 바실리우스, 같은 책, 138~139, 1063 참조 |
| 27 | 바실리우스, 《이사야서 상해》, *MPG* XXXI, 181B 참조 |
| 28 | 그레고리우스, 《세상 만듦》, XIX, *MPG* XLIV, 195~198 |
| 29 | 역자 주 — 카파도키아의 세 교부는 대 바실리우스, 나지안주스의 그레고리우스, 니사의 그레고리우스다. |
| 30 | 그레고리우스, 《동정》, XXI, *MPG* XLIV, 399~402 |
| 31 | 그레고리우스, 같은 책, XXII, 402~406 참조 |
| 32 | 그레고리우스, 같은 책, XXII, 406~410 참조 |
| 33 | 그레고리우스, 같은 책, VI, 350~352 참조 |
| 34 | 그레고리우스, 같은 책, 351 참조 |
| 35 | 그레고리우스, 《그리스도인의 생활양식》, *MPG* XLVI, 294C 참조 |
| 36 | 그레고리우스, 같은 책, 295~298 참조 |
| 37 | 그레고리우스, 《동정》, VI, *MPG* XLVI, 350 참조 |
| 38 | 그레고리우스, 같은 책, XXII, 402~406 참조 |
| 39 | 그레고리우스, 《대 교리 교육》, XXXVII, 7~12, *MPG* XLVI, 94~95 참조 |
| 40 | 그레고리우스, 같은 책, 95 참조 |

| | |
|---|---|
| 41 | 그레고리우스, 같은 책, 98 참조 |
| 42 | 역자 주 — 강해는 강론과는 달리 2시간 혹은 이상의 분량으로 되어 있다. |
| 43 | Quasten, 앞의 책, vol. II, 439 참조 |
| 44 | 요한 크리소스토무스, 《창세기 강해》, X, *MPG* LIII, 81~90 참조 |
| 45 | 요한 크리소스토무스, 같은 책, I, 21~25 참조 |
| 46 | 요한 크리소스토무스, 《참회에 관한 강해》, V, *MPG* XLIX, 305~314 |
| 47 | 요한 크리소스토무스, 같은 책, 308 이하 참조 |
| 48 | 요한 크리소스토무스, 같은 책, 311~312 참조 |
| 49 | 요한 크리소스토무스, 같은 책, 312 참조 |
| 50 | 요한 크리소스토무스, 《마태오 복음 강해》, XIII, *MPG* LVII, 207~218 참조 |
| 51 | 요한 크리소스토무스, 같은 책, 209 이하 참조 |
| 52 | 요한 크리소스토무스, 같은 책, 215 이하 참조 |
| 53 | 요한 크리소스토무스, 같은 책, 217 참조 |
| 54 | 요한 크리소스토무스, 《마태오 복음 강해》, XX, 285~288 참조 |
| 55 | 요한 크리소스토무스, 《마태오 복음 강해》, XXX, 365~368 참조 |
| 56 | 요한 크리소스토무스, 《마태오 복음 강해》, XLIX, *MPG* LVIII, 495~504 참조 |
| 57 | 요한 크리소스토무스, 《갈라티아서 주해》, I, *MPG* LXI, 623~625 참조 |
| 58 | 요한 크리소스토무스, 같은 책, 666~667 참조 |
| 59 | 요한 크리소스토무스, 《뉘우침과 절제》, I, *MPG* XLVII, 393~410 |
| 60 | 요한 크리소스토무스, 《참회에 관한 설교》, V,4, *MPG* XLIX, 311 이하 참조 |
| 61 | 요한 크리소스토무스, 같은 책, 312 이하 참조 |
| 62 | 요한 크리소스토무스, 《동정》, LXIX,1~2, *MPG* XLVIII, 585 |
| 63 | 요한 크리소스토무스, 《참회에 관한 설교》, IV, *MPG* XLIX, 309 참조 |
| 64 | 역자 주 — 고대 로마 제국 시대에는 극장과 원형 경기장과 심지어 학교에서도 온갖 우상 숭배가 넘쳐났다. 왜냐하면 이런 장소에서 주로 그리스 로마 신화에 나오는 신들의 이야기를 공연하거나 가르쳤기 때문이다. 달리 말하면 신들의 연애 행각이나 전쟁을 주로 가르치고 다루었다. 그래서 교부들은 이런 장소에 출입해서는 안 되다고 말했다. 오늘날에는 누구나 성당을 찾아 가서 예비 신자 교리를 받고 싶다고 하면 예비 신자 교리를 받을 수 있다. 하지만 고대에는 문화계에 종사하는 배우 그리고 교사와 군인들은 예비 신자 교리에 등록조차 하지 못했다. 예를 들어 교사들이 예비 신자 입교식에 들어가기 위해서는 먼저 교사직을 포기해야만 했다. 교부들은 교사들이 학교에서 그리스 로마 신화를 가르치면서 우상 숭배를 전파한다고 |

생각했기 때문이다.

65 요한 크리소스토무스, 같은 책, VI,1, 314 이하 참조
66 요한 크리소스토무스, 같은 책, IV, 310 참조
67 요한 크리소스토무스, 《동정》, XXX,2, MPG XLVIII, 553~554
68 요한 크리소스토무스, 《예비신자 교리교육》, MPG XLIX, 223 이하 참조
69 요한 크리소스토무스, 《단식과 절제에 관한 설교》, IV, MPG LXIII, 595~602 참조
70 요한 크리소스토무스, 《사제직》, III,9, MPG XLVIII, 646 참조
역자 주 ― 이 책의 저자가 참조한 내용이 너무 두리뭉실해서 해당 원문의 단락을 직접 번역했다. "그 맹수들이 어떤 것들이냐고요? 그것들은 분노, 낙심, 질투, 다툼, 중상모략, 비방, 거짓, 위선, 음모, 아무런 해를 끼치지 않은 사람들에 대한 증오, 동료 사제의 무례한 행위를 기뻐함, 동료 사제의 성공을 슬퍼함, 칭찬받기를 좋아함, 명예욕(이는 무엇보다도 사람의 영혼을 파멸로 이끈다), 쾌락을 위한 공부, 비굴한 아첨, 비열한 알랑거림, 가난한 이들을 멸시, 부자에게 아부, 무의미하고 해로운 명성을 추구, 베푸는 자와 받는 자 모두에게 위험스러운 호의, 비천한 노예들에게나 어울리는 소름끼치는 두려움, 쉬운 말이 아닌 난해한 말을 하는 것, 거짓 겸손, 진리를 저버리는 것, 확신 부족과 책망의 결핍, 가난한 이들에게는 함부로 하면서도 권세가들한테는 입도 뻥끗 못하는 것이다."
71 요한 크리소스토무스, 같은 책, VI,4, 680~682 참조
역자 주 ― 저자가 참조한 이 내용이 해당 원문(VI,4)에 없다. 그래서 비슷한 내용이 들어있는 원문(VI,5)을 직접 번역했다. "수도자들이 겪는 어려움과 노고는 참으로 대단하다. 하지만 수도자들의 어려움과 사제들의 사목 활동의 어려움을 비교해 보면, 그 차이는 왕과 일개 평민 사이의 차이만큼이나 크다는 것을 발견할 것이다. …… 오랜 단식 습관, 땅바닥에서 취침, 밤샘 철야, 목욕 절제, 힘든 노동, 그리고 육체의 고통을 위해 사용하는 모든 다른 수단들도 몸이 이런 훈련을 견뎌 낼 만큼 건강하지 못하면 포기할 수밖에 없다. 그러나 이때 중요한 것은 영혼의 순수성이지, 육체의 건강이 아니다. 육체적 강함이 어떻게 우리한테서 오만과 교만과 무분별을 없애고 겸손과 현명함과 질서정연함과 다른 모든 것을 줄 수 있으며, 바오로 사도가 말한 완벽한 사제상을 갖추게 해 줄 수 있겠는가? 어느 누구도 이런 것을 수도자들이 지녀야할 덕목이라고 말하지 않을 것이다."
72 요한 크리소스토무스, 《참회에 관한 설교》, VI,1, 310 이하 참조
73 닐루스, 《자발적 가난에 관해 마그누스에게》, 57~60, MPG LXXIX, 999~1002 참

조

74 마르쿠스, 《단식》, *MPG* LXV, 1109~1118 참조
75 암브로시우스, 《육일 창조》, III, VII, *MPL* XIV, 179 이하 참조
76 암브로시우스, 《동정》, III, II,5, *MPL* XVI, 233
77 암브로시우스, 《엘리야와 단식》, *MPL* XIV, 731~764 참조
78 역자 주 ― '영적 음식'과 대비하기 위해서 저자가 '물질적 음식'이라고 표현한 것 같다.
79 역자 주 ― 음식과 관련된 것들
80 암브로시우스, 《루카 복음 해설》, IV,1~14, *MPL* XV, 1695~1700 참조
81 암브로시우스, 같은 책, V,33~35, 1730~1731 참조
82 암브로시우스, 《참회론》, II,IX,81, *MPL* XVI, 538
83 Janini Cuesta J., *San Jerónimo y el ayuno*, Madrid 1949 참조
84 히에로니무스, 《에우스토키우스에게 보낸 편지》, XXII,37, *MPL* XXII, 421~422 참조
85 역자 주 ― 세례성사, 견진성사, 성체성사
86 역자 주 ― 부활을 합당하기 맞이하기 위해 단식 기간을 정할 필요가 있다는 의미다.
87 히에로니무스, 《사순 시기에 관한 설교》, *CCL* LXXVIII, 533~535
88 히에로니무스, 《요비니아누스 반박》, *MPL* XXIII, 221~352 참조
89 아우구스티누스, 《단식의 유익》, *MPL* XL, 707~716 참조
90 아우구스티누스, 《사순 시기 설교》, CCV, *MPL* XXXVIII, 1040~1046 참조
91 아우구스티누스, 같은 책, CCVI,3, 1042 참조
92 아우구스티누스, 같은 책, CCVII,2, 1043 참조
93 아우구스티누스, 같은 책, CCX,10.12, 1053 참조
94 역자 주 ― 오전 9시에 해당한다.
95 아우구스티누스, 같은 책, CCVII,3, 1044 참조
96 아우구스티누스, 같은 책, CCV,1, 1039~1040; CCX,3, 1048~1050 참조
97 "그러나 저는 그들이 아팠을 때 자루옷을 제 의복으로 삼고 단식으로 고행하였으며 기도로 제 가슴을 채웠습니다."
역자 주 ― 성경에는 이 말씀이 35편 13절에 있다.
98 Cremer, 앞의 책, 7 이하 참조
99 Turbessi, 앞의 책, 283 참조

| | |
|---|---|
| 100 | 아우구스티누스, 《고백록》, XXXI,44, *MPL* XXXII, 797~798 |
| 101 | 아우구스티누스, 《고백록》, XXXI,46, 799 참조 |
| 102 | Guillaume A., Jeûne et charité dans l'Église latine, dès origines au XIIe siècle, en particulier chez saint Léon le Grand, Laboureur et C.ie, Paris 1954 |
| 103 | 대 레오 1세 교황, 《설교》, LXXXI,2, 《성령 강림절 단식》, MPL LIV, 421 |
| 104 | 대 레오 1세 교황, 《설교》, LXXXII,2, 437 이하 참조 |
| 105 | 대 레오 1세 교황, 《사순 시기 강론집》, XLI,3, 274(레오 대종 지음, 이형우 옮김, 《사순 시기 강론집》, 41,3, 분도출판사, 1996, 135) |
| 106 | 대 레오 1세 교황, 《일곱째 달의 단식에 관한 설교》, LXXXVIII,2, 441~442 참조 |
| 107 | 대 레오 1세 교황, 《열번째 달의 단식에 관한 설교》, XX,2, 189 참조 |
| 108 | 디아도쿠스, 《영적 완성에 관한 단상 100편》, XLIV, *MPG*, LXV, 1181 참조 |
| 109 | 디아도쿠스, XLVII, 1182 참조 |
| 110 | 디아도쿠스, XLIX, 1182; XLIII, 1181 참조 |
| 111 | 디아도쿠스, XLV, 1181 참조 |
| 112 | 페드루스 크리솔로구스, 《설교》, VII, *MPL* LII, 205~208 참조 |
| 113 | 페드루스 크리솔로구스, 같은 책, VIII,2, 208~211 참조 |
| 114 | 페드루스 크리솔로구스, 같은 책, XII,3, 222~226 참조 |
| 115 | 페드루스 크리솔로구스, 같은 책, XIII,1~2, 226~231 참조 |
| 116 | 페드루스 크리솔로구스, 같은 책, XLI,3, 314~317 참조 |
| 117 | 페드루스 크리솔로구스, 같은 책, XLIII,2,4, 320~322 참조 |

## 제9장 단식은 내 안에 기도와 사랑을 심는다

| | |
|---|---|
| 1 | Deseille, "Jeûne", *DS*, 1173 참조 |
| 2 | Hall S.G., – Crehan J.H., "Das Fasten", *TR*, 58 참조 |
| 3 | 바오로 6세, 교령 《단식과 금육》, *AAS* 58 (1966) 179 |
| 4 | 역자 주 — 교회의 오랜 단식의 전통을 지키기가 현실적으로 어렵다고 판단한 교황은 1966년에 교령을 반포하여 단식과 금육의 규정을 완화시켰다. |
| 5 | 제2차 바티칸 공의회 《동방 교회》 교령에서 "자기 예법의 지방이나 지역을 떠나서 사는 신자들은 각기 거룩한 전례력과 관련하여 자기가 살고 있는 지역의 규정을 온전히 따를 수 있다"고 말한다. 아주 오래 전부터 이집트의 알렉산드리아와 로마와 |

스페인에 다른 단식재와 금육재가 존재했던 것처럼 여러 지역에 존재하는 서로 다른 단식재와 금육재는 거룩한 전례력에 다시 포함된다(*Decreto sulle Chiese orientali*, XXI, in : *I documenti del Concilio*, Ed. Massimo, Milano 1971, 477 참조).

6  Paolo VI, "De paenitentiae disciplina", *Enchiridion Vaticanum* 2 (Documenti Ufficiali della Santa Sede), 1963~1967, Ed. Dehoniane, Bologna 1981, 606~629 참조
7  *Costituzione Sacrosanctum Concilium*, V, 110, in: *I documenti del Concilio*, 131 참조
8  마태 10,10
9  루카 12,22-23.29-31
10  Shelton H.M., *Digiunare per rinnovare la vita*, Ed. Paoline, Roma 1984, 32 이하 참조
11  Shelton, 같은 책, 340 이하 참조
12  Rialland R.P.J., *Guarisciti da te stesso*, Genova 1976, 8 이하 참조
13  Gandhi, *L'arte di vivere*, Bologna 1985, 157 이하 참조
14  Schmemann, *La Grande Quaresima*, 100 이하 참조
15  1986년 교회일치위원회의 《*Servizio Ecumenico di Stampa e d'Informazioni*》 1(Soepi)의 월간 편집에 간행된 기자 회견

## 2. 약어

- CCL: *Corpus Christianorum*, Series Latina, Turnholt 1953 ss
- DAL: *Dictionnaire d'Archéologie chrétienne et Liturgie*, Paris 1927 ss
- DIP: *Dizionario degli Istituti di Perfezione*, Roma 1975 ss
- DS: *Dictionnaire de Spiritualité*, Paris 1974
- DTC: *Dictionnaire de Théologie Catholique*, Paris 1924 ss
- EC: Enciclopedia Cattolica, Città del Vaticano 1950
- ER: Enciclopedia delle Religioni, Firenze 1970
- GLNT: Grande Lessico del Nuovo Testamento, Brescia 1972
- MPG: MIGNE, *Patrologia Latina*, Parisiis 1857 ss
- MPL: MIGNE, *Patrologia Latina*, Parisiis 1844 ss
- OCA: *Orientalia Christiana Analecta*, Roma
- OCA: *Orientalia Christiana Periodica*, Roma
- RACh: Reallexikon für Antike und Christentum, Leipzig
- RHPR: *Revue d'Histoire et Philosophie Religieuse*, Paris/ Strasbourg 1936
- RHR: *Revue d'Histoire Religieuse*, Paris 1954
- SC: *Sources Chrétiennes*, Paris
- TR: *Theologische Realenzyklopädie*, Berlin-New York 1980

## 3. 원전

- AA.VV., *Apocrifi del Nuovo Testamento*, a cura di F. Amiot, Ed. Massimo, Milano 1964
- AA.VV., *Filocalia*, vol. I, Ed. Gribaudi, Torino 1982
- AA.VV., *The Apocrypha and Pseudoepigrapha of the Old Testament*, voll. I~II, a cura di R.H. Charles, Clarendon Press, Oxford 1913
- Agostino d'Ippona, *Confessionum*, MPL XXXII, 659~868
- Agostino d'Ippona, *De utilitate ieiunii*, MPL XL, 707~716
- Agostino d'Ippona, *Sermones de Tempore: In quadragesima*, MPL XXXVIII, 995~1248
- Ambrogio di Milano, *De Heliae ieiunio*, MPL XIV, 697~728
- Ambrogio di Milano, *De Poenitentia*, MPL XVI, 465~524
- Ambrogio di Milano, *De Virginibus*, MPL XVI, 187~232
- Ambrogio di Milano, *Expositionis in Evangelium secundum Lucam*, MPL, XV, 1527~1850
- Ambrogio di Milano, *Hexaemeron*, MPL XIV, 123~274
- Artoclasia (rito dell'), in: *Ufficio Vespertino della Chiesa Bizantina*, Ed. "Vivere in", Trani 1982
- Atanasio, *De Virginitate*, MPG XXVIII, 251~282
- Atanasio, *Epistola tertia*, MPG XXVI, 1371~1376
- Atanasio, *Vita S. Antonii*, MPG XXVI, 835~976
- Barnaba, *Epistola*, a cura di F. Scorza Barcellona, SEI, Torino 1975
- Barnaba, Lettera, in: *I Padri apostolici*, a cura di A. Quacquarelli, Ed. Città Nuova,

Roma 1976
- Basilio di Cesarea, *Ad adolescentes*, MPG XXXI, 563~590
- Basilio di Cesarea, *Commentarius in Isaiam prophetam*, MPG XXXI, 185~198
- Basilio di Cesarea, *De ieiunio*, MPG XXXI, 163~184
- Basilio di Cesarea, *De renuntiatione saeculi*, MPG XXXI, 625~648
- Basilio di Cesarea, *Les règles monastiques*, a cura di L. Lèbe, Ed. Maredsous 1969
- Basilio di Cesarea, *Opere ascetiche*, a cura di U. Neri, UTET, Torino 1980
- Basilio di Cesarea, *Regulae brevius tractatae*, MPG XXXI, 1079~1306
- Basilio di Cesarea, *Homiliae in Hexaemeron*, MPG XXIX (trad. franc.: *Sur l'origine de l'homme*, SC 160, Du Cerf, Paris 1970), 5~208
- Benedetto da Norcia, *La Règle*, vol. II, SC 182, Du Cerf, Paris 1971
- Benedetto da Norcia, *La Règle du Maître*, vol. II, SC 106, Du Cerf, Paris 1964
- Bibbia, Versione detta *di Gerusalemme*, Ed. Dehoniane, Bologna 1977
- Cassiano G., *Collationes*, MPL XLIX (trad. franc.: *Conférences*, SC 42.54.64, Du Cerf, Paris 1955~1959), 477~1328
- Cassiano G., *De Coenobiorum Institutis*, MPL XLIX (trad. franc.: *Institutions cénobitiques*, SC 109, Du Cerf, Paris 1965), 53~477
- Cipriano, *De oratione dominica*, MPL IV, 519~544
- Cirillo di Alessandria, *Homiliae paschales*, MPG LXXVII, 401~982
- Cirillo di Gerusalemme, *Cateches*, MPG XXXIII, 331~1128
- Clemente di Alessandria, *Paedagogi*, MPG VIII, 247~684
- *Codice di Diritto Canonico*, a cura di T. Bertone, Ed. Unione Cattolici Italiani, Roma 1983
- Concilio Ecumenico Vaticano II, Costituzione Sacrosanctum Concilium in: *Tutti i documenti del Concilio Vaticano II*, Ed. Massimo, Milano 1971
- Concilio Ecumenico Vaticano II, Decreto Orientalium Ecclesiarum, in: *Tutti i documenti del Concilio Vaticano II*, Ed. Massimo, Milano 1971
- Crisologo P., *Sermones*, MPL LII, 183~680
- Crisostomo G., *Catecheses ad illuminandos*, MPG XLIX, 223~240
- Crisostomo G., *Commentarius in Epistolam ad Galatas*, MPG LXI, 611~682
- Crisostomo G., *De compuntione*, MPG XLVII, 393~410
- Crisostomo G., *De ieiunio et temperantia*, MPG LXIII, 595~602

- Crisostomo G., *De poenitentia*, MPG XLIX, 277~350
- Crisostomo G., *De Sacerdotio*, MPG XLVIII, 623~692
- Crisostomo G., *De virginitate*, MPG XLVIII, 533~596
- Crisostomo G., *Homiliae in Genesim*, MPG LIII, 20~580
- Crisostomo G., *Homiliae in Matthaeum*, MPG LVII, 21~472
- Diadoco di Foticea, *Capita centum de perfectione spirituali*, MPG LXV, 1167~1212
- *Didaché*, in: *I Padri Apostolici*, a cura di A. Quacquarelli, Città Nuova, Roma 1976
- Erma, *Il Pastore*, in: *I Padri Apostolici*, a cura di A. Quacquarelli, Città Nuova, Roma 1976
- Eusebio di Cesarea, *Historia Ecclesiastica*, MPG XX (trad. franc.: *Histoire Ecclésiastique*, SC 41, Du Cerf, Paris 1955), 9~910
- Eusebio di Cesarea, *De vita Constantini*, MPG XX, 910~1232
- Evagrio del Ponto, *Capita practica ad Anatolium*, MPG XL (trad. franc.: *Traité pratique ou le moine*, SC 171, Du Cerf, Paris 1971), 1219~1252
- Evagrio del Ponto, *De octo vitiosis cogitationibus*, MPG XL, 1271~1273
- Evagrio del Ponto, *Rerum monachalium rationes*, MPG XL, 1251~1264
- Fonti, *Discipline générale antique* (II$^e$~IV$^e$ s.), par P.P. Joannou, Fasc. IX: *Les canones des Conciles œcuméniques*, T.I/1, Typis Polyglottis Vaticanis, Roma 1962
- Fonti, *Discipline générale antique* (IV$^e$~IX$^e$ s.), par P.P. Joannou, Fasc. IX: *Les canones des Conciles œcuméniques*, T.I/2, Typis Polyglottis Vaticanis, Roma 1962
- Fonti, *Discipline générale antique* (II$^e$~IX$^e$ s.), par P.P. Joannou, Fasc. IX: *Les canones des Pères grecs*, T. II, Typis Polyglottis Vaticanis, Roma 1962
- Funk F.X., *Didascalia et Constitutiones Apostolorum*, vol. I, Paderbornae, 1905.
- Funk F.X., *Didascalia et Constitutiones Apostolorum*, vol. II: *Testimonia et scripturae propinquae*, Paderborn, 1905
- Funk F.X., *Die Apostolischen Konstitutionen* (Eine litterar-historische Untersuchung), Rottenburg, 1891
- Funk F.X., *Doctrina Duodecim Apostolorum: Canones apostolorum ecclesiastici ac reliquae doctrinae de duabus viis expositiones veteres*, Tubingae 1887
- Funk F.X., *Opera Patrum Apostolorum*, vol1. I~II, Ed. Laupp. Tubinga 1881~1887
- Girolamo, *Adversus Iovinianum*, MPL XXIII, 211~340
- Girolamo, *Epistola ad Eustochium*, Paulae filiam, MPL XXII, 394~425

- Girolamo, *Opere scelte*, UTET, Torino 1971
- Girolamo, *Sermo de quadragesima*, CCL LXXVIII, 533~535
- Girolamo, *Vita S. Hilarionis*, MPL XXIII, 29~53
- Giustino Martire, *Apologia pro Christianis prima et secunda*, MPG VI, 327~470
- Gregorio di Nissa, *De Instituto christiano*, MPG XLVI, 287~306
- Gregorio di Nissa, *De hominis opificio*, MPG XLIV, 123~256
- Gregorio di Nissa, *De virginitate*, MPG XLVI, 317~416
- Gregorio di Nissa, *Oratio catechetica magna*, MPG XLV, 11~106
- Ippolito di Roma, in: B. Botte, *La Tradition apostolique de saint Hippolyte*, Münster W., Aschendorff, 1963 (LQF 39)
- Leone Magno, *Sermo de ieiunio decimi mensis*, MPL LIV, 168~190
- Leone Magno, *Sermo de ieiunio pentecostes*, MPL LIV, 415~422
- Leone Magno, *Sermo de ieiunio septimi mensis*, MPL LIV, 437~460
- Leone Magno, *Sermo de quadragesima*, MPL LIV, 263~308
- *Manoscritti di Qumran*, a cura di L. Moraldi, UTET, Torino 1971
- Marco l'Eremita, *De ieiunio*, MPG LXV, 1109~1118
- Nilo di Ancira, *Tractatus de paupertate voluntaria*, MPG LXXIX, 967~1060
- Novaziano, *Epistola de cibis judaicis*, MPL III, 953~964
- Origene, *Contra Celsum*, MPG XI, 637~1632
- Origene, *Expositio in Proverbia*, MPG XVII, 161~252
- Origene, *Homiliae in Exodum*, MPG XII, 281~396
- Origene, *Homiliae in Genesim*, MPG XII, 145~262
- Origene, *Homiliae in Jeremiam*, MPG XIII (trad. franc.: *Homélies sur Jérémie*, SC 238, Du Cerf, Paris 1977), 253~544
- Origene, *Homiliae in Leviticum*, MPG XII (trad. franc.: *Homélies sur le Lévitique*, SC 286, Du Cerf, Paris 1981), 405~574
- Origene, *Homiliae in Numeros*, MPG XII (trad. franc.: *Homélies sur le Nombres*, SC 29, Du Cerf, Paris 1951), 583~806
- Origene, ≪ΠΕΡΙ ΑΡΧΩΝ≫, MPG XI, 115~414
- Pacomio, *Praecepta*, MPG XL, 946~952
- Padri Apostolici, *Scritti*, Ed. Paoline, Roma 1976
- Policarpo, *Seconda Lettera ai Filippesi*, in: *I Padri Apostolici*, a cura di A. Quacquarelli,

Ed. Città Nuova, Roma 1976
- Pseudo Clemente, *Homiliae*, MPG II, 57~468
- Pseudo Clemente, *Recognitionum*, MPG I, 1157~1454
- Tertulliano, *De ieiuniis*, PML II, 953~978
- Tertulliano, *De jeiunio adversus psychicos*, CCL II, 1255~1277
- Tertulliano, *De Oratione*, MPL I, 1145~1196
- Tertulliano, *De resurrectione carnis*, MPL II, 791~886

# 4. 참고 도서

- AA.VV., Ascèse, in DS, vol. I, Beauchesne, Paris 1974
- AA.VV., Concordanza pastorale della Bibbia, a cura di G. Passelecq e F. Poswick, ed. Dehoniane, Bologna 1979
- AA.VV., Da Fasten, in TR, vol. XI, Berlin-New York 1980
- AA.VV., Dizionario patristico e di antichità cristiane, diretto da A. Di Berardino, voll. I~II, Marietti, Casal Monferrato 1983
- AA.VV., Giuda alle religioni: Ideologia e vita delle più grandi fedi del mondo, a cura di F. Pierini, Ed. Paoline, Roma 1983
- AA.VV., Redecouverte du jeune: sagesse du corps, Du Cerf, Paris 1959
- Alberigo G., Decisioni dei concilii ecumenici, UTET, Torino 1978
- Altaner B., Patrologia, Marietti, Torino 1977
- Amand A., L'ascese monastique de saint Basile, vol. I, Maredsous 1948
- Arbesmann R., Das Fasten bei den Griechen und Romern, Giessen 1929
- Arebsmann, R., Fasting and prophecy in pagan and christian antiquity, in Traditio 7 (1949)
- Aron R., Così pregava l'ebreo Gesù, Marietti, Torino 1982
- Audet J.P., La Didaché: instructions des Apôtres, Gabalda, Paris 1958
- Battifol P., La Chiesa nascente e il cattolicesimo, Vallecchi, Firenze 1971
- Behm J., Nistis, in GLNT, vol. VII, a cura di G. Kittel, Paideia, Brescia 1972
- Benoît A., Le baptême chrétien au second siècle: la théologie des Pères, vol. I, Èd.

Universitaires de France, Paris 1953
- Bertholet E., *Le retour à la santé et la vie saine par le jeûne*, P. Genillard, Lausanne 1970
- Bianchi U., *La "doppia creazione" dell'uomo: negli alessandrini, nei cappadoci e nella gnosi*, Ed. dell'Ateneo & Bizzarri, Roma 1978
- Bonsirvern P., *Il giudaismo palestinese al tempo di Gesù*, Marietti, Torino 1950
- Bonsirvern P., *Le judaïsme palestinien au temps de Jésus–Christ*, Beauchesne, Paris 1950
- Bouyer L., *La première eucharistie dans la dernière Cène*, in La Maison–Dieu 18 (1949)
- Bran F., *De jejunio ecclesiastico in genere, depue jejuniis Ecclesiae Orientalis in specie* (dissert. Univ. Hung. Budapest., Magno–Varadini 1889)
- Cabrol F., *Jeûne*, in DAL, vol. VII/2, Letouzey et Ane, Paris 1927
- Canivet P., *Le monachisme syrien selon Théodoret de Cyr* (Théologie Historique 42), Beauchesne, Paris 1977
- Clément O., *L'Église orthodoxe*, Éd. Universitaires de France, Paris 1961
- Cott A., *Digiuno via di salute*, Ed. Red/studio, Como 1988
- Cremer F.G., *Die Fastenusage Jesu*, Bonn 1965
- Cullmann O., *La signification de la Sainte–Cène dans le christianisme primitif*, in RHPR 1 (1936)
- Daniélou J., *La teologia del giudeo–cristianesimo*, Il Mulino, Bologna 1974
- Dassmann E., *La sobria ebbrezza dello spirito*, Varese 1975
- Delorme J., *A propos de la dernière Cène*, in Ami du Clergé (1955)
- D'Ercole G., *Penitenza canonico–sacramentale: dalle origini alla pace costantiniana*, in Communio 4, Roma 1963
- Deseille P., *Jeûne*, in DS, vol. VIII, Beauchesne, Paris 1974
- De Vaux R., *Le istituzioni dell'Antico Testamento*, vol. II: Il periodo dei Giudici, Marietti, Torino 1964
- Di Nola A.M., *Attis*, in ER, vol. II, Vallecchi, Firenze 1970
- Di Nola A.M., *Eleusi*, in ER, vol. II, Vallecchi, Firenze 1970
- Di Nola A.M., *Mithraismo*, in ER, vol. IV, Vallecchi, Firenze 1970
- Di Nola A.M., *Orfismo*, in ER, vol. IV, Vallecchi, Firenze 1970
- Dupont J., *Le tentazioni di Gesù nel deserto*, Paideia, Brescia 1970
- Duchesne L., *Christian Worship. Its Origin and Evolution. A Study of the Latin Liturgy up to the Time of Charlemagne*, London 1912

- Duchesne L., *Origines du culte chrétien: la liturgie latine avant Charlemagne*, Paris 1908
- Enielidou X., *La legge del digiuno* (in greco), Atene 1959
- Fanin L., *L'interrogazione sul digiuno: Mc 2,18−22*, in Miscellanea Francescana 76 (1976)
- Festugière A.J., *Contemplation et vie contemplative selon Platon*, Ed. J. Vrin, Paris 1936 (1ᵉ), 1950 (2ᵉ)
- Festugière A.J., *Le moines d'Orient*, T. 1: Culture ou sainteté, Du Cerf, Paris 1961
- Feuillet A., *La controverse sur le jeûne* (Mc. 2,18−20; Mt 9,14−15; Lc 5,33−35), in Nouvelle Revue Théologique 90 (1968)
- Fliche A.−Martin V., *Storia della Chiesa*, vol. III/1, Marietti, Torino 1972
- Fraccalvieri I., *Il monachesimo orientale palestinese*, Istituto di Teologia Ecumenico− Patristica Greco−Bizantina "S. Nicola", Bari, (dispense per l'anno accademico 1980/81)
- Fraccalvieri I., *Il monachesimo orientale palestinese*, Istituto di Teologia Ecumenico− Patristica Greco−Bizantina "S. Nicola", Bari, (dispense per l'anno accademico 1981/82)
- Giade G., *Question sur la jeûne, Mc. 2,18−22*, in Assemblées du Seigneur 39 (1972)
- Galeno, *Opere scelte*, a cura di I. Garofalo e M. Vegetti, UTET, Torino 1978.
- Galieti A., *Digiuno*, in EC, vol. IV, Città del Vaticano 1950
- Gandhi, *L'arte di vivere*, Bologna 1985
- Gerken A., *Teologia dell'eucarestia*, Ed. Paoline, Roma 1977
- Gerlitz P., *Fasten als Reinigungsritus*, in Zeitschrift fur Religions und Geistesgeschichte 20 (1968)
- Guillaume A., *Jeûne et charité*, Paris 1954
- Guillaume A., *Jeûne et charité dans l'Eglise latine*, dès origines au XIIIᵉ siècle, en particulier chez Léon le Grand, Laboureur, Paris 1954
- Guillaume A., *Jeûne, prière, aumône dans le monde moderne*, in Assemblées du Seigneur 25 (1966)
- Hamman A., *La preghiera*, vol. II: *I primi tre secoli*, a cura di M.G. Mara, Roma 1967
- Hamman A., *La prière*, vol. I: *Le Nouveau Testament*, Desclee, Tournai 1959
- Hausser I., *L'origine de la théorie orientale des huits péchés capitaux*, in Études de la spiritualité orientale, in OCA 183 (1969)
- Hausser I., *Les grands courants de la spiritualité orientale*, in OCP 1 (1952)
- Hausser I., *Philautie*, in OCA 137 (1952)
- Herbut J., *De ieiunio et abstinentia in Ecclesia byzantina ab initiis usque ad saec. XI* (Corona

부록 301

lateranensis 12), Pontif. Univ. Lateranense, Roma 1968
- Ippocrate, *Opere*, a cura di M. Vegetti, UTET, Torino 1965
- Janini Cuesta J., *San Jeronimo y el ayuno*, Madrid 1949
- Jaubert A., *La date de la Cène: Calendrier biblique et liturgie chretienne*, Gabalda, Paris 1957
- Jaubert A., *La data de la dernière Cène*, in RHR CXLVI (1954)
- Jeremias J., *La derniere Cène: les paroles de Jesus*, Du Cerf, Paris 1973
- Jedin R., *Le Pasteur*, SC 53 bis, Du Cerf, Paris 1968
- Kee A., *The question about Fasting*, in Novum Testamentum 11 (1969)
- Klein S., *Dissertatio de ieiunio Graecae Orientalis Ecclesiae*, Vienna 1782
- Kopciowski E., *Ascolta Israele*, Ed. Paoline, Roma 1968
- Knopf H., *Handbuch zum Neuen Testament Ergänzung*. Band I: *Die Apostolischen Väter*, Tübingen 1920
- Kraft R.A., *The Epistle of Barnabas. Its Quotations and Their Source*, (diss.), Harvard 1961
- Lagrange M.J., *Évangile selon saint Marc*, Gabalda, Paris 1966
- Le Deaut R., *La nuit pascale*, OCP, vol. I (1963)
- Leonard F., *Shared Fasting*, in Clergy Review 57 (1972)
- Linsenmayer A., *Entwicklung der Kirchlichen Fastendisziplin bis zum Konzil von Nicäa*, München 1877
- Lowy S., *The motivation of fasting in Talmud Literature*, in Journal of Jewish Studies 9 (1958)
- Maloney G.A., *A return to fasting*, Dove Publications, Pecos 1974
- Mara M.G., *Évangile de Pierre*, SC 201, Du Cerf, Paris 1973
- Meredith A., *Ascetism, christian and greek*, in Journal of Theological Studies, N.S. 27 (1976)
- Moda A., *La date de la Cène: sur la thèse de m.lle Annie Jaubert*, in Nicolaus 1 (1975)
- Molland E., *La circoncision, le baptême et l'autorité du décret apostolique* (Actes XV, 28sv) *dans les milieux judéo-chrétiens des Pseudo-Clémentines*, in Opuscula Patristica, Stoccolma 1970
- Muddiman J.B., *Jesus and Fasting: Mark 2,18–22. Jesus aux origines de la christologie*, Ed. by J. Dupont, Leuven University Press, Leuven 1975
- Mugnier F., *Abstinence*, in DS, vol. I, Beauchesne, Paris 1974
- Musurillo H., *The Problem of Ascetical Fasting in the Greek Patristic Writers*, in Traditio 12 (1956)
- O'hara J., *Christian Fasting* (Mt. 6,16–18), in Scripture 19 (1967)

- O'hara J., *Christian Fasting* (Mc. 2,18-22), in Scripture 19 (1967)
- Padri Apostolici, *Introduzione ai testi*, Ed. Paoline, Alba 1975
- Palazzini P., *Dizionario dei Concilii*, vol. II, Pontif. Univers. Lateranense, Città Nuova, Roma 1965
- Paolo VI, *De paenitentiae disciplina*, in Enchiridion Vaticanum II (Documentti ufficiali della Santa Sede 1963/1967), Ed. Dehoniane, Bologna 1981
- Penco G., *San Benedetto può essere autore anche della Regula Magistri?*, in Benedictina 34 (1987)
- Pichler T., *Das Fasten bei Basileios dem Grossen und im antiken Heidentum*, Innsbruck 1955
- Pichler T., *Fasten*, in RACh, vol. VIII, Leipzig 1969
- Piekoszewski J., *Le jeûne eucharistique*, Paris 1952
- Pierret R., *Carême*, in DS, vol. II, Beauchesne, Paris 1974
- Platone, *Dialoghi: la Repubblica*, a cura di F. Sartori, Laterza, Bari 1956
- Prigent P., *Épître de Barnabé*, SC 172, Du Cerf, Paris 1961
- Prince D., *How to fast successfully*, Lauderdale Publishing 1976
- Quasten J., *Patrologia*, voll. I-II-III, Marietti, Casale Monferrato 1983(2ᵉ ed.)
- Ranwez C., *Le jeûne. Abandon ou réhabilitation?*, in La Vie Spirituelle 118 (1968)
- Reale-Antiseri, *Il pensiero occidentale dalle origini ad oggi*, vol. I, Ed. La Scuola, Brescia 1983
- Regamey P.R., *Wiederentdeckung des Fastens*, tr. by F. Kollmann, Herold Wien, 1963
- Reicke B., *Die Fastenfrage nach Luk. 5,33-39*, in Theologische Zeitschrift 30 (1974)
- Rezác J., *Digiuno*, in DIP, vol. III, Ed. Paoline, Roma 1976
- Rialland R.P.J., *Guarisciti da te stesso*, Genova 1976
- Rief J., *Das Fasten in christlicher Sicht*, in Theologisch-praktische Quartalschrift 113 (1965)
- Russnak N., *Disciplina ieiunandi Ecclesiae Catholicae secundum ritum orientalem*, Fragopoli 1929
- Sammut A., *The Eucharistic Fast in the Light of the Last Papal Documents*, Rome 1959
- Schmemann A., *Jeûne et liturgie*, in Irénikon 2 (1954)
- Schmemann A., *La grande quaresima*, Marietti, Casale Monferrato 1986
- Schmemann A., *Le grand Carême: ascèse et liturgie dans l'Église orthodoxe* (Spiritualité orientale 13), Abbaye de Bellefontaine 1977

- Schummer J., *Die Altchristliche Fasten-praxis*, Aschendorff, Münster-Westf. 1933
- Schummer J., *Die Altchristliche Fastenpraxis mit besonderer Berüsichtigung der Schriften Tertullians*, Munster 1933
- Seeberg A., *Das Evangelium Christi*, Leipzig 1905
- Shelton H.M., *Digiunare per rinnovare la vita*, Ed. Paoline, Roma 1984
- Smith J.H., *Digiuno come rinnovamento fisico, mentale e spirituale*, Gribaudi, Torino 1986
- Špidlik T., *La spiritualité de l'Orient chrétien*, OCA 206 (1978)
- Steiner M., *La tentation de Jésus dans l'interprétation patristique de saint Justin à Origène*, Beauchesne, Paris 1962
- Thomassin L., *Traités historiques et dogmatiques sur divers points de la discipline de l'Église et de la morale chrétienne*, Tome I: Traité des jeûnes de l'Église, Paris 1865
- Thouvenin A., *Jeûne*, in DTC, vol. VIII, Letouzey et Ané, Paris 1924
- Timotheos Metrop., *I Nistia* (in greco), Atene 1923
- Turbessi G., *Regole monastiche antiche*, Ed. Studium, Roma 1984
- Van Goudoever G., *Fête et calendriers bibliques*, Beauchesne, Paris 1961
- Von Campenhausen H., *I Padri greci*, Paideia, Brescia 1967
- Wallis A., *Il digiuno voluto da Dio*, Firenze 1985
- Wimmer J.F., *Fasting in the New Testament. A Study in Biblical Theology*, By Joseph F. Wimmer OSA (Theological Inquiries: Studies in contemporary Biblical & Theological problems), New York-Ramsey-Toronto 1982
- Wimmer J.F., *The Meaning and Motivation of Fasting According to the Synoptic Gospels* (dissert.), Pont. Univ. Gregoriana, Roma 1980